职业教育"互联网+"新形态教材·财会系列

新编企业财务会计
（第4版）

任文跃　主　编
李明月　梁　霄　副主编
马　婧　严　妍　参　编

电子工业出版社
Publishing House of Electronics Industry
北京·BEIJING

内容简介

本书依据《小企业会计准则》编写，从学生认知规律出发，创新组织方式，以"业务认知"—"业务核算"—"关键练习"为脉络展开学习过程，让核算建立在业务基础之上，落实到练习应用之中，为广大师生提供了一套行之有效、新颖独特的课堂解决方案。

本书包括认识和了解会计工作，核算货币资产，核算应收及预付款项，核算存货，核算固定资产，核算无形资产和长期待摊费用，核算应付及预收款项，核算银行借款，核算所有者权益，核算收入、费用和利润，财务报表11个模块。

本书既可作为职业院校财经商贸类专业财务会计课程教材，也可作为职业培训资料和自学用书。

未经许可，不得以任何方式复制或抄袭本书之部分或全部内容。
版权所有，侵权必究。

图书在版编目（CIP）数据

新编企业财务会计 / 任文跃主编. —4版. —北京：电子工业出版社，2021.8
ISBN 978-7-121-41672-9

Ⅰ．①新… Ⅱ．①任… Ⅲ．①企业管理－财务会计－中等专业学校－教材 Ⅳ．①F275.2

中国版本图书馆 CIP 数据核字（2021）第 148006 号

责任编辑：陈　虹
印　　刷：北京盛通数码印刷有限公司
装　　订：北京盛通数码印刷有限公司
出版发行：电子工业出版社
　　　　　北京市海淀区万寿路173信箱　邮编：100036
开　　本：787×1 092　1/16　印张：15.25　字数：390.4千字
版　　次：2009年1月第1版
　　　　　2021年8月第4版
印　　次：2025年2月第5次印刷
定　　价：42.80元

凡所购买电子工业出版社图书有缺损问题，请向购买书店调换。若书店售缺，请与本社发行部联系，联系及邮购电话：(010) 88254888，88258888。
质量投诉请发邮件至 zlts@phei.com.cn，盗版侵权举报请发邮件至 dbqq@phei.com.cn。
本书咨询联系方式：邮箱 fservice@vip.163.com；手机 18310186571。

前言

本书自2009年第1版出版以来，历经12年，现已出至第4版。在广大用书教师的支持、帮助和鼓励下，本书不断改进，形成相对独特并经过时间检验的编写体系和风格。

职业院校会计专业教育的起点是职业院校的学生，终点是中小企业的会计工作者。完成这一过程的是职业院校的教师、教材和教法。教师是核心因素，无论技术如何发展，也替代不了现场情境下教师人格感染、因材施教的作用，教师是教育的根本。教材和教法宛如教师教学的双翼，缺一不可，且不可分割。教材不单单要呈现教学内容，更重要的是要结合教法需求为课堂教学服务。

本书从满足课堂教学需要出发，立足职业院校学生的认知特点，采用任务模块结构，设置"工作导入""任务目标""概念/业务认知""关键练习""拓展阅读"5个栏目，分步展开相关知识，渐次推进学习和训练。同时，采用实景化的方式，从会计人员工作情境出发，描述业务实例，分析业务过程、示例核算过程和方法。力图使核算知识搭建在企业业务知识的基础之上，使能力形成于日常训练过程中，帮助学生在学习知识的同时锻炼实际业务处理能力，以缩短教学与实际工作的距离。

本书跟踪了2020年8月中旬之前的会计法规、税收法规和其他经济法规的变化，并体现了其对小企业主要会计处理的影响。《中华人民共和国契税法》《中华人民共和国个人所得税法》《中华人民共和国增值税暂行条例》《中华人民共和国企业所得税法》《中华人民共和国公司法》等近20部发生变化的法规均列示在每个模块的"模块法规依据"部分，供读者学习参考。

本书按立体化教材的思路编写，配有《新编企业财务会计学习指导与练习》（第4版）、微课等辅助教材及教学资源，供师生选取使用。

本书由吉林通用航空职业技术学院任文跃担任主编，长春职业技术学院李明月、广西纺织工业学校梁霄担任副主编，吉林财经学校马婧、江苏省淮安工业中等专业学校严妍参编。具体分工如下：任文跃编写模块一、七、十一并统稿，马婧编写模块二、四，严妍编写模块三并制作微课，梁霄编写模块五、六并制作微课，李明月编写模块八、九、十。北京崇建工程有限公司总会计师冯敏、中国国际工程股份有限公司资金处处长华占文对本书的修订提出了宝贵的意见，在此表示感谢。

限于作者水平，书中难免有疏漏之处，敬请读者批评指正！

编　者

目 录

模块一 认识和了解会计工作 1

 任务一 企业财务会计的工作内容和核算要求 /2

 任务二 开展会计工作的环境 /7

模块二 核算货币资产 11

 任务一 核算库存现金 /12

 任务二 核算银行存款 /18

 任务三 核算其他货币资金 /30

模块三 核算应收及预付款项 35

 任务一 核算应收账款 /35

 任务二 核算应收票据 /39

 任务三 核算预付账款和其他应收款 /44

模块四 核算存货 49

 任务一 存货收发的计量 /50

 任务二 核算购入原材料和购进劳务或服务 /58

 任务三 核算半成品和产成品 /67

 任务四 核算周转材料 /71

 任务五 核算委托加工物资 /76

 任务六 存货清查及其核算 /79

模块五 核算固定资产 84

 任务一 核算固定资产的取得 /85

 任务二 核算固定资产折旧 /94

 任务三 核算固定资产的后续支出 /101

 任务四 核算处置固定资产 /105

模块六 核算无形资产及长期待摊费用 110

 任务一 核算无形资产 /110

 任务二 核算长期待摊费用 /118

模块七 核算应付及预收款项 121

 任务一 核算应付及预收账款 /121

 任务二 核算应付票据 /125

 任务三 核算应付职工薪酬 /130

 任务四 核算应交税费 /145

 任务五 核算其他应付项目 /162

模块八 核算银行借款 167

 任务一 核算短期借款 /167

 任务二 核算长期借款 /171

模块九 核算所有者权益 176

 任务一 核算投资者投入资本 /177

 任务二 核算利润分配和留存收益 /181

模块十　核算收入、费用和利润 /185

　　任务一　核算企业的收入 /185
　　任务二　核算企业的费用 /192
　　任务三　核算企业的利润 /197

模块十一　财务报表 /204

　　任务一　编制资产负债表 /205
　　任务二　编制利润表 /215
　　任务三　编制现金流量表 /221
　　任务四　编写会计报表附注 /229

模块一 认识和了解会计工作

工作导入

欢迎各位同学走进会计工作！

"经济越发展，会计越重要"，会计在核算经营成果、考核受托责任、加强经济管理、提高经济效益等方面扮演着至关重要的角色，成千上万的会计工作者和他们提供的会计工作在推动社会经济发展中发挥着极其重要的作用。职业的重要性决定了从业者的经济和社会地位。如今我们站在会计这个职业大门的入口，勤学好思、扎实训练、灵活运用将为我们铺平通向会计工作的道路。

会计是以货币为主要计量单位，核算和监督一个单位经济活动的一种管理工作。

会计在社会经济生活中广泛存在，服务于各种规模、各种形式的单位、团体。根据会计主体宗旨的不同，会计可以划分为营利组织会计、政府和非营利组织会计。

所谓营利组织，主要是指企业，其设立和存在的目的是获得利润，即以营利为目的；政府和非营利组织，通常不以营利为目的，设立和存在的目的是提供无偿或廉价的公共服务（也可能是类似公共服务的产品或服务）。例如，政府和事业单位向社会提供公共管理、文化、卫生、教育等服务；慈善基金向其服务对象提供无偿支援等。

以营利组织，即企业为会计主体的会计称为企业会计；以政府和非营利组织为会计主体的会计，按其服务对象范围的不同，可进一步分为政府会计、民间非营利组织会计等。

企业会计按其作用和报告对象不同，又有财务会计和管理会计之分。

① 财务会计主要侧重于通过确认、计量、记录和报告等工作向企业内、外部会计信息使用者提供企业过去的交易和事项形成的财务状况、经营成果和现金流量信息。

② 管理会计主要侧重于依据过去发生业务的信息，估计和分析未来经济业务的变化，向企业内部管理者提供规划、管理、预测、决策所需要的相关信息。

本书主要介绍企业财务会计方面的内容，会计分类如图1.1所示。

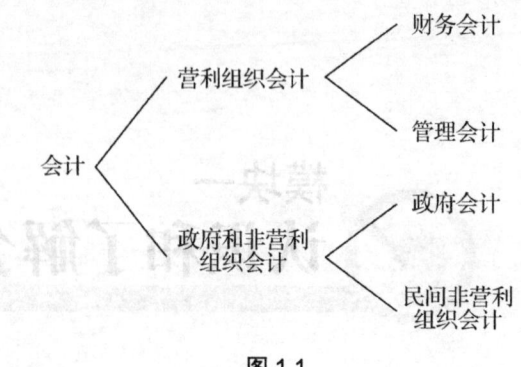

图 1.1

企业财务会计的目标是向会计信息使用者（现时的和潜在的投资者、信贷者与其他信息使用者）提供对其决策有用的信息。

任务一　企业财务会计的工作内容和核算要求

任务目标

主任务节点	子任务节点	期望的学习结果	达成情况自评
会计按会计主体宗旨分类		列举、说明	
会计按其作用和报告对象分类		列举、比较、识别	
财务会计工作内容	工作内容种类	描述、识别	
	会计要素确认的内涵及其对应的会计实务操作	说明、识别	
	权责发生制、收付实现制的内涵	说明、比较、示例	
	会计要素计量的内涵及其对应的会计实务操作	说明	
	会计计量属性内涵、种类	说明、列举	
	会计报告的内涵	说明	
会计信息质量要求	会计信息质量要求的种类	说明、识别、区分	

概念认知

一、企业财务会计的工作内容

为会计信息使用者决策提供有效信息所进行的一系列工作即为企业财务会计的工作内容，包括会计要素的确认、计量和报告等。

模块一 认识和了解会计工作

（一）会计要素的确认

企业的经济业务复杂多样，并不是每种经济业务都需要进行会计核算，明确哪些经济业务需要会计核算是会计工作首先要解决的问题。这一问题由会计对象概念来规范。

> **课堂讨论**
> 回忆一下在基础会计课程中学习的会计对象的概念，概括说明具有何种性质的经济业务应当进行会计核算。

依据"会计分期"基本假设，被确定为会计对象的某一经济业务事项，应当记入某一特定会计期间或分置于确定的若干会计期间，以确定其对相应期间的经营成果的影响。例如，某年5月份，公司赊购了一台设备，货款于当年9月份支付，在复式记账的前提下，该项经济业务应当在哪个会计期间记账？5月还是9月？又如，该设备预计可使用寿命为5年，它的价值应当全部摊入设备入账月份，还是应当在5年内系统分摊（折旧）？

权责发生制、收付实现制比较

对于确定记入账簿的时间，应当依据一定的原则进行。这样的原则有2种：一种是以交易或事项是否已经对当期经济利益（权）和经济义务（责）产生了影响为判断标准，称为权责发生制；另一种是以交易或事项是否对货币资金产生了影响为判断标准，即以资金是否收付为判断标准，称为收付实现制。

在权责发生制会计基础下，不论款项是否收付，只要经济利益和经济责任已经于当期发生，就应当于当期进行利益和义务的核算；在收付实现制会计基础下，只有在款项发生当期才进行会计核算，而不论权责是在何时发生的。

> **课堂讨论**
> 讨论前述2个事例，说出赊购业务在权责发生制下和收付实现制下应当分别记入哪个会计期间？购进设备的成本在权责发生制下和收付实现制下应当分别如何处置？

我国相关法规规定，企业应当以权责发生制为基础进行会计要素的确认、计量和报告。

采用权责发生制会计基础时，凡是本期已经实现的收入和已经发生的或应当负担的费用，无论款项是否收付，都应当作为当期的收入和费用，记入利润表；凡是不属于当期的收入和费用，即使款项已在当期收付，也不应当作为当期的收入或费用。

确定应当计入当期的会计对象，还应进一步按会计规范确定其应归属的会计要素及要记入的具体账簿。此完整过程称为会计要素的确认。概括地说，会计要素的确认是指对会计主体的某一交易或事项是否应当记入相关账簿的判断行为。

（二）会计要素的计量

会计要素的确认解决了经济业务是否应当记入账簿，在哪个会计期间记入账簿，以及记入哪个账簿的问题。会计是以货币为主要计量尺度的，因而在确认的基础上，还需要解决金额如何确定的问题，也就是会计要素计量的问题。

会计要素的计量首先要明确会计要素金额的确定基础。通常称不同会计要素金额基础为会计计量属性,主要的计量属性有历史成本、重置成本、可变现净值、现值、公允价值等。对同一业务或事项采用不同的计量属性,其计量结果通常会存在差异。

会计要素计量属性

> **课堂讨论**
>
> 尝试举一个例子,说明采用不同计量属性对确定金额的影响。例如,某人撞坏了你的一辆3年前花3 000元买的永久牌山地自行车,该车如果不坏的话目前在旧货市场上能卖1 100元,如果买全新的话则需要2 700元。你该依据哪个价格让他赔偿?确定该价格使用的计量属性是哪种?

概括地说,会计要素的计量是依据会计规范确定某一交易或事项的金额的行为。

(三) 报告

报告是指在确认、计量及其记录的基础上,对特定主体的财务状况、经营成果和现金流量情况以财务报表的形式向有关方面报告的行为。

二、会计信息质量要求

财务会计的目标在于提供信息以帮助投资者和债权人做出决策。为了实现这一目标,要求会计信息达到大家公认的信息质量要求。财务会计的信息质量要求包括可靠性、相关性、可理解性、可比性、实质重于形式、重要性、谨慎性、及时性。

(一) 可靠性

可靠性要求应当以实际发生的交易或事项为依据进行确认、计量和报告,如实反映符合确认和计量要求的各项会计要素及其他相关信息,保证会计信息真实可靠、内容完整。

可靠性要求企业在进行会计核算中应当做到以下几点。

① 以实际发生的交易或事项为依据进行确认、计量和报告,将符合会计要素定义及其确认条件的资产、负债、所有者权益、收入、费用和利润等如实反映在财务报表中,不得根据虚构的、没有发生的或者尚未发生的交易或事项进行确认、计量和报告。

② 在符合重要性和成本效益原则的前提下,保证会计信息的完整性,其中包括编制的会计报表及其附注内容等应当保持完整,不能随意遗漏或减少应予披露的信息,与使用者决策相关的有用信息都应当充分披露。

(二) 相关性

相关性要求企业提供的会计信息应当与财务报告使用者的经济决策需要相关,应当有助于投资者等财务报告使用者对企业过去、现在或者未来的情况做出评价或预测。

会计信息的价值在于是否有助于使用者决策或提高决策水平。与使用者决策相关的会计信息能够有助于使用者评价报告企业过去的决策,证实或修正过去对报告企业的有关预测，做出对报告企业未来的财务状况、经营成果和现金流量的合理估计。

（三）可理解性

可理解性要求企业提供的会计信息应当清晰明了，便于投资者等财务报告使用者理解和使用。

企业编制财务报告、提供会计信息的目的在于使用。为帮助使用者有效使用会计信息，便于具有一定财务管理知识的使用者了解会计信息的内涵，财务报告所提供的会计信息应当清晰明了、易于理解。

（四）可比性

可比性要求企业提供的会计信息应当相互可比。可比性有以下2层含义。

1. 同一企业不同时期可比

为了便于财务报告使用者了解企业的财务状况、经营成果和现金流量的变化趋势，比较企业不同时期的财务报告信息，全面、客观地评价过去、预测未来，从而做出决策，会计信息质量的可比性要求同一企业不同时期发生的相同或相似的交易和事项，应当采用一致的会计政策，以使同一企业前后期信息可比。会计政策不得随意变更，只有政策变更后可提供更可靠、更相关的会计信息时，才可按规定程序变更会计政策，并在财务报告附注中予以说明。

2. 不同企业相同会计期间可比

为了便于财务报告使用者评价不同企业的财务状况、经营成果和现金流量及其变动情况，会计信息质量的可比性要求不同企业应当按照统一的确认、计量和报告要求提供有关会计信息，确保会计信息口径一致、相互可比。

（五）实质重于形式

实质重于形式要求企业应当按照交易或事项的经济实质进行会计确认、计量和报告，而不仅仅是以交易或事项的法律形式为依据。

在多数情况下，企业发生的交易或事项的经济实质与法律形式是一致的，但在有些情况下也会出现不一致。例如，企业根据销售合同向购买方销售一批商品，价格为1 000万元，但同时又与购买方签订了一项于一年后进行售后回购的协议，回购价格为1 200万元。从法律形式上看，这是一项销售业务。但从业务实质上看，由于回购协议的存在，该项业务实际上是一种融资行为，因此经济实质与法律形式存在明显的不一致。按会计信息的实质重于形式要求，当上述销售业务发生时不能确认销售收入，而应以经济业务或事项的经济实质——融资行为——进行确认、计量和报告。

（六）重要性

重要性要求企业提供的会计信息应当反映与企业财务状况、经营成果和现金流量有关的所有重要交易或事项。

在实务中，如果某项会计信息的省略或错报会影响财务报告使用者据此做出决策，该信息就具有重要性。重要性的应用需要依赖职业判断，企业应当根据其所处环境和实际情况，从项目的性质和金额大小两方面加以判断。

（七）谨慎性

谨慎性要求企业对交易或事项进行会计确认、计量和报告应当保持应有的谨慎，不应高估资产或收益、低估负债或费用。

在市场经济环境下，企业生产经营活动面临着许多不确定性，如应收账款有收不回来的风险，存货有售后退回和返修的风险等。会计信息质量的谨慎性要求企业对具有不确定性因素的业务进行确认、计量和报告时，应当保持应有的谨慎，充分估计到各种风险和损失，既不高估资产或收益，也不低估负债或费用。

（八）及时性

及时性要求企业对于已经发生的交易或事项，应当及时进行确认、计量和报告，不得提前或延后。

会计信息的价值具有时效性，即使是可靠、相关的会计信息，如果不及时提供，那么对于使用者的效用也会大大降低，甚至不再具有实际意义。在会计确认、计量和报告过程中贯彻及时性，一是要求及时搜集会计信息，即在经济交易或事项发生后，及时搜集整理各种原始单据或凭证；二是要求及时处理会计信息，即按照会计准则的规定，及时对经济交易或事项进行确认、计量和报告；三是要求及时传递会计信息，即按照国家规定的有关时限，及时地将编制的财务报告传递给财务报告使用者，便于其及时使用和决策。

▍关键练习

1. 概述企业财务会计的工作内容有哪些，并概括说明各项工作内容。
2. 请分别说出下列业务在权责发生制下和收付实现制下的入账时间，并说出确切依据。

（1）3月15日，公司聘请宏胜公司高级会计师来企业进行为期一周的会计工作指导，并与宏胜公司约定，指导费用将于4月5日支付。

（2）3月22日，向客户销售产品一批，价款在4月22日收回。

3. 回顾会计信息质量要求有哪些，尝试说明各会计信息质量要求规范的内容。

▍拓展阅读

销售经理的建议

——依据会计信息质量要求进行会计监督

2020年12月，极地有限责任公司（以下简称极地公司）销售部经理对财务主管林正峰说，由于销售业务下滑，销售部可能完不成当月销售任务，但预计2021年1月会迎来一个销售高潮，销售额会大幅高于销售任务。为了完成2020年12月的销售任务，销售部已经提前开出了若干张销售发票，希望能计入2020年12月当月的主营业务收入，以完成销售任务。

林正峰当即拒绝了销售部经理的要求，理由是根据会计信息的可靠性要求，企业应当以实际发生的交易或事项进行确认、计量和报告。2021年1月的经济业务还没有发生，不能予以确认,并指出销售部必须马上改正提前开具发票的行为。

任务二　开展会计工作的环境

 任务目标

主任务节点	子任务节点	期望的学习结果	达成情况自评
法规环境	会计法规内涵	描述	
	主要会计法规的种类、地位、作用	列举、说明	
	会计准则和会计制度的种类及其适用	说明、比较	
会计职业道德	8项职业道德	列举	
	8项职业道德的内涵	说明、识别、区分	
组织机构	会计机构设置的规定	说明	
	会计岗位的种类	说明	
	会计工作岗位人岗关系设置原则	描述	
	会计岗位的不相容职务	说明、运用	

 **概念认知**

一、法律和规范环境

会计工作必须依法开展,会计事务办理必须符合会计法律法规的要求。熟知会计法律规范,是会计人员高质量开展会计工作的前提。

会计法律规范是全国人民代表大会及其常务委员会和国务院及其所属部门制定的调整各种会计关系的会计法律性文件的总称,包括《中华人民共和国会计法》(以下简称《会计法》)、会计准则和会计制度、会计工作专项管理办法、条例等。

会计法规体系

(一)会计法

《会计法》是指导我国会计工作的基本法,主要规定了会计工作的基本目的、会计管理权限、会计责任主体、会计核算和会计监督的基本要求、会计人员和会计机构的职责权限、会计法律责任等。《会计法》是制定其他会计法律规范的依据。

(二)会计准则和会计制度

会计准则和会计制度包括《企业会计准则》《小企业会计准则》《企业会计制度》《政府会计准则制度》《民间非营利组织会计制度》等,用于具体规范会计确认、计量、报告等会计行为。

适用于企业的会计准则、制度有《企业会计准则》《小企业会计准则》《企业会计制度》3种。上市公司施行《企业会计准则》，推荐其他企业施行；《企业会计制度》适用于未上市的大中型企业；《小企业会计准则》适用于在中华人民共和国境内设立的规模在国务院规定的标准以下，且股票和债券不在公开市场上交易的非金融性质且非母子公司制的企业。

（三）会计专项管理办法和条例

会计专项管理办法、条例是用于规范会计工作某一个方面的法律规范，如《会计基础工作规范》《会计档案管理办法》《代理记账管理办法》等。

另外，《中华人民共和国企业所得税法》《中华人民共和国个人所得税法》《中华人民共和国增值税暂行条例》等税收法规，以及《中华人民共和国公司法》《中华人民共和国民法典》等经济法规对会计核算的确认、计量和报告都有一定影响。例如，《中华人民共和国企业所得税法》规定享受免征、减征等优惠的所得税项目应该单独设立项目核算；《中华人民共和国公司法》要求企业按净利润的10%提取法定盈余公积金，等等。

课堂讨论

规范企业确认、计量、报告行为的会计法律规范有哪些？分别在哪些企业施行？

二、职业道德规范环境

会计人员开展会计工作除遵守会计法律规范外，还应当自觉遵守会计职业道德，以便提供更高质量的会计服务。

会计职业道德是会计从业人员在履行职责活动中应具备的道德品质。它是调整会计人员与国家、与具有不同利益诉求的人，以及会计人员相互之间的社会关系的社会道德规范，是社会主义核心价值观在会计工作中的具体体现。

会计职业道德的主要内容有以下8项。

① 爱岗敬业。要求会计人员热爱会计工作，安心本职岗位，忠于职守，尽心尽力，尽职尽责。

② 诚实守信。要求会计人员做老实人，说老实话，办老实事，执业谨慎，信誉至上，不为利益所诱惑，不弄虚作假，不泄露秘密。

③ 廉洁自律。要求会计人员公私分明，不贪不占，遵纪守法，清正廉洁。

④ 客观公正。要求会计人员端正态度，依法办事，实事求是，不偏不倚，保持应有的独立性。

⑤ 坚持准则。要求会计人员熟悉国家法律、法规和国家统一的会计制度，始终坚持按法律、法规和国家统一的会计制度的要求进行会计核算，实施会计监督。

⑥ 提高技能。要求会计人员增强提高专业技能的自觉性和紧迫感，勤学苦练，刻苦钻研，不断进取，提高业务水平。

⑦ 参与管理。要求会计人员在做好本职工作的同时，努力钻研相关业务，全面熟悉本单位经营活动和业务流程，主动提出合理化建议，协助领导决策，积极参与管理。

⑧ 强化服务。要求会计人员树立服务意识，提高服务质量，努力维护和提升会计职业

的良好社会形象。

三、组织机构环境

《会计法》规定:"各单位应当根据会计业务的需要,设置会计机构,或者在有关机构中设置会计人员并指定会计主管人员;不具备设置条件的,应当委托经批准设立从事代理记账业务的中介机构代理记账。"

会计主体应当在设置的会计机构内,根据会计业务需要设置会计工作岗位,配备相应的会计人员。

会计机构设置方式

会计工作岗位一般可分为:会计机构负责人(会计主管)、出纳、财产物资核算、工资核算、成本费用核算、财务成果核算、资金核算、往来结算、总账报表、稽核、会计档案管理等(见图1.2)。开展会计电算化和设有管理会计的单位,既可以根据需要设置相应的工作岗位,也可以与其他工作岗位相结合。

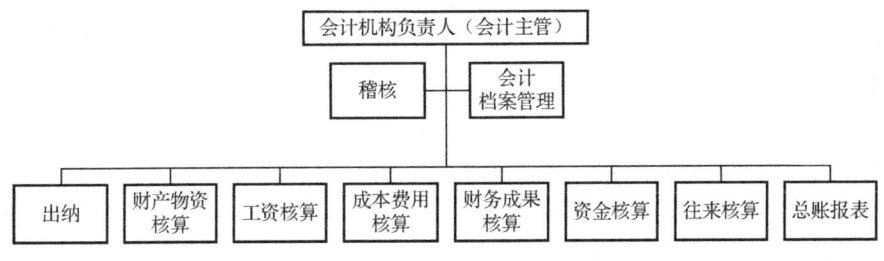

图 1.2

会计工作岗位既可以一人一岗、一人多岗,也可以一岗多人,但出纳员不得兼管稽核,会计档案管理,以及收入、费用、债权债务账目的登记工作。

企业应建立会计人员岗位责任制度。各岗位会计人员职责的内容通常包括以下几项。

会计岗位种类、岗位设置

① 取得(填制)、审核所负责业务(如原材料核算岗位负责的原材料业务)的会计凭证。

② 登记所负责业务的相关账簿。

③ 负责所记账簿的对账或清查。

④ 提供所负责业务的数据分析和建议。

⑤ 协调与岗位工作有关的各部门和相关人员,指导会计业务的开展等。

■ 关键练习

1. 简述我国会计法律规范体系的内容。
2. 简述《会计法》对会计机构的规定。
3. 概述我国会计职业道德的内容。
4. 德华公司是一家独立的法人企业,按《中小企业划型标准规定》属于小型企业。公司内部发行了股票，但未在公开市场上流通。今年公司计划申请在创业板上市。请参照拓展阅读的内容，说明德华公司在股票上市前及上市后可以施行的会计制度和会计准则。

■ 拓展阅读

《小企业会计准则》实施范围

2011年6月18日，工业和信息化部、国家统计局、国家发展和改革委员会、财政部等四部委联合发布了《中小企业划型标准规定》，将企业划分为大型企业、中型企业、小型企业和微型企业4种类型。考虑到不同行业生产经营特点差异很大，该规定采用了分不同行业来确定企业规模的做法。各行业划型标准具体参见《中小企业划型标准规定》。

《小企业会计准则》适用于在中华人民共和国境内依法设立的、符合《中小企业划型标准规定》所规定的小型企业标准的企业，微型企业参照执行。

但下列小型企业应执行《企业会计准则》，不执行《小企业会计准则》。

① 股票或债券在市场上公开交易的小企业。部分小企业从事高新技术产业，具有很大的发展潜能，符合上市条件，已在创业板、中小企业板上市，按照财政部规定，上市公司必须执行《企业会计准则》。

② 金融机构或其他具有金融性质的小企业。金融类企业从事资金融通业务，具有很大的风险性，管理要求更高，应执行《企业会计准则》。

③ 企业集团内的母公司和子公司。企业集团由母公司和其全部子公司构成。企业集团内的母、子公司，无论规模大小，一律执行《企业会计准则》。只有这样，集团内的会计政策才相同，会计信息才具有可比性。

■ 模块法规依据

1. 《中华人民共和国会计法》（2017年11月4日全国人大常委会重新修订发布）
2. 《小企业会计准则》（财会〔2011〕17号）
3. 《会计基础工作规则》（财会〔1996〕19号）

模块二 核算货币资产

工作导入

货币资金是指企业生产经营过程中处于货币形态的资产。它既是企业中使用最灵活的资产,也是企业使用较频繁的资产之一。

直观地说,企业的货币资金包括两部分内容:一是以现金形式存在的资金;二是存在银行等金融机构中的资金。

企业存放的现金,会计上称作库存现金。企业存放在银行等金融机构中的资金,按资金的管理和使用要求不同,进一步区分为银行存款和其他货币资金2种形式进行核算。

 要点提示

企业的货币资金包括库存现金、银行存款和其他货币资金。

货币资金业务是指为实现货币资金收支所进行的填制单据、验证、审核、签章、单据交付等一系列事项。

企业设置出纳岗位,由出纳员办理货币资金业务并登记资金日记账。登记资金日记账的目的是系统地登记资金的收支结存情况,监控资金的使用。

资金的核算和监督工作由企业除出纳员外的其他会计岗位人员负责。会计负责货币资金业务原始凭证的复核、记账凭证的编制、资金总账和明细账的登记,同时兼管货币资金清查工作。

 要点提示

出纳员办理货币资金业务和登记资金日记账,会计负责货币资金业务的核算和清查。

任务一　核算库存现金

任务目标

主任务节点	子任务节点	期望的学习结果	达成情况自评
货币资金	种类	描述、区分、辨别	
货币资金业务与岗位设置	货币资金业务内涵	描述	
	出纳岗位职责	说明	
	货币资金业务监督	说明	
现金使用范围	种类	列举	
	银行结算起点	说明	
现金限额	限额核定、工作要求及特例处理办法	描述	
现金收支活动管理要求	管理要求内容	列举、说明、举例	
现金账簿	现金日记账设置办法	说明	
	现金日记账账簿选择	说明	
	现金日记的特殊登记要求	说明、运用	
现金的清查	准备工作与清查过程	说明、模拟	
	清查结果处理程序	说明	
	清查结果核算规则	说明、运用、举例	

业务认知

库存现金是企业流动性最强的资产，可以随时根据需要收支。

企业的现金业务主要包括从银行提取现金，收取因各种原因取得的现金，向个人支付工资、报酬、福利、奖励、差旅费用，以及向其他单位支付结算起点以下的零星支出等。

为了维护经济秩序，国家有关部门对现金的使用有严格的管理规定，企业应该按照规定使用现金。

根据国务院发布的《现金管理暂行条例》的规定，企业应该按下列要求使用现金。

一、现金的使用范围

企业可用现金支付的款项有以下几种情况。
① 职工工资、津贴。
② 个人劳务报酬。
③ 根据国家规定颁发给个人的科学技术、文化艺术、体育等各种奖金。
④ 各种劳保、福利费用及国家规定的对个人的其他支出。
⑤ 向个人收购农副产品和其他物资的款项。

现金使用范围及其应用

⑥ 出差人员必须随身携带的差旅费。
⑦ 银行结算起点（1 000 元）以下的零星支出。
⑧ 中国人民银行确定需要支付现金的其他支出。

除上述情况可以用现金支付外，其他款项的支付应通过银行转账结算。

上面⑦中所称的银行结算起点是指办理每一笔银行转账结算业务的最低金额。按照《现金管理暂行条例》的规定，现行银行结算起点为 1 000 元。实际上银行存款的结算起点随使用的结算方式不同而不同，银行本票（不定额）和银行汇票的结算起点分别为 100 元和 500 元。银行结算起点的主要意义在于确定了单位和单位之间的零星支出业务可以使用现金的最高额度。

二、现金限额

现金限额是指为了保证企业日常零星开支的需要，允许单位留存现金的最高数额。这一限额由开户银行根据单位的实际需要核定——一般按照单位 3 至 5 天日常零星开支的需要确定，边远地区和交通不便地区开户单位的库存现金限额可按多于 5 天但不超过 15 天的日常零星开支的需要确定。企业必须严格遵守核定的库存现金限额，需要增加或减少现金限额的单位，应向开户银行提出申请，由开户银行核定。

三、现金收支活动的管理要求

在银行开户的单位（以下简称开户单位），收入现金应于当日送存开户银行。当日送存确有困难的，由开户银行确定送存时间。

开户单位支付现金，可以从本单位库存现金中支付或从开户银行提取，不得从本单位的现金收入中直接支付，即不准坐支现金。因特殊情况需要坐支现金的单位，应事先报经有关部门审查批准，并在核定的范围和限额内进行，同时收入的现金必须入账。

开户单位从开户银行提取现金时，应填写现金支票，如实写明提取现金的用途，由本单位财会部门负责人批准并加盖银行预留印鉴，经开户银行审查批准后予以支付。用途必须如实填写，不准谎报用途套取现金。因采购地点不确定、交通不便、抢险救灾及其他特殊情况必须超限额使用现金的单位，应向开户银行提出书面申请，由本单位财会部门负责人签字、盖章，经开户银行审查批准后予以支付。

对于开户单位，不准用不符合国家统一会计制度规定的凭证顶替库存现金，即不得白条抵库；不准用银行账户代其他单位和个人存入或支取现金；不准将单位收入的现金以个人名义存入储蓄账户；不准保留账外公款，即不得公款私存，不得设置小金库，等等。银行对于违反上述规定的单位，将按照违规金额的一定比例予以处罚。

> **要点提示**
>
> 如果你是一名出纳员，则遇到以下情况时，你会怎么做？怎么解释？
> ① 有一个部门领导来报销，可是你手里库存现金已经不够支付给他了。向他说明情况后，他说："你不是刚从零售柜台那里取回一大笔现金吗？故意不给我报销是不？"
> ② 单位的一个供应商要求以现金结算一笔 57 000 元的货款，总经理已经答应了，责

成你去填写支票提出现金,并说支票上的用途栏要填成"差旅费"或"工资",不然银行会不允许提现。

③ 某日,截至下午4时整,你共收到零售柜台交来的现金收入3 800元,且因连续收到几笔差旅费退回余款,库存现金账面余额已达5 300元,而你单位核定的现金限额为3 000元。

 业务核算

一、会计科目、账簿设置及账簿特殊登记要求

会计科目　库存现金。

账簿设置　为核算库存现金收支结存情况,企业应根据会计科目开设库存现金总账、日记账。有多币种现金的企业,应当按照币种分别设置现金日记账进行明细核算。

企业收到现金,借记"库存现金"科目,贷记相关科目;支出现金做相反的会计分录。本科目期末借方余额,反映企业持有的库存现金余额。

账簿特殊登记要求　现金日记账由出纳员根据收付款凭证,按照业务发生顺序逐笔登记。每日终了,应当计算当日的现金收入合计额、现金支出合计额和结余额,并将结余额与实际库存额核对,做到账款相符;月末终了,现金日记账的余额应当与现金总账的余额核对,做到账账相符。

现金日记账的格式和登记方法如图2.1所示。

现金日记账

年 月	日	凭证编号	摘要	对方科目编码	借方 千百十万千百十元角分	√	贷方 千百十万千百十元角分	√	余额 千百十万千百十元角分
12	1		期初余额						1 5 2 0 0 0
12	1		提取现金备用		1 0 0 0 0 0				
12	1		采购零星办公用品				1 8 5 0 0		
			本日小计		1 0 0 0 0 0		1 8 5 0 0		2 3 3 5 0 0
			本月累计		1 0 0 0 0 0		1 8 5 0 0		2 3 3 5 0 0
12	2		现金清查短缺额				2 0 0 0		
			本日小计				2 0 0 0		2 3 1 5 0 0
			本月累计		1 0 0 0 0 0		2 0 5 0 0		2 3 1 5 0 0
12	31		本月累计		7 0 0 0 0 0		6 5 8 0 0 0		1 9 4 0 0 0
	31		本年累计		1 0 7 0 0 0 0		1 0 5 1 1 0 0 0		1 9 4 0 0 0

说明:重黑线表示红线。

图2.1

二、核算应用

企业日常使用现金的业务比较多，如从银行提取现金、销售废品收取现金、用现金支付零星采购费用、给个人发放奖金等。会计是根据出纳员转来的现金收支原始凭证来办理编制记账凭证等核算手续的。

例 2.1 报销办公室采购零星办公用品采购款。

12月2日，出纳员转来办公室购买办公用品增值税专用发票一张，如图2.2所示。经审核，原始单据符合有关规定，内容填写完整，审批手续齐全，款项已由出纳员现金付讫。

图2.2

据此编制记账凭证如下（以会计分录代替，后同）。

借：管理费用　　　　　　　　　　　　　　　　　　163.72
　　应交税费——应交增值税（进项税额）　　　　　　21.28
　　贷：库存现金　　　　　　　　　　　　　　　　　185

三、现金的清查及其核算

现金盘点程序

为了保证现金的使用符合有关法规规定，保证企业现金资产的安全、完整，企业要定期或不定期地进行现金的账实核对和收支项目检查。这就是通常所说的现金清查。现金清查一般采用实地盘点的方式进行。盘点时，出纳员、盘点人员、监盘人员都要同时在场，盘点结束后要编制现金盘点报告单，由参加现金清查的三方签字确认。

现金清查一般要完成以下工作内容。

① 准备工作。现金清查通常选在一天工作结束后进行，盘点前出纳员需要将当天发生业务全部登记入现金日记账并结出余额。

② 清查盘点。在出纳员、盘点人员、监盘人员同时在场的情况下开始清查工作。

步骤 1　核对现金日记账账存现金余额与实存现金数额是否相符，查明现金的溢余或短缺、有无超现金限额保存现金的情况等。

步骤 2　逐项检查现金日记账的收支记录及对应原始凭证，检查有无违反现金使用范围规定和现金收支活动管理要求的事项。

③ 清查结果的处理。

步骤 1　编制现金盘点报告单，记录清查情况，并由参加清查人员签字、盖章。

步骤 2　对查明的违规情况进行处理，如果有挪用现金、白条顶库等违规情况，则应及时予以纠正；对于超限额留存的现金应及时送存银行。

步骤 3　账实不符的，首先应根据现金盘点报告单调整账簿，保证账实相符；其次应查明原因并报有关负责人，取得负责人处理意见后，据此对清查结果进行账务处理。

发现账实不符时，会计应根据现金盘点报告单编制调整凭证，如果为现金短缺，则贷记"库存现金"科目，借记"待处理财产损溢"科目；如果为现金盘盈，则做相反的会计分录。

查明现金溢余和短缺原因后，依据具有相应管理权限人员审批的意见，可分如下情况进行处理。

① 如果为现金短缺，则属于应由责任人或保险公司赔偿的部分，借记"其他应收款"科目，属于应由企业负担的部分，借记"营业外支出"科目；按对应金额贷记"待处理财产损溢"科目。

② 如果为现金溢余，则属于应付给有关人员或单位的，贷记"其他应付款"科目，属于无法查明原因的，贷记"营业外收入"科目；按对应金额借记"待处理财产损溢"科目。

> **要点提示**
>
> 现金清查完成后，要依据现金盘点报告单调整现金账面余额，并根据审批意见处理盘点损溢。

例 2.2　清查后调整现金账面余额。

12 月 2 日，根据现金盘点报告单（见图 2.3），调整现金日记账余额。

现金盘点报告单

单位名称：极地有限责任公司　　2020 年 12 月 02 日　　　　　　单位：元

现金账面余额	现金实存数额	溢余金额	短缺金额	备　注
1520.00	1500.00		20.00	
违反现金管理规定事项及现场处理结果					
1. 超限额留存现金：无				
2. 超范围使用现金：无				
3. 违反现金收支规定：无				

主管：孙正峰　　　　盘点人：吴正　　　　出纳员：齐晓娜

图 2.3

依据现金盘点报告单编制调整账面余额的会计分录如下。

　　借：待处理财产损溢——待处理流动资产损溢　　20
　　　　贷：库存现金　　　　　　　　　　　　　　　　20

例 2.3 现金短缺和溢余处理。

12月5日，通过2天的查证，没有查明12月2日现金清查所短缺现金20元的原因。经请求批准（见图2.4），计入当期损益。

资产清查损溢申报单

兹于 2020 年 12 月 2 日，进行了现金清查，发现现金短缺 20 元整。经认真核查，没有查明短缺原因。特申请作为当期损益处理。

吴正
2020.12.05

审批人意见

      同意

      孙正峰

      2020.12.05

图 2.4

根据批准的申报单编制会计分录如下。

借：营业外支出   20
  贷：待处理财产损溢——待处理流动资产损溢   20

● 关键练习

1. 假定你是某公司的出纳员，公司发生了下列业务。

（1）本公司采购员王某持一张采购发票，要求你用现金予以付款，该发票表明本公司从 A 公司采购原材料价税合计 5 000 元。

（2）本公司员工陈某，平时与你私交不错。他现在有点急事，想从你的金库中借 500 元钱，还给你出主意说："这钱你也别记账，我明天就还你。我给你写个借条，你放在金库中，我还你钱的时候，你再把借条还我就可以。"

（3）公司从社会上聘请了一位技术专家，帮助公司解决设备技术上的难题，公司决定给他 7 000 元劳务费用，该专家要求收取现金。

要求：根据有关规定判断这些业务的可行性，并说明理由。

2. 假定你是某公司的会计人员，该公司发生了以下业务。

（1）12月10日下班后，公司组织你和出纳员对库存现金进行清查，发现溢余现金120元，溢余原因还待进一步查明。

（2）12月12日，现金账实不符的原因终于查明。12月10日上午，本公司一名业务员前来报销一项零星采购业务，金额是120元，出纳员审核无误，加盖付讫戳记。正要付款时，该业务员接了一个电话，急匆匆地走了，没有领取现金，当时报销的人很多，出纳员将此事忘记。经与该业务员电话核实，确有此事。该业务员现正在外地出差，要一个星期后才能回来。

要求：对上述业务进行相关会计处理。

■ 拓展阅读

极地公司的备用金管理

极地公司有2个部门需要非常频繁地使用现金：一个是办公室，经常有办公用品和招待用品的零星采购；另一个是销售部，那里的业务员经常出差。为了提高工作效率，经公司研究决定，为这2个部门设立备用金。办公室的备用金数额为500元，销售部的备用金数额为800元。当这2个部门发生现金支出时，直接从备用金中支出，业务完成后，持有关单据审批后到财务部报销，补足备用金。

在会计处理上，公司为了核算备用金，依据《小企业会计准则》的规定，单独设置了"备用金"科目核算备用金。"备用金"科目借方登记新建或增补的备用金，贷方登记撤销或减少的备用金。该科目按部门或个人设置明细科目。

以办公室的备用金核算为例，当建立备用金时，编制会计分录如下。

借：备用金——办公室　　　　　　　　　　　　　　　　　　　　500
　　贷：库存现金　　　　　　　　　　　　　　　　　　　　　　　　　500

相关部门日常支出备用金时，不做会计处理。

当相关部门人员持有关票据来报销补足备用金时，编制会计分录如下。

借：管理费用——报销数额
　　贷：库存现金——报销数额

《小企业会计准则》规定，不使用"备用金"科目的企业，可以在"其他货币资金"科目下设置"备用金"明细科目核算备用金。

任务二　核算银行存款

任务目标

主任务节点	子任务节点	期望的学习结果	达成情况自评
银行账户	开设和使用要求	描述	
	银行账户种类及其适用	列举、说明	
银行结算方式	各种结算方式及其适用	列举、描述、区分	
	主要结算方式的使用办法	说明、演示	
银行存款核算	账簿设置办法	描述	
	银行存款日记账特殊登记要求	说明、运用	
	支票结算示例	描述	

(续表)

主任务节点	子任务节点	期望的学习结果	达成情况自评
银行对账	银行对账作用及频度要求	说明	
	银行对账程序	描述	
	银行存款余额调节表	编制、说明对账结果运用方法	

业务认知

企业应依法开设银行账户，办理资金结算。

除在规定的范围内可以用现金直接支付的款项外，在经营过程中所发生的货币收支业务都应当通过银行账户进行结算。

一、银行账户

按照国家有关规定，凡是独立核算的单位都必须在当地银行开设账户（银行账户开立办法和要求见《人民币银行结算账户管理办法》）。

银行存款账户有以下几种。

1. **基本存款账户**

基本存款账户是企业办理日常转账结算和现金收付的账户，是存款人的主要账户。该账户主要办理存款人日常经营活动的资金收付及其工资、奖金和现金的支取。一个单位只能有一个基本存款账户。

2. **一般存款账户**

一般存款账户是存款人因借款或其他结算需要，在基本存款账户开户银行以外的银行营业机构开设的银行结算账户。一般存款账户用于办理存款人借款转存、归还和其他结算的资金收付。该账户可以办理现金交存，但不得办理现金支取。

3. **临时存款账户**

临时存款账户是存款人因临时需要开立的银行结算账户，临时存款账户最长使用期限为 2 年。有下列情况的，存款人可以申请开立临时存款账户：设立临时机构，如设立工程指挥部、筹备领导小组、摄制组等；异地临时经营活动，如建筑施工及安装单位在异地的临时经营活动等；注册验资；境外机构在境内从事经营活动。

4. **专用存款账户**

专用存款账户是存款人为对特定用途资金进行专项管理和使用而开立的银行结算账户，如基本建设项目专项资金账户、农副产品专项收购资金账户。

二、银行结算和结算方式

银行结算是指企业之间的款项收付不动用现金，而是由银行将资金从付款单位的存款账户划转到收款单位存款账户的货币转移行为。为了规范全国的银行结算工作及方便各企

业间的国内与国际贸易业务,中国人民银行规定了可以采用的银行结算方式。企业可以根据自身和客户的结算需求来选择使用。

银行结算方式,简称结算方式,是指用一定的形式和条件来实现各单位(或个人)之间货币收付的程序及方法。现行的银行结算方式包括银行汇票、商业汇票、银行本票、支票、汇兑、委托收款、异地托收承付、信用证等。

 要点提示

银行结算是不动用现金的货币转移行为,企业可以根据需要选择结算方式。

三、结算方式的使用办法

使用各种结算方式办理银行存款收付和转账是出纳工作的主要内容之一。

(一)银行汇票

银行汇票是汇款人将款项交存当地出票银行,由出票银行签发并在见票时按照实际结算金额无条件支付给收款人或持票人的票据。其中,实际结算金额不得超过汇票金额。银行汇票具有使用灵活、票随人到、兑现性强等特点,适用于先收款后发货或钱货两清的商品交易。单位和个人各种款项的结算均可使用银行汇票。

银行汇票一式四联:第一联为卡片,为承兑银行支付票款时做付出传票;第二联为银行汇票,在兑付行兑付汇票后此联做银行往来账付出传票;第三联是解讫通知,在兑付行兑付后寄给签发银行,由签发行做余款收入传票,第二联和第三联一并由汇款人自带,用于办理款项兑付;第四联是多余款通知,在签发行结清款项后交汇款人。

银行汇票的提示付款期限为自出票日起1个月内。超过付款期限提示付款不获付款的,持票人需要在票据权利时效内向银行做出说明,并提供个人身份证件或单位证明,持银行汇票和解讫通知向出票银行请求付款。

 要点提示

票据权利时效即票据权利的期限,是指持票人对票据的出票人和承兑人的权利期限。见票即付的汇票、本票票据权利时效为自出票日起2年。

银行汇票可以用于转账,填明"现金"字样的银行汇票也可以用于支取现金,其中现金银行汇票的申请人和收款人必须均为个人。

1. 付款企业银行汇票的办理和使用程序

(1)申请并取得银行汇票

付款企业需要用银行汇票支付款项时,应向出票银行填写银行汇票申请书并签章。签章为其预留银行的印鉴。银行受理银行汇票申请书,收妥款项后签发银行汇票,并用压数机压印出票金额,然后将银行汇票申请书存根、银行汇票和解讫通知一并交给申请人。

(2)使用银行汇票

付款企业取得银行汇票后,即可持银行汇票向收款单位办理结算。办理结算时,付款企业将银行汇票和解讫通知一并交付给银行汇票上记载的收款人。

（3）收回银行汇票多余款

实际结算金额低于银行汇票金额时，根据签发银行出具的多余款退回通知书进行会计核算。

2. 收款企业的使用程序

（1）收到银行汇票

收款企业在收到付款单位交来的银行汇票时，应在出票金额内根据实际待结算金额办理结算。应将实际结算金额和多余金额准确、清晰地填入银行汇票和解讫通知的相关栏目内。银行汇票的实际结算金额低于出票金额时，多余金额由银行退交银行汇票申请人。

（2）办理款项进账

收款企业应填写进账单，并在汇票背面持票人向银行提示付款签章处签章。签章应与预留银行印鉴相同。然后，将银行汇票和解讫通知、进账单一并交开户银行办理结算，银行审核无误后办理转账。

（3）银行汇票背书

银行汇票的收款人可以将银行汇票背书转让给他人。背书转让以不超过出票金额的实际结算金额为限，未填写实际结算金额或实际结算金额超过出票金额的银行汇票不得背书转让。

（二）银行本票

银行本票是银行签发的、承诺见票时无条件支付确定金额给收款人或持票人的票据。

银行本票由银行签发并保证兑付，而且见票即付，具有信誉高、支付功能强等特点。无论单位还是个人，在同一票据交换区域支付各种款项，都可以使用银行本票。

银行本票分定额本票和不定额本票。定额本票面值分别为 1 000 元、5 000 元、10 000 元和 50 000 元。在票面画去转账字样的，为现金本票。

银行本票的付款期限为自出票日起最长不超过 2 个月，在付款期内银行本票见票即付。超过提示付款期限提示付款不获付款的，持票人需要在票据权利时效内向出票银行做出说明，提供本人身份证或单位证明，并持银行本票向银行请求付款。

1. 付款企业银行本票的办理和使用程序

（1）申请并取得银行本票

付款企业需要使用银行本票支付款项时，应向银行提交银行本票申请书并签章。签章为银行预留印鉴。付款人（申请人）或收款人为单位的，银行不予签发现金银行本票。出票银行受理银行本票申请书并收妥款项后签发银行本票。不定额银行本票用压数机压印出票金额，出票银行在银行本票上签章后将银行本票连同银行本票申请书存根一并交给申请人。

（2）使用银行本票办理结算

申请人取得银行本票后，即可将银行本票交付给收款人，办理结算。

2. 收款企业银行本票的处理

收款企业收到银行本票，应该在提示付款时，在本票背面持票人向银行提示付款签章处加盖预留银行印鉴，同时填写进账单，连同银行本票一并交开户银行转账。

3. 银行本票的背书

收款单位可以根据需要在票据交换区域内背书转让银行本票。

（三）支票

支票是单位或个人签发的，委托办理支票存款业务的银行在见票时无条件支付确定金额给收款人或持票人的票据。

支票是同城结算中应用比较广泛的一种结算方式。单位和个人在同一票据交换区域的各种款项结算，均可使用支票。支票由银行统一印制，支票上印有"现金"字样的为现金支票；支票上印有"转账"字样的为转账支票，转账支票只能用于转账；未印有"现金"或"转账"字样的为普通支票，既可以用于支取现金，也可以用于转账；在普通支票左上角画有2条平行线的，为划线支票，划线支票只能用于转账，不得支取现金。

支票的提示付款期限为自出票日起10日内，中国人民银行另有规定的除外。超过提示付款期限的，持票人开户银行不予受理，付款人不予付款。转账支票可以根据需要在票据交换区域内背书转让。

1. 付款企业的支票办理和使用程序

（1）领购支票

付款人领购支票，必须填写票据和结算凭证领用单并加盖预留银行印鉴。存款账户结清时，必须将剩余的空白支票全部交回银行注销。

（2）签发支票付款

签发支票时，应使用蓝黑墨水笔或碳素墨水笔，将支票上的各要素填写齐全，并在支票上加盖银行预留印鉴。出票人预留银行的印鉴是银行审核支票付款的依据。银行也可以与出票人约定使用密码，作为银行审核支付支票金额的条件。

企业财会部门在签发支票之前，出纳人员应该认真查明银行存款的账面结余数额，防止签发超过存款余额的空头支票。签发空头支票，银行除退票外，还要按票面金额处以5%但不低于1 000元的罚款，持票人有权要求出票人赔偿支票金额2%的赔偿金。

2. 收款企业支票的使用程序

收款人（持票人）收妥支票后，可以委托开户银行收款，或者直接向付款人（付款企业开户行）提示付款。用于支取现金的支票仅限于收款人向付款人提示付款。

持票人委托开户银行收款时，应做委托背书，在支票背面背书人签章栏签章，记载"委托收款"字样、背书日期，在被背书人栏记载开户银行名称，并将支票联和填制的进账单送交开户银行。

收款人持支取现金的支票向付款人提示付款时，应在支票背面收款人签章处签章，持票人为个人的，还需要交验本人身份证件，并在支票背面注明证件名称、号码和发证机关。

（四）信用卡

信用卡是指商业银行向个人和单位发行的，凭以向特约单位购物、消费和向银行存取现金，且具有消费信用的特制载体卡片。

信用卡按使用对象分为单位卡和个人卡；按信誉等级分为金卡和普通卡。凡在中国境内金融机构开立基本存款账户的单位均可申领单位卡。单位卡可申领若干张，持卡人资格由申领单位法定代表人或委托的代理人书面指定和注销，持卡人不得出租或转借信用卡。单位卡账户的资金一律从基本存款账户转账存入，在使用过程中，需要向账户续存资金的，也一律从基本存款账户转账存入，不得交存现金，不得将销货收入的款项存入单位卡账户。单位卡不得用于10万元以上的商品交易、劳务供应款项的结算，不得支取现金。

信用卡在规定的限额和期限内允许透支消费，透支免息期限最长为50天。严禁将单位的款项存入个人卡账户中。

单位或个人申领信用卡，应按规定填制申请表，连同有关资料一并送交发卡银行。符合条件并按银行要求存入一定金额的备用金后，银行为申领人开立信用卡存款账户，并发给信用卡。

（五）汇兑

汇兑是汇款人委托银行将其款项支付给收款人的结算方式。单位和个人的各种款项的结算均可使用汇兑结算方式。

企业采用汇兑结算方式，付款单位汇出款项时，应填写银行印发的汇款凭证，列明收款单位名称、汇款金额及汇款用途等项目送达开户银行，委托银行将款项汇往收汇银行。收汇银行将汇款收进收款单位存款账户后，向收款单位发出收款通知。

（六）委托收款

委托收款是收款人委托银行向付款人收取款项的结算方式。无论单位还是个人都可凭已承兑商业汇票、债券、存单等付款人债务证明办理收取同城或异地款项。委托收款还适用于收取电费、电话费等付款人众多、分散的公用事业等有关款项。

1. 委托企业（收款企业）处理

（1）委托银行收取款项

企业委托开户银行收款时，应填写银行印制的委托收款凭证并提供有关债务证明。在委托收款凭证中写明付款单位和收款单位名称、账号及开户银行，委托收款金额的大小写、款项内容、委托收款凭据名称及附寄单证张数等。企业的开户银行受理委托收款后，将委托收款凭证寄交付款单位开户银行，由付款单位开户银行审核，并通知付款单位。

（2）款项收回入账

开户银行收回款项后，企业取回委托收款收账通知。

2. 付款企业处理

付款单位收到银行交给的委托收款凭证及债务证明后应及时签收，并在3日之内审查债务证明是否真实准确、是否是本单位的债务，确认之后通知银行付款。

付款单位应在收到委托收款的通知次日起3日内主动通知银行是否付款。如果不通知银行，则银行视同企业同意付款并在第4日从单位账户中付出此笔委托收款款项。

付款人在3日内审查有关债务证明后，如果认为债务证明或与此有关的事项符合拒绝付款的规定，则应出具拒绝付款理由书和委托收款凭证第五联及持有的债务证明，向银行提出拒绝付款。

（七）商业汇票

商业汇票是由出票人签发的，委托付款人在指定日期无条件支付确定的金额给收款人或持票人的票据。商业汇票分为商业承兑汇票和银行承兑汇票：商业承兑汇票由银行以外的付款人承兑（付款人为承兑人）；银行承兑汇票由银行承兑。

在银行开立存款账户的法人以及其他组织之间，必须具有真实的交易关系或债权债务关系，才能使用商业汇票。

商业汇票在同城、异地都可以使用，而且没有结算起点的限制。商业汇票到期后，一律通过银行办理转账结算，银行不支付现金。商业汇票的提示付款期限为自汇票到期日起10日内。

符合条件的单位可以通过电子商业汇票系统使用电子商业汇票。

1. 付款企业或背书企业

（1）承兑

① 使用商业承兑汇票进行支付结算

在银行开立账户的企业领购商业承兑汇票必须填写票据和结算凭证领用单并签章，签章应同预留银行的签章相符。存款账户结清时，必须将全部剩余空白商业汇票交回银行注销。

商业承兑汇票既可以由付款人签发，也可以由收款人签发，但都必须经过付款人承兑。只有经过承兑的商业汇票才具有法律效力，承兑人负有到期无条件付款的责任。商业汇票承兑不得附有条件。承兑附有条件的，视为拒绝承兑。

② 使用银行承兑汇票进行支付结算

使用银行承兑汇票进行支付结算时，申请企业应填写银行承兑汇票申请书一式两份，同时提供银行要求的资料。申请获得批准时，取得由银行承兑的银行承兑汇票。企业申请银行承兑汇票时，银行会按相关收费标准收取承兑手续费。

商业汇票的付款期限由交易双方商定，一般3个月至6个月，最长不得超过6个月。使用电子商业汇票的，付款期限最长为1年。

（2）使用商业汇票办理结算

付款企业将承兑的商业汇票交付给商业汇票记载的收款人办理结算，或者由持票人将商业汇票交付给被背书人办理结算。

（3）汇票到期付款或拒绝付款

① 使用商业承兑汇票结算时，付款企业收到开户行转来的提示付款通知时，如果无异议，则应立即通知银行付款。付款人自接到通知的次日起3日内未通知银行付款的，银行视同付款人承诺付款，银行于第4日上午开始营业时，将票款划给收款人；如果因争议需要拒付款项，则付款人应填制拒付理由书，交给开户行，开户行连同商业承兑汇票一并转回收款人开户行；如果付款人存款余额不足支付，则银行填制付款人未付款通知书，连同商业承兑汇票邮寄给收款人开户行转交收款人。

② 使用银行承兑汇票结算时，企业应于汇票到期日前，确保其银行账户有足额款项支付银行承兑汇票款。承兑银行在汇票到期日，或者到期日后，收到汇票当日支付票款。如果付款人账户在银行付款时无足额存款，则承兑银行无条件向收款人付款。但承兑银行将

付款人尚未支付的汇票款视为付款人的逾期贷款，按每天相关收费标准计收高额利息。

2. 收款企业处理

收款企业是指商业汇票上记载的收款人或最后被背书人。收款企业可以根据自身需要按以下方式或步骤使用商业汇票。

① 接收承兑的商业汇票。

② 背书转让。商业汇票一律记名并允许背书转让。商业汇票到期，因承兑人无款支付或其他合法原因，债权人不能获得付款时，持票人可以按照汇票背书转让的顺序，向前手行使追索权，依法追索票面金额。该汇票上的所有关系人都应负连带责任。

③ 贴现。商业汇票的持票人需要资金的，可持未到期的商业汇票连同贴现凭证向银行申请贴现。贴现利息计算按中国人民银行的规定执行。贴现必须提供相关要件。

④ 提示付款。收款企业应在提示付款期限内通过开户银行委托收款或直接向付款人提示付款。对异地委托收款的，收款企业可匡算邮程，提前通过开户银行委托收款。

⑤ 收回款项。款项到达企业账户时，银行向收款企业转发收账通知，通知款项入户。

（八）托收承付

托收承付结算又称异地托收承付结算，是指根据购销合同由收款人发货后委托银行向异地购货单位收取货款，购货单位根据合同核对单证或验货后，向银行承认付款的一种结算方式。

托收承付结算方式只适用于与异地订有经济合同的商品交易及相关劳务款项的结算。代销、寄销、赊销商品的款项不得办理托收承付结算。

1. 托收

托收是指销货单位（收款单位）委托其开户银行收取款项的行为。办理托收时，必须具有符合《中华人民共和国民法典》规定的经济合同，并在合同上注明使用托收承付结算方式和遵守"发货结算"的原则。所谓"发货结算"，是指收款方按照合同发货并取得货物发运证明后，方可向开户银行办理托收手续。

托收金额的起点为 10 000 元，新华书店的起点为 1 000 元。

2. 承付

承付是指购货单位（付款单位）在承付期限内，向银行承认付款的行为。承付方式有 2 种，即验单承付和验货承付。验单承付是指付款方接到其开户银行转来的承付通知和相关凭证，并与合同核对相符后即承付货款的方式。验单承付的承付期为 3 天，从付款人开户银行发出承付通知的次日算起，遇假日顺延。验货承付是指付款单位除验单外，还要等商品全部运达并验收入库后才承付货款的结算方式。验货承付的承付期为 10 天，从承运单位发出提货通知的次日算起，遇假日顺延。

如果付款方在验单或验货时发现货物的品种、规格、数量、质量、价格等与合同规定不符，则可在承付期内提出全部或部分拒付的意见。对拒付款项，应填写拒绝承付理由书，送交其开户银行审查并办理拒付手续。应注意，拒付货款的商品是对方所有，必须妥善为其保管。付款人在承付期内未向开户银行提出异议，银行做默认承付处理，在承付期满的次日上午将款项主动从付款方账户划转到收款方账户。

付款方在承付期满后，如果其银行账内没有足够的资金承付货款，则其不足部分做延期付款处理。延期付款部分要按一定比例支付给收款方赔偿金,待付款方账内有款支付时,由付款方开户银行将欠款及赔偿金一并划转给收款人。

托收承付结算方式的结算程序与委托收款结算方式基本相同。

业务核算

一、银行存款的核算

(一) 会计科目、账簿设置和账簿登记要求

会计科目 银行存款。

账簿设置 企业应当设置银行存款总账和银行存款日记账,分别进行银行存款的总分类核算和明细分类核算。企业可按开户银行、存款种类等设置银行存款日记账。

账簿登记要求 出纳员负责银行存款日记账的登记。

银行存款日记账应根据收付款凭证,按照业务发生的顺序逐笔登记。每日终了,应结出余额。银行存款日记账应定期同银行对账单核对,至少每月核对一次。月末,企业应编制银行存款余额调节表检验银行、企业双方记录的正确性,查错防弊。

银行存款日记账的格式如图 2.5 所示。

银行存款日记账

开户行:中国工商银行北京市南台街支行

2020年		凭证编号	结算方式		摘要	借方								√	贷方								√	余额							
月	日		类	号码		千	百	十	万	千	百	十	元	角	分		千	百	十	万	千	百	十	元	角	分		千	百	十	万	千	百	十	元	角	分
12	1				期初余额																								1	1	7	0	0	0	0	0
12	1	5546	现		提现备用															1	0	0	0	0	0										
12	1				本日小计				5	3	5	0	0	0							8	8	0	0	0	0		1	1	3	5	0	0	0	0
12	31	0765	转		支付广告费用																4	5	0	0	0	0										
12	31	2066	进		销售收款				6	0	0	0	0	0																5	4	0	0	0	0
					转次页				2	2	8	0	0	0						2	9	1	0	0	0	0					5	4	0	0	0	0

图 2.5

(二) 核算应用

例 2.4 从银行提取现金。

会计拿到支票存根联前,出纳员已经完成了以下工作:经领导授权后开出现金支票并请有关负责人签字盖章；支票正联剪下送存银行办理提现；依据留存的支票存根联登记现金日记账和银行存款日记账。

图2.6所示的是极地公司（全称为极地有限责任公司，此处为简称）的一笔提现业务。

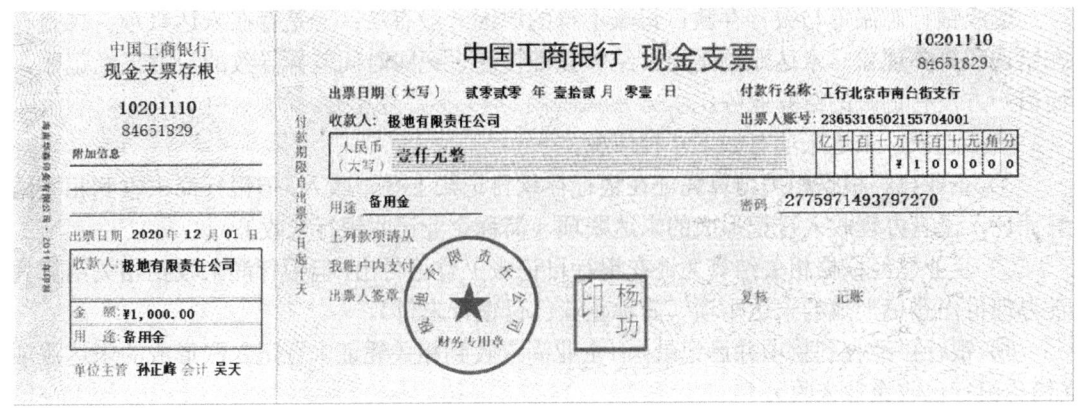

图2.6

根据收到的支票存根，可以断定这是一项从银行提取现金的业务，金额是1000元。应编制会计分录如下。

借：库存现金　　　　　　　　　　　　　　　　　　　　　　1 000
　　贷：银行存款　　　　　　　　　　　　　　　　　　　　　　1 000

二、银行对账

企业通过银行办理企业存款的结算业务，除企业登记银行存款日记账外，企业的开户银行也为企业保存有完整的业务记录。为了把握企业银行存款的实数、查错防弊，应定期将企业登记的银行存款日记账与银行转来的本企业的结算业务记录，即银行对账单进行核对。这种核对即为银行对账。银行对账应该由出纳员以外的人员来担任，如会计人员或主管人员等。

银行对账程序

银行对账应定期进行，至少每月核对一次。理论上，银行对账单和单位的银行存款日记账都是本单位银行结算业务的记录，两者记录的内容应该完全相同。但在实际操作过程中，由于记账时间差异、记账差错、舞弊行为等原因，会导致银行对账单的业务记录或余额与单位银行存款日记账的业务记录及余额有差异，所以企业应按以下方法和程序进行银行对账。

银行对账按银行账户逐个进行。银行对账工作的基本过程如下。

步骤1　准备工作。在核对开始前，企业应确保银行结算业务都已经登记到银行存款日记账，并保证其准确性。

步骤2　编制银行存款余额调节表。首先将银行对账单上的记录与银行存款日记账上的记录逐笔核对，核对内容包括每笔业务的结算方式、票据号码、结算单位、结算金额、结算日期等。勾对双方均已经记录并且相符的业务。

如果银行对账单与企业银行存款日记账的记录均被勾对，则表明当期企业和银行双方的记录都没有差错、完全相符；如果存在未勾对项，则表明当期企业和银行双方的记录不符，需要进一步查明原因。

造成银行对账单与银行存款日记账不符的原因一般有二：一是存在未达账项；二是存在错误和舞弊现象。未达账项是由于结算凭证传递、记账时间差异导致的一方已经记账，而另一方没有记账的结算业务。

概括起来，未达账项有如下4种情况。

① 企业已经根据相关结算凭证在银行存款日记账上登记收入，但银行尚未收到相关结算凭证，没有办理收入登记形成的未达账项（简称企业已收银行未收）。

② 企业已经根据相关结算凭证在银行日记账上登记付出，但银行尚未收到相关结算凭证办理付出登记形成的未达账项（简称企业已付银行未付）。

③ 银行已经收到款项并已记录，但企业尚未收到相关凭证未登记入账形成的未达账项（简称银行已收企业未收）。

④ 银行已经办理款项的付出并已记录，但企业尚未接到相关凭证未登记付出形成的未达账项（简称银行已付企业未付）。

无论发生上述哪种情况，都会导致开户行对账单与企业银行存款日记账记录和余额不符。

 例2.5 银行对账及编制银行存款余额调节表（为讲解明晰，业务从简）。

2020年12月31日，企业收到对账单，对账单上银行存款余额为83 000元，记录了如下业务。

① 12月1日，企业以现金支票从银行提现1 000元。
② 12月30日，企业委托收款48 000元到账。
③ 12月30日，银行代企业支付电话费1 500元。
④ 12月31日，银行代企业支付借款利息2 500元。

将对账单与企业的银行存款日记账（见图2.5）余额和各项记录按以下步骤进行核对。

步骤1 将12月1日提取现金等双方都登记在账的业务进行勾对。
步骤2 将剩余的未勾对的项目挑出并进行归类。

本月业务未勾对账项共有5项。其中，企业已收、银行未收一项（12月31日，进2066号销售收款），金额60 000元；企业已付、银行未付一项（12月31日，转0765号付广告费），金额45 000元；银行已收、企业未收一项（委托收款），金额48 000元；银行已付、企业未付2项（电话费和利息），总计4 000元。

据此编制银行存款余额调节表，依次将银行存款日记账余额、银行对账单余额和各类未达账项登记到银行存款余额调节表中。银行存款余额调节表如图2.7所示。

银行存款余额调节表

账号：　　　　　　　　　　　　　　　2020 年 12 月 31 日　　　　　　　　　　　　　　单位：元

项　目	金　额	项　目	金　额
企业银行存款日记账余额	54 000	银行对账单余额	83 000
加：银行已收入账 　　企业尚未入账	48 000	加：企业已收入账 　　银行尚未入账	60 000
减：银行已付入账 　　企业尚未入账	4 000	减：企业已付入账 　　银行尚未入账	45 000
调节后余额	98 000	调节后余额	98 000

图 2.7

调节后双方的余额相等，这说明双方的银行结算业务记录是正确的，不存在错误和舞弊。

需要注意的是，编制银行存款余额调节表的目的，只是检查账簿记录的正确性，并不是要更改账簿记录。对于银行已经入账而本单位尚未入账的业务和本单位已经入账而银行尚未入账的业务，均不做账务处理，待以后业务凭证到达后，再做账务处理；对于长期搁置的未达账项，应及时查阅凭证和有关资料，查明原因，及时与银行联系予以解决。

如果调节后，单位银行存款日记账与对账单仍然不符，则需要进一步查明原因。此时，应该怀疑是否是记账差错和舞弊行为所导致的不符，如果查明确实是这些原因导致的，就必须及时进行更正和制止。

■ 关键练习

1．本单位发生了以下业务需求。

（1）单位的业务员甲要到外地采购一批材料，对方单位信用控制极其严格，要求采购货物单位在采购当时就钱货两清。

（2）单位现在急需一批材料物资，但资金紧张，无法用现款支付这批物资的采购价税款。销售该批物资的单位不同意直接赊销，觉得那样太不可靠了。

（3）单位以前从外埠的一家公司采购一批材料，货款一直没有支付。今天该公司与单位的财务负责人沟通了一下，财务负责人同意现在付款。

要求：根据业务要求，选择适当的结算方式办理银行结算，并说明选择的原因。注意，适当的结算方式可能不止一种。

2．作为单位负责银行对账的人员，阅读单位以下资料。

单位 6 月 30 日银行存款日记账的余额是 12 743.40 元，银行对账单的余额是 13 860.30 元。银行对账单和银行存款日记账的核查情况如下。

（1）单位银行存款日记账有未勾对账项一笔。

6 月 30 日，用转账支票付购进 B 公司防暑用品款 1 066.70 元。

（2）银行对账单有未勾对账项 2 笔。

① 6 月 30 日，付本月银行账户管理费 22.50 元。

② 6 月 30 日，银行存款利息收入 72.70 元。

要求：根据资料编制银行存款余额调节表，并说明调节结果的意义。

■ 拓展阅读

极地公司结算方式使用上的偏好

极地公司根据自身业务和经营管理需要，结合各结算方式的特点和适用范围，经常使用以下结算方式。

① 银行汇票。极地公司外地采购业务很多，而且采购货物的价格不稳定。由于是异地采购，多数供应商都不希望拖欠货款，因此一般都要求采用钱货两清的结算方式——银行汇票结算。本公司在销售时，也希望客户采用这种收款保证性强的结算方式。

② 商业承兑汇票。商业承兑汇票具有极强的融资功能，极地公司为了保证自身资金周转，避免经营现金不足的情况，在办理采购业务时，如果销售方同意，就尽量使用商业承兑汇票，推迟货款的支付期。

③ 支票。支票办理手续简便，而且方便灵活：既有现金支票，可以提现；又有转账支票，可以转账；还有普通支票既可以转账，又可提现。在同城范围内支付货款时，这是极地公司常用的结算方式。同城收到货款时，极地公司也愿意接受支票，但在收受支票时，公司检查得很严谨，杜绝收到空头支票和实际签章与预留银行印鉴不符的支票。

④ 汇兑。汇兑也是极地公司收支款项愿意使用的结算方式。公司支付各种负债时主要使用这种结算方式。

任务三　核算其他货币资金

任务目标

主任务节点	子任务节点	期望的学习结果	达成情况自评
其他货币资金种类	种类	列举	
	各类其他货币资金形成时点	说明	
其他货币资金账簿设置	设置办法	描述	
其他货币资金业务核算	各类其他货币资金核算规则	描述、运用	

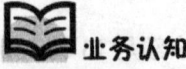

其他货币资金是指企业库存现金、银行存款以外的各种货币资金，主要包括银行汇票存款、银行本票存款、信用卡存款、信用证保证金存款、备用金、外埠存款等。

1. 银行汇票存款

银行受理银行汇票申请书，收妥款项签发银行汇票时，相应额度的银行存款转存为银行汇票存款。企业持银行汇票办理结算且结算余款退回企业存款账户时银行汇票存款结清。

2. 银行本票存款

银行受理银行本票申请书，收妥款项交付银行本票时，相应额度的银行存款转存为银行本票存款。企业持银行本票办理结算时，银行本票存款结清。

3. 信用卡存款

企业从基本存款账户向银行划转单位信用卡备用金时，划出的银行存款转为信用卡存款。持卡人采购或消费后，款项从信用卡存款中划出。

4. 信用证保证金存款

企业填写信用证申请书，将信用证保证金交存银行时，相应金额的银行存款转为信用证保证金存款。收款单位持信用证办理结算后信用证保证金存款结清。

5. 备用金

备用金是指企业预付给企业内部各部门或个人的用于日常零星开支的款项。备用金的使用方法是先领后用，用后报销，即由财务部门根据部门或个人零星开支的需要，预先支给相关部门或个人一定数额的现金，由其保管及使用，使用后凭费用原始凭证报销，补足备用金数额。

6. 外埠存款

款项由企业银行基本存款账户划到外埠临时存款账户时银行存款转为外埠存款。由于各种原因，在临时存款账户存取款项时，外埠存款会增加或减少。临时存款账户撤销时外埠存款结清。

业务核算

一、会计科目、账簿设置

会计科目 为了反映和监督其他货币资金的收支与结存情况，企业应当设置"其他货币资金"科目。

账簿设置 企业应根据会计科目开设总账，按其他货币资金种类设置二级明细科目，并进一步分别按照银行汇票、银行本票的收款单位，外埠存款的开户银行设置三级明细科目进行明细核算。

二、主要账务处理

（一）银行汇票存款

付款企业根据银行签章后退回的银行汇票申请书（回单），借记"其他货币资金——银行汇票"科目，贷记"银行存款"科目；企业持银行汇票购货，收到有关发票账单时，借记"材料采购"或"原材料""库存商品""应交税费——应交增值税（进项税额）"等科目，贷记"其他货币资金——银行汇票"科目；企业应根据银行汇票多余款退回通知所记余款金额，借记"银行存款"科目，贷记"其他货币资金——银行汇票"科目。

收款企业应根据按银行汇票填制并由银行盖章退回的进账单回单及销货发票等，借记

"银行存款"科目,贷记"主营业务收入""应交税费——应交增值税(销项税额)"等科目。

(二)银行本票存款

付款企业根据银行本票申请书(存根),借记"其他货币资金——银行本票"科目,贷记"银行存款"科目;企业持银行本票购货,收到有关发票账单时,借记"在途物资"或"原材料""库存商品""应交税费——应交增值税(进项税额)"等科目,贷记"其他货币资金——银行本票"科目。

收款企业收到银行本票后,应根据银行盖章退回的银行进账单回单及销货发票等,借记"银行存款"科目,贷记"主营业务收入""应交税费——应交增值税(销项税额)"等科目。

(三)信用卡存款

企业应根据交存信用卡备用金后由银行盖章退回的进账单第一联,借记"其他货币资金——信用卡"科目,贷记"银行存款"科目;企业用信用卡购物或支付有关费用,收到开户银行转来的信用卡存款的付款凭证及所附发票账单,借记"管理费用"等科目,贷记"其他货币资金——信用卡"科目;企业信用卡在使用过程中,需要向其账户续存资金时,根据开出的支票存根等,借记"其他货币资金——信用卡"科目,贷记"银行存款"科目;如果企业持卡人不需要继续使用信用卡,应持信用卡主动到发卡银行办理销户,销卡时,根据转账凭证借记"银行存款"科目,贷记"其他货币资金——信用卡"科目。

(四)信用证保证金存款

企业填写信用证申请书,将信用证保证金交存银行时,应根据银行盖章退回的信用证申请书回单,借记"其他货币资金——信用证保证金"科目,贷记"银行存款"科目;企业接到银行通知,根据供应单位信用证结算凭证及所附发票账单,借记"在途物资"或"原材料""库存商品""应交税费——应交增值税(进项税额)"等科目,贷记"其他货币资金——信用证保证金"科目;将未用完的信用证保证金存款余额转回开户银行时,借记"银行存款"科目,贷记"其他货币资金——信用证保证金"科目。

(五)备用金

为了正确地反映备用金的领用和报销情况,小企业应在"其他货币资金"账户下按使用部门和个人设立"备用金"明细账户进行核算,也可以单独设置"备用金"科目进行核算。"其他货币资金——备用金"科目借方反映拨付的备用金,贷方反映报销或收回的备用金;余额在借方,表示有关部门或个人正在使用的备用金。拨付备用金时,按拨付金额借记"其他货币资金——备用金"科目,贷记"库存现金"科目;核准报销时,按报销金额借记"管理费用"或有关科目,贷记"其他货币资金——备用金"科目;财务部门收回备用金时,按收回金额借记"库存现金"科目,贷记"其他货币资金——备用金"科目。

随着信用卡业务的普及,备用金业务已逐渐由信用卡业务取代,备用金核算需求正在逐渐减少。

（六）外埠存款

企业将款项汇往外埠临时存款户时，根据汇款委托书相关联次，借记"其他货币资金——外埠存款"科目，贷记"银行存款"科目；收到采购人员转来供应单位发票账单等报销凭证时，借记"在途物资"或"原材料""库存商品""应交税费——应交增值税（进项税额）"等科目，贷记"其他货币资金——外埠存款"科目；采购完毕收回剩余款项时，根据银行的收账通知，借记"银行存款"科目，贷记"其他货币资金——外埠存款"科目。

■ 关键练习

1. 根据《小企业会计准则》，下列选项中（ ）是其他货币资金。
   A．银行汇票存款   B．一般存款户存款   C．外埠存款   D．备用金

2. 公司已经办理了下列业务。
（1）公司出纳员填写信用卡申请表，为公司总经理办理公司信用卡。
（2）公司财务部收到信用卡采购付款凭证及相关发票，表明总经理采购笔记本电脑一台，价款计 6 999 元。
（3）开出转账支票，填写进账单，偿还上项信用卡款项。
要求：作为公司的会计，根据这些业务确认会计对象，编制会计分录。

■ 拓展阅读

极地公司结算单据编制和审核程序

为了保证公司货币资金的安全、完整，保证资金按管理者意图付给正确的单位，极地公司制定了严格的结算单据编制和审核程序。

公司各种结算凭证，如支票、商业汇票、申请书等均由出纳员保存在金库里。填制各项结算凭证所使用的预留银行印鉴——公司财务专用章和法人名章，分别由财务主管和办公室秘书管理。

各部门请求支付各种非现金款项时，需要填制应付款审批单，由具有管理权限的各级领导签署意见并盖章，最后转到财务部门由财务主管签字并交给出纳员。

出纳员根据内容和手续完整的应付款审批单，按指定的结算方式，编制相应的结算凭证或申请单，连同应付款审批单交给财务主管。财务主管核对应付款审批单与结算凭证，核对无误后，在结算凭证或申请单上加盖财务专用章，再由出纳员持结算凭证到办公室秘书处加盖法人名章，最后由出纳员持结算凭证到银行办理结算业务。

■ 模块法规依据

1.《小企业会计准则》（2011 年 10 月 18 日财政部财会〔2011〕17 号印发，自 2013 年 1 月 1 日起施行）

2.《现金管理暂行条例》（1988 年 8 月 16 日国务院第十八次常务会议通过，自 1988 年 10 月 1 日起施行）

3.《现金管理暂行条例实施细则》(1988年9月12日中国人民银行发布)

4.《中华人民共和国票据法》(1995年5月10日第八届全国人民代表大会常务委员会第十三次会议通过,根据2004年8月28日第十届全国人民代表大会常务委员会第十一次会议《关于修改〈中华人民共和国票据法〉的决定》修正)

5.《票据管理实施办法》(1997年6月23日经国务院批准,中国人民银行1997年8月21日第2号令发布,自1997年10月1日起施行,2010年12月29日修订)

6.《支付结算办法》《支付结算会计核算手续》《国内信用证结算办法》《信用证会计核算手续》《关于审理票据纠纷案件若干问题的规定》及各级人民银行发布的业务文件(1994年到2000年间中国人民银行发布)

7.《财政部关于印发〈增值税会计处理规定〉的通知》(财会〔2016〕22号)

8.《人民币银行结算账户管理办法》(经中国人民银行2002年8月21日第34次行长办公会议通过,自2003年9月1日起施行)

模块三 核算应收及预付款项

工作导入

应收及预付款项是指企业日常生产经营过程中发生的各项债权，包括应收款项和预付款项。应收款项包括应收账款、应收票据和其他应收款等；预付款项包括预付账款等。

从会计角度看，应收及预付款项需要对其发生、收回及坏账进行管理和核算。

任务一 核算应收账款

任务目标

主任务节点	子任务节点	期望的学习结果	达成情况自评
应收账款内容和计量	应收账款内容	描述	
	应收账款计量	说明	
坏账损失	坏账损失确认条件	列举	
	直接转销法	说明	
"应收账款"科目	账簿设置办法	描述	
	核算内容	说明、运用	
应收账款核算	现金折扣确认规则	说明	
	坏账损失确认规则	描述	

业务认知

应收账款是指企业因销售商品、提供劳务等经营活动，应向购货单位或接受劳务单位收取的款项。应收账款入账价值包括企业销售商品或提供劳务等应向有关债务人收取的价款及代购货单位垫付的包装费、运杂费等。

应收账款的主要业务有应收账款的发生和收回、现金折扣和坏账等。

应收款项有收回风险，收不回的应收款项称为坏账。《小企业会计准则》规定，小企业应收及预付款项符合下列条件之一的，减除可收回的金额后确认的无法收回的应收及预付款项，作为坏账损失。

① 债务人依法宣告破产、关闭、解散、被撤销，或者被依法注销、吊销营业执照，其清算财产不足清偿的。
② 债务人死亡，或者依法被宣告失踪、死亡，其财产或遗产不足清偿的。
③ 债务人逾期3年以上未清偿，且有确凿证据证明已无力清偿债务的。
④ 与债务人达成债务重组协议或法院批准破产重整计划后，无法追偿的。
⑤ 因自然灾害、战争等不可抗力导致无法收回的。
⑥ 国务院财政、税务主管部门规定的其他条件。

业务核算

一、会计科目、账簿设置和基本账务处理

会计科目 应收账款。

预收账款业务不多的企业，也可以不设置"预收账款"科目，将预收的款项直接记入"应收账款"科目的贷方。

账簿设置 企业应当设置应收账款总账、明细账，明细账应当按照债务人设置。

基本账务处理 企业发生应收账款时，按应收金额，借记"应收账款"科目；按实现的营业收入，贷记"主营业务收入""其他业务收入"等科目，按专用发票上注明的增值税税额，贷记"应交税费——应交增值税（销项税额）"科目。收回应收账款时，借记"银行存款"等科目，贷记"应收账款"科目。

代购货单位垫付的包装费、运杂费，借记"应收账款"科目，贷记"银行存款"等科目。收回代垫费用时，借记"银行存款"科目，贷记"应收账款"科目。

发生坏账时，按实际收回金额借记"银行存款"科目，按应收账款账面余额减除收回金额的金额，借记"营业外支出"科目；按应收账款账面余额贷记"应收账款"科目。

二、核算应收账款

例 3.1 发生应收账款的核算。

12月10日，收到本公司开出的增值税专用发票、销售出库单各一张。发票表明，本公司向天忆有限责任公司（以下简称天忆公司）销售产品一批，销售价款为 300 000 元，增值税税额为 39 000 元。经查，本公司与天忆公司签订的销售合同约定每月的销售业务集中在当月30日结算货款。

根据销售发票编制会计分录如下。

借：应收账款——天忆公司　　　　　　　　　　　　　　　　　339 000
　　贷：主营业务收入　　　　　　　　　　　　　　　　　　　　300 000
　　　　应交税费——应交增值税（销项税额）　　　　　　　　　 39 000

例 3.2 收回应收款。

12 月 30 日，收到出纳员交来的进账单收账通知联，如图 3.1 所示。

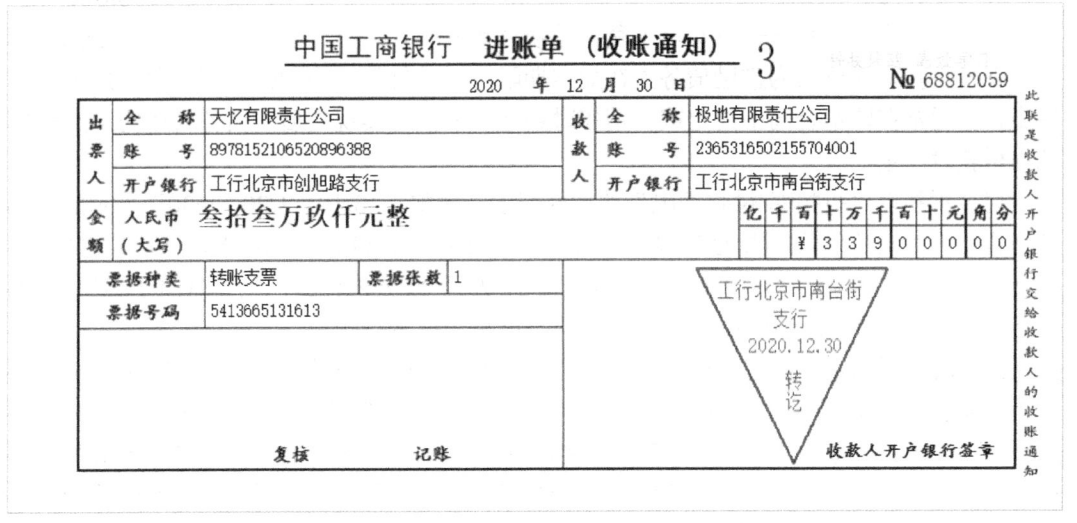

图 3.1

根据收账通知联，编制会计分录如下。

借：银行存款　　　　　　　　　　　　　　　　　　　　　　　339 000
　　贷：应收账款——天忆公司　　　　　　　　　　　　　　　　339 000

例 3.3 商业折扣的会计处理。

12 月 12 日是公司确定的"八八折"折扣促销日，原价每台 100 000 万（含增值税）的 A 产品，作价 88 000 元销售。当时会计人员收到增值税专用发票、销售出库单。单据表明公司向永亮公司销售 A 产品一台，折扣后价款为 77 876.11 元，增值税税额为 10 123.89 元。商品已发出，货款未收到。

应编制会计分录如下。

借：应收账款——永亮公司　　　　　　　　　　　　　　　　　 88 000
　　贷：主营业务收入　　　　　　　　　　　　　　　　　　　 77 876.11
　　　　应交税费——应交增值税（销项税额）　　　　　　　　 10 123.89

商业折扣是为了扩大销售而在商品标价上给予的价格扣除，如"八五折"销售等。商业折扣发生在销售当时，销售票据直接体现最终销售价格。会计人员收到销售票据直接根据票据做正常销售业务处理即可。

例 3.4 核算现金折扣。

12月5日，收到本公司开出的增值税专用发票和销售出库单。单据表明公司向华盛公司销售丙产品一批，产品价款为60 000元，增值税税额为7 800元。公司与华盛公司签订的购销合同中规定了信用条件"3/10，1/20，n/30"，折扣按产品价款计算。

👉现金折扣及对交付金额的影响

12月5日，会计人员应编制会计分录如下：

借：应收账款——华盛公司　　　　　　　　　　　　67 800
　　贷：主营业务收入　　　　　　　　　　　　　　60 000
　　　　应交税费——应交增值税（销项税额）　　　 7 800

现金折扣是债权人为鼓励债务人在规定期限内尽早付款，而向债务人提供的债务扣除。现金折扣通常在购销合同中约定或在销售时约定，在销售实现之后，债务人在约定的折扣期内付款时产生。

现金折扣以"折扣率/付款期限"的形式表示。例如，"3/10，1/20，n/30"表示的意思是销售允许的最长付款期限为30天，如果客户在10天（含第10天当天，下同）内付款，销货方给予客户3%的债务扣除；如果客户在11天至20天内付款，销售方给予客户1%的债务扣除；客户在21天至30天内付款，将不能享受现金折扣。

因为现金折扣是在销售实现之后发生的，在销售实现时，企业不能确定客户是否会在现金折扣期限内付款，所以会计人员应按销售票据上记载的金额确认收入、税费金额和应收款金额。当购货企业选择在现金折扣期内付款时，销货企业应按约定的折扣基数和折扣率计算折扣金额，按实际收到的金额借记"银行存款"等科目，按折扣金额借记"财务费用"科目，按应收金额贷记"应收账款"科目。这里所说的折扣基数是指购销双方约定的计算现金折扣的基数，包括以价款作为折扣计算基数和以价税款合计作为折扣基数2种情况。

✏ **例3.5** 核算现金折扣。

承例3.4，如果华盛公司12月12日付清货款，则：
华盛公司可享受的现金折扣=60 000×3%=1 800（元）
本公司实际收到货款=67 800-1 800=66 000（元）
应编制会计分录如下：

借：银行存款　　　　　　　　　　　　　　　　　66 000
　　财务费用　　　　　　　　　　　　　　　　　 1 800
　　贷：应收账款——华盛公司　　　　　　　　　　67 800

如果华盛公司在12月22日付清货款，则：
华盛公司可享受的现金折扣=60 000×1%=600（元）
本公司实际收到货款=67 800-600=67 200（元）
如果华盛公司在12月25日以后付清货款，则应按全额付款，不享受现金折扣。

✏ **例3.6** 核算坏账。

会计人员收到汇兑结算收款通知，及销售部转来经领导批示的情况说明。资料表明，公司客户峰玉公司已经宣告破产，前欠本公司货款25 700元已经无法全额收回，经清算，仅收回12 000元。

会计人员应编制会计分录如下。

借：银行存款　　　　　　　　　　　　　　　　　　　　　12 000
　　营业外支出　　　　　　　　　　　　　　　　　　　　　13 700
　　　贷：应收账款——峰玉公司　　　　　　　　　　　　　　　　25 700

课堂讨论

> 比较商业折扣与现金折扣的不同，说明现金折扣和商业折扣在开具发票时，以及会计处理时的不同。

■ 关键练习

某公司12月初明细账显示，公司有2笔应收账款：李南公司145 000元；正方公司234 000元。12月发生下列经济业务。

（1）2日，收到增值税专用发票、销售出库单。单据表明向非特公司销售产品一批，价款计10 000元，增值税税额1 300元。款项没有收到，与非特公司的销售合同规定了信用条件"2/10，1/20，n/30"，折扣基数为价税款。

（2）6日，收到委托收款凭证的收款通知联。李南公司前欠货款已经到账。

（3）20日，收到汇兑结算收款通知。非特公司2日购货款已经到账，款项金额经核对无误。

（4）30日，收到汇兑结算收款通知，收到正方公司前欠款项200 000元。正方公司前欠款项总计234 000元，相关文件表明余额无法收回。收回款项已经入账。

要求：根据业务说明进行必要的会计处理。

■ 拓展阅读

《小企业会计准则》与《企业会计准则》处理坏账损失的异同

《小企业会计准则》与《企业会计准则》规定的坏账处理方式不同：《小企业会计准则》规定，在坏账实际发生时直接转销；《企业会计准则》规定，企业核算坏账既可采用直接转销法，也可以采用备抵法。如果企业施行《企业会计准则》并采用备抵法核算坏账，则各会计期间企业应当根据减值迹象和经验判断可能发生的坏账数额，据此提取坏账准备，发生坏账时冲减坏账准备。

任务二　核算应收票据

任务目标

主任务节点	子任务节点	期望的学习结果	达成情况自评
"应收票据"科目	核算内容	描述	
	账簿设置办法	说明、运用	

(续表)

主任务节点	子任务节点	期望的学习结果	达成情况自评
应收票据核算	应收票据发生、到期收款、到期转销确认规则	说明、运用、举例	
	应收票据贴现确认规则	说明、运用、举例	
	应收票据转让确认规则	说明、运用、举例	

业务认知

应收票据是指企业因销售商品、提供劳务等而收到的商业汇票。

持有的商业汇票,除到期收回款项外,既可以在到期前背书转让,也可以贴现融通资金。商业汇票的具体使用详见模块二的任务二。

业务核算

一、会计科目、账簿设置和基本账务处理

会计科目 应收票据。

账簿设置 企业应设置应收票据总账、明细账及备查簿。应收票据明细账应当按照商业汇票的承兑单位设置。应收票据备查簿按商业汇票种类设置,逐笔登记取得的商业汇票信息,以及商业汇票到期兑付、贴现和转让信息。应收票据备查簿的格式如图3.2所示。

应付票据备查簿登记

应收票据备查簿

总第　　页
分第　　页　　　　　　　单位:元

年		凭证		摘要	合同		票据基本情况				承兑人及单位名称	背书人及单位名称	贴现		兑付		转让			注销√
月	日	字	号		字	号	号码	签发日期	到期日期	金额			日期	净额	日期	金额	受理单位	票面金额	实收金额	

图3.2

基本账务处理 小企业因销售商品、产品、提供劳务等收到的已经承兑的商业汇票,按商业汇票的票面金额,借记"应收票据"科目;按实现的营业收入,贷记"主营业务收入""其他业务收入"等科目,按专用发票上注明的增值税税额,贷记"应交税费——应交增值税(销项税额)"科目。

商业汇票到期,应:按实际收到的金额,借记"银行存款"科目;按商业汇票的票面金额,贷记应收票据。

模块三　核算应收及预付款项

因付款人无力支付票款，收到银行退回的商业承兑汇票、委托收款凭证、未付票款通知书或拒绝付款证明等，按商业汇票的票面金额，借记"应收账款"科目，贷记"应收票据"科目。

二、核算应收票据

例 3.7　商业汇票核算。

5月5日，会计人员收到增值税专用发票、销售出库单、商业承兑汇票（见图3.3）各一张。公司向天忆公司销售产品，商品价款为1 500 000元，增值税税额为195 000元，天忆公司以商业承兑汇票方式结算货款。该商业承兑汇票已经由天忆公司承兑。

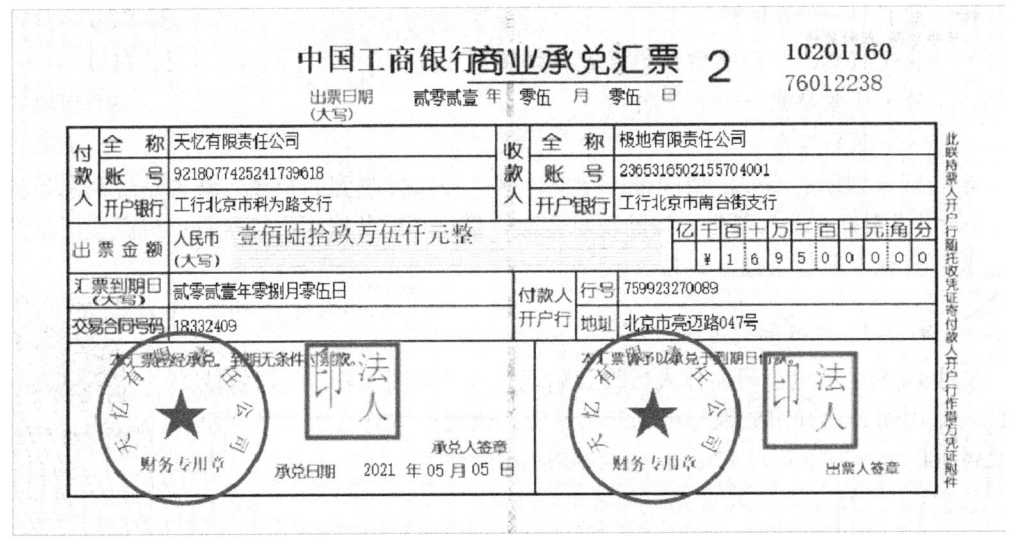

图 3.3

收到上述发票和商业汇票时，编制会计分录如下。

借：应收票据——天忆公司　　　　　　　　　　　　　　　　1 695 000
　　贷：主营业务收入　　　　　　　　　　　　　　　　　　　　1 500 000
　　　　应交税费——应交增值税（销项税额）　　　　　　　　　　195 000

如果2021年8月商业汇票到期，公司办理委托收款后，银行转来收账通知，则应编制会计分录如下。

借：银行存款　　　　　　　　　　　　　　　　　　　　　　1 695 000
　　贷：应收票据——天忆公司　　　　　　　　　　　　　　　1 695 000

如果2021年8月商业汇票到期，公司办理委托收款后，天忆公司无力支付票款，则应将应收票据转作应收账款，编制会计分录如下。

借：应收账款——天忆公司　　　　　　　　　　　　　　　　1 695 000
　　贷：应收票据——天忆公司　　　　　　　　　　　　　　　1 695 000

企业将持有的商业汇票背书转让以取得所需物资时,应:按采购成本的金额,借记"在途物资"或"原材料""库存商品"等科目,按可抵扣的增值税税额,借记"应交税费——应交增值税(进项税额)"科目;按商业汇票的票面金额,贷记"应收票据"科目;如果有差额,则借记或贷记"银行存款"等科目。

例3.8 转让商业汇票。

5月15日,公司将原持有的一张商业承兑汇票转让给中利公司,以换取生产所需A材料。该商业承兑汇票由吉飞公司于4月15日承兑并交付给本公司,票面金额为90 000元。购进的A材料共400件,增值税专用发票显示购货金额为80 000元,增值税税额为10 400元。余款已开出支票支付。

会计人员应编制会计分录如下:

借:原材料——A材料　　　　　　　　　　　　　　　　　　　　80 000
　　应交税费——应交增值税(进项税额)　　　　　　　　　　　10 400
　　贷:应收票据——吉飞公司　　　　　　　　　　　　　　　　　90 000
　　　　银行存款　　　　　　　　　　　　　　　　　　　　　　　　400

企业持未到期的商业汇票向银行贴现,应:按实际收到的金额(减去贴现利息后的净额),借记"银行存款"科目,按贴现息金额,借记"财务费用"等科目;按商业汇票的票面金额,贷记"应收票据"科目。

例3.9 核算商业汇票贴现。

5月17日,极地公司会计人员收到贴现凭证(见图3.4),公司将持有的一张山奇公司开出的银行承兑汇票贴现。该银行承兑汇票票面金额为234 000元,当年4月17日承兑,期限为3个月。

贴现基本过程

中国工商银行 贴现凭证 (收账通知) 4						
申请日期 2021 年 05 月 17 日					第 号	
贴现汇票	种类	银行承兑汇票	号码 0022778885	持票人	名称	极地有限责任公司
	出票日	2021 年 04 月 17 日			账号	2365316502155704001
	到期日	2021 年 07 月 17 日			开户银行	工行北京市南台街支行
汇票承兑人	名称	工行北京市南台街支行		账号		开户银行
汇票金额	人民币(大写)	贰拾叁万肆仟元整				千百十万千百十元角分　¥ 2 3 4 0 0 0 0 0
贴现率 每月	62 ‰	贴现利息	千百十万千百十元角分　¥　　　2 4 5 8 3 0	实付贴现金额		千百十万千百十元角分　¥　　2 3 1 5 4 1 7 0
上述款项已入你单位账户 银行盖章 年 月 日	工行北京市南台街支行 2021.05.17 转讫			备注:		

图3.4

贴现利息的计算公式为：

$$贴现利息=票据金额×贴现年利率×贴现天数÷360$$

贴现天数为贴现日与到期日之间的实际天数，贴现日和到期日只有1天算入贴现天数，即"算头不算尾，算尾不算头"。本业务贴现天数为61天（算尾不算头方式：13天+31天+17天）。如果承兑人在异地，贴现天数应另加3天的划款日期。

贴现所得净额计算公式为：

$$贴现所得净额=票据金额-贴现利息$$

将以上计算公式应用到本例中：
贴现利息=234 000×62‰×61÷360=2 458.30（元）
贴现所得净额=234 000-2 458.30=231 541.70（元）
应编制会计分录如下。
借：银行存款　　　　　　　　　　　　　　　　231 541.70
　　财务费用　　　　　　　　　　　　　　　　　2 458.30
　　　贷：应收票据——山奇公司　　　　　　　　　　　234 000

贴现的商业承兑汇票到期，因承兑人的银行存款账户不足支付，申请贴现的企业收到银行退回的商业承兑汇票时，按商业汇票的票面金额，借记"短期借款"科目，贷记"银行存款"科目。同时，应按商业汇票的票面金额，借记"应收账款"科目，贷记"应收票据"科目。

■ 关键练习

1. 假定本任务例题所示极地公司应收票据业务较少，没有分类设置应收票据备查登记簿，只设置了一个应收票据备查簿（见图3.2）。

要求：将本任务各示例按要求登记到图3.2中，并观察应收票据备查簿的登记效果。

2. 某公司2021年6月发生下列应收票据业务，请根据业务进行会计核算。

（1）4日，会计人员收到委托收款收账通知。单据显示，公司委托银行收取的一张到期商业汇票款已经收回入账，汇票金额与收回金额一致，为45 000元。

（2）10日，会计人员收到增值税专用发票、材料入库单各一张，以及商业承兑汇票正反面复印件一件，是公司将持有的一张商业承兑汇票转让，用以购进原材料一批。该商业承兑汇票票面金额为11 300元；增值税专用发票记载购进材料价款为10 000元，增值税税额为1 300元。

（3）12日，公司将持有的一张无息银行承兑汇票贴现。该银行承兑汇票4月3日由某银行承兑，当年8月3日到期。票面金额为258 000元，银行年贴现率6.6%。

■ 拓展阅读

应收票据的贴现步骤

贴现是指汇票持有人将未到期的商业汇票转让给银行，银行按照票面金额扣收自贴现日至汇票到期日期间的利息，将票面金额扣除贴现利息后的净额交给汇票持有人的行为。

商业汇票持有人在资金暂时不足的情况下,可以凭承兑的商业汇票向银行办理贴现,以提前取得货款。商业汇票持有人办理汇票贴现,应按下列步骤办理。

步骤1　申请贴现。

汇票持有人向银行申请贴现,应填制一式五联的贴现凭证。汇票持有人应根据汇票的内容逐项填写贴现凭证的有关内容。填完贴现凭证后,在第一联贴现凭证"申请人盖章"处和商业汇票第二联、第三联背后加盖预留银行印鉴,然后一并送交开户银行信贷部门。

开户银行信贷部门按照有关规定对商业汇票及贴现凭证进行审查,审查无误后在贴现凭证"银行审批"栏签注"同意"字样,并加盖有关人员印章后送银行会计部门。

步骤2　办理贴现。

银行会计部门对银行信贷部门审查的内容进行复核。复核无误后即按规定计算并在贴现凭证上填写贴现率、贴现利息和实付贴现金额。然后,银行会计部门将贴现凭证第四联加盖"转讫"章后交给汇票持有人作为收账通知,同时将实付贴现金额转入汇票持有人账户。汇票持有人根据开户银行转回的贴现凭证第四联进行会计处理。

任务三　核算预付账款和其他应收款

任务目标

主任务节点	子任务节点	期望的学习结果	达成情况自评
"预付账款""其他应收款"科目	核算内容	描述	
	账簿设置办法	说明、运用	
预付账款、其他应收款核算	预付账款发生、结清确认	说明、运用、举例	
	其他应收款发生、收回确认	说明、运用、举例	

业务认知

预付账款是指企业按照合同规定预付给供应单位的款项。

其他应收款是指企业除应收票据、应收账款、预付账款等以外的其他各种应收及暂付款项,包括各种应收的赔款、应向职工收取的各种垫付款项等。

业务核算

一、会计科目、账簿设置和基本账务处理

(一)"预付账款"科目

会计科目　预付账款。

预付账款不多的企业,可以不设置"预付账款"科目,将其核算内容合并入"应付账款"科目借方核算。

账簿设置　企业应开设预付账款总账，按预付款单位开设明细账。

基本账务处理　企业根据购货合同的规定向供应单位预付款项时，借记"预付账款"科目，贷记"银行存款"科目。企业收到所购物资，按应计入物资采购成本的金额，借记"在途物资"或"原材料""库存商品"科目，按增值税专用发票上的税额借记"应交税费——应交增值税（进项税额）"等科目；按价税合计贷记"预付账款"科目。如果预付账款小于采购货物所需支付的款项，则补付不足部分时，借记"预付账款"科目，贷记"银行存款"科目；如果预付货款大于采购货物所需支付的款项，则收回多余的款项时，借记"银行存款"科目，贷记"预付账款"科目。

（二）其他应收款

会计科目　"其他应收款"科目核算企业除应收票据、应收账款、预付账款、应收股利、应收利息、长期应收款等经营活动以外的其他各种应收、暂付的款项等。

账簿设置　"其他应收款"科目应当按照应收款的项目和对方单位（或个人）设置明细账。

基本账务处理　企业发生其他各种应收、暂付款项时，借记"其他应收款"科目，贷记有关科目；收回或转销各种款项时，借记"现金""银行存款"等科目，贷记"其他应收款"科目。

二、核算预付账款

例 3.10　预付货款。

6月8日，会计人员收到出纳员转来电汇凭证（见图3.5）及银行收费凭证（见图3.6），公司向中庆有限责任公司（以下简称中庆公司）预付采购款。

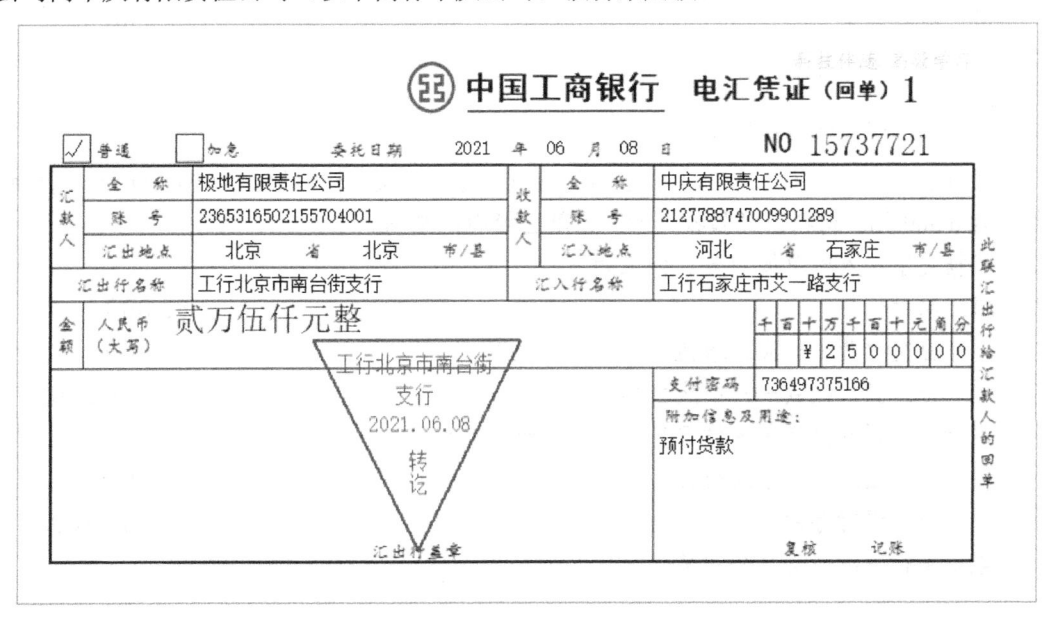

图 3.5

中国工商银行业务收费凭证

币别：人民币		2021 年 06 月 08 日		流水号：4972724522246976480
付款人	极地有限责任公司		账号	2365316502155704001

项目名称	工本费	手续费	电子汇划费	其他	金额
汇款手续费		50.00			50.00

金额（大写）	伍拾元整	¥50.00
付款方式		

会计主管　　　　授权　　　　复核　　　　记账

图 3.6

预付货款时，应编制会计分录如下。
　　借：预付账款——中庆公司　　　　　　　　　　　　　　　25 000
　　　　贷：银行存款　　　　　　　　　　　　　　　　　　　　　　25 000
对银行收取的手续费应编制会计分录如下。
　　借：财务费用　　　　　　　　　　　　　　　　　　　　　　　50
　　　　贷：银行存款　　　　　　　　　　　　　　　　　　　　　　　　50

例 3.11 结清预付账款。

承例 3.10，6 月 20 日收到中庆公司的增值税专用发票。材料价款为 50 000 元，增值税税额为 6 500 元。材料已经验收入库，余款已经电汇结清。

根据发票和入库单编制会计分录如下。
　　借：原材料　　　　　　　　　　　　　　　　　　　　　　　50 000
　　　　应交税费——应交增值税（进项税额）　　　　　　　　　　6 500
　　　　贷：预付账款——中庆公司　　　　　　　　　　　　　　　　56 500
同时，根据补付货款的结算凭证编制会计分录如下。
　　借：预付账款——中庆公司　　　　　　　　　　　　　　　31 500
　　　　贷：银行存款　　　　　　　　　　　　　　　　　　　　　　31 500
电汇银行手续费会计分录略。

三、核算其他应收款

例 3.12 发生保险赔款。

6月16日,收到增值税专用发票、材料验收入库单、保险理赔凭证等。各项单据表明,公司采购的材料运输途中因不可抗力发生短缺,根据保险合同的规定,应由保险公司赔偿损失。材料缺少200千克,价值为30 000元,相关增值税税额为3 900元。赔款尚未收到。

应编制会计分录如下。

借:其他应收款——××保险公司　　　　　　　　　　　　　　33 900
　　贷:在途物资　　　　　　　　　　　　　　　　　　　　　　30 000
　　　　应交税费——应交增值税(进项税额转出)　　　　　　　3 900

例 3.13 职工代垫款项。

6月18日,收到出纳员交来转账支票存根一张,系为本公司副总经理垫付应由自己负担的住院费5 000元。拟从其工资中扣回。

应编制会计分录如下。

借:其他应收款——××副总经理　　　　　　　　　　　　　　5 000
　　贷:银行存款　　　　　　　　　　　　　　　　　　　　　　5 000

■ 关键练习

新开元公司某年12月份发生下列经济业务。
(1) 2日,按合同向甲公司预付产品订金125 000元。
(2) 6日,本公司诉乙公司违约案由法院宣判,法院判决乙公司赔偿本公司违约罚金56 000元。赔偿款尚未收到。
(3) 22日,向甲公司预订的材料到货,材料价款为120 000元,增值税税额为15 600元。
(4) 24日,补付甲公司货款余款。
要求:根据业务说明进行必要的会计处理。

■ 拓展阅读

其他应收款乱象

其他应收款的核算内容比较复杂且零星,很容易被企业用来舞弊。舞弊的主要形式有以下几种。

① 将超出企业经营范围的业务收取的现金反映在"其他应收款"科目,以逃税、避税。

② 利用"其他应收款"科目私自设立大量备用金,存放大量现金,违反库存现金限额管理的规定。

③ 利用"其他应收款"科目复杂不利于监管的特性,款项收回不记账,为其他单位或个人套取现金,使资金在体外循环。

模块法规索引

1. 《小企业会计准则》(2011年10月18日财政部财会〔2011〕17号印发,自2013年1月1日起施行)

2. 《企业会计准则第22号——金融工具的确认和计量》(2006年2月15日财政部发布,自2007年1月1日在上市公司范围内施行,2017年3月31日财政部修订发布)

3. 《小企业会计准则》——会计科目、主要账务处理和财务报表(《小企业会计准则》附录)

模块四 核算存货

存货种类示意及各类说明

工作导入

存货是指企业在日常活动中持有以备出售的产成品或商品、处在生产过程中的在产品、为生产产品或提供劳务耗用储备的材料和物料等,包括各类原材料、在产品、半成品、产成品、商品、包装物、低值易耗品、委托代销商品等。

① 原材料是指企业在生产过程中耗用、经加工改变其形态或性质并构成产品主要实体的各种原料及主要材料、辅助材料、燃料、修理用备件(备品备件)、包装材料、外购半成品(外购件)等。

② 在产品是指企业正在制造,尚未完工的生产物,包括正在各个生产工序加工的产品和已加工完毕但尚未检验,或者已检验但尚未办理入库手续的产品。

③ 半成品是指经过一定生产过程并检验合格交付半成品仓库保管,但尚未制造完工成为产成品,仍需要进一步加工的中间产品。

④ 产成品是指工业企业已经完成全部生产过程并已验收入库,可以按照合同规定条件送交订货单位,或者可以作为商品对外销售的产品。

⑤ 商品是指商品流通企业的外购或委托加工完成验收入库的用于销售的各种商品。

⑥ 周转材料是指企业能够多次使用,逐渐转移其价值但保持原有实物形态且不确认为固定资产的材料,包括包装物,低值易耗品,小企业(建筑业)的钢模板、木模板、脚手架等。

⑦ 委托加工物资是指企业委托外单位加工的各种材料、商品等物资。

⑧ 消耗性生物资产是指企业(农、林、牧、渔业)生长中的大田作物、蔬菜、用材林,以及存栏待售的牲畜等。

企业的存货业务一般包括购进、完工交付、质量检验、入库、生产领用、销售等。这些业务分别由采购部门、生产部门、质检部门、仓储部门、销售部门经办。各部门在办理相关业务时需要依据财务部门的要求办理会计手续,填制各种原始单据,以明确经济责任。存货业务经办过程中编制的各项手续齐全的原始凭证是会计人员进行核算的依据。

> **要点提示**
>
> 同学们可以在老师的带领下分别画一下材料购进、领用,直至产品完工入库、销售的基本流程,考察存货实物流经的部门,以及需要办理的会计手续(填制哪些原始凭证)。

另外,在存货保管过程中,为了保证存货的安全与完整,企业财务部门还应当经常组织生产、采购、销售、仓储等有关部门一同对存货进行核对和盘查,根据清查结果调整账目,明晰相关人员的责任,堵住管理和制度上的漏洞。

任务一 存货收发的计量

任务目标

主任务节点	子任务节点	期望的学习结果	达成情况自评
盘存制度	种类	描述、区分、辨别	
	不同盘存制度期末结存数、本期发出数的计算规则	说明、计算	
	不同盘存制度的日常管理	说明、比较	
存货初始计量	定义	描述、区分	
	主要存货形成渠道	说明	
	不同渠道形成存货成本构成	说明、运用	
存货发出计价	小企业的存货发出计价方法种类	描述、比较	
	个别记账法规则	说明、运用	
	采用个别记账法的日常管理要求	描述	
	先进先出法规则	说明、运用	
	采用先进先出法的日常工作	描述	
	加权平均法规则	说明、运用	
	采用加权平均法的日常工作	描述	
计划成本法	主要特征	说明	
	优缺点和适用	说明	

模块四 核算存货

业务认知

一、存货盘存制度

存货盘存制度是指确定存货结存数量（或金额）和减少或发出数量（或金额）的方式方法，包括永续盘存制和定期实地盘存制2类。

（一）永续盘存制

永续盘存制是指通过设置详细的存货明细账，逐笔或逐日记录存货收入、发出的数量（或金额），以便随时结出结余存货数量（或金额）的一种核算方法。

采用该方法，要求企业按管理详细程度分品种、规格设置存货明细账，逐笔或逐日办理出、入库手续，登记相关明细账。其期末结存数量（或金额）用以下公式计算得出。

$$期末结存数=期初结存数+本期收入数-本期发出数$$

由于永续盘存制出、入库手续严密，因此有利于保证存货的安全、完整。

（二）定期实地盘存制

定期实地盘存制，是指在会计期末通过对存货进行实地盘点确定期末存货的数量（期末存货金额用期末存货数量乘以计算确定的期末单价计算得出），再结合期初结存数、本期收入数倒挤出本期存货发出数量（或金额）的一种核算方法。其计算公式为：

$$本期发出数=期初结存数+本期收入数-期末结存数$$

这种方法由于采用"以存计耗""以存计销"倒挤出发出存货成本，可能会使非正常消耗、损失引起的存货减少全部计入耗用成本和销售成本，从而掩盖存货管理存在的问题。因此，这一方法通常仅在自然损耗大的鲜活商品及单位价值较低、出入库频繁的存货上应用。

企业存货核算可以根据需要选择盘存制度。生产型企业一般采用永续盘存制。

二、存货成本的计量

在永续盘存制下，存货的价值计量包括2个方面：一是存货取得成本的计量；二是存货出库成本的计量。

在存货的取得过程中会发生各种各样的支出，如支付买价、税金，支付差旅费、运输费，支付生产人员工资、制造费用等。因此，在核算存货价值时必须首先确定哪些支出构成取得存货的价值，才能统一存货价值的口径，规范地计量存货的成本。根据会计准则等法规计量取得存货的成本的过程，在会计上称为存货的初始计量。

因生产耗用、销售等原因发出存货时，由于各批存货的入库成本可能会不同，因此发出存货的核算会涉及如何计算出库存货成本的问题，即存货发出成本计价问题。企业应当根据各类存货的实物流转方式、企业管理的要求、存货的性质等实际情况，采用适当的方法合理地确定发出存货的成本。

业务核算

一、存货初始计量

存货应当按照成本进行初始计量。企业在取得存货时，应依此原则按以下规范确定存货成本。

（一）购入存货成本

购入的存货包括购入的材料、商品、周转材料等；购入存货的成本包括买价、运杂费（包括运输费、装卸费、包装费、运输途中的仓储费等）、外购存货过程中发生的其他直接费用。详见本模块的任务二、任务四。

（二）自制存货成本

自制存货包括自制原材料、自制包装物、自制低值易耗品、自制半成品及库存商品等；自制存货的成本包括自制过程中领用的材料的购入成本、发生的人工费用和制造费用等各项实际支出，以及经过一年以上制造才能达到预定的可销售状态的存货发生的借款费用。详见本模块的任务三。

（三）委托加工存货成本

委托加工存货包括委托加工的原材料、包装物、低值易耗品、半成品、产成品等；委托加工存货的成本包括实际耗用的外购原材料成本，或者自制半成品成本，以及委托加工费、装卸费、保险费、委托加工的往返运输费等费用及按规定应计入成本的税费。详见本模块任务五。

（四）投资者投入存货成本

投资者投入存货的成本，小企业按照评估价值确定。

（五）提供劳务的成本

提供劳务的成本包括与提供劳务直接相关的人工费、材料费和应分摊的间接费用。详见模块十任务一。

（六）自行栽培、营造、繁殖或养殖的消耗性生物资产的成本

自行栽培、营造、繁殖或养殖的消耗性生物资产的成本应当按照下列规定确定。

① 自行栽培的大田作物和蔬菜。其成本包括在收获前耗用的种子、肥料、农药等材料费、人工费和应分摊的间接费用。

② 自行营造的林木类消耗性生物资产。其成本包括育闭前发生的造林费、抚育费、营

林设施费、良种试验费、调查设计费和应分摊的间接费用。

③ 自行繁殖的育肥畜。其成本包括出售前发生的饲料费、人工费和应分摊的间接费用。

④ 水产养殖的动物和植物。其成本包括在出售或入库前耗用的苗种、饲料、肥料等材料费、人工费和应分摊的间接费用。

二、发出存货的计价方法

👆发出存货计价方法

确定发出存货成本的方法具有多样性,《小企业会计准则》允许采用个别计价法、先进先出法、加权平均法等确定发出存货成本。计价方法一经选用不得随意变更。

(一)个别计价法

个别计价法是本期发出存货和期末结存存货的成本完全按照该存货所属购进批次或生产批次入账时的实际成本确定的一种方法。采用个别计价法,要求仓储部门按存货入库批次保管存货,并与财务部门协同,详细记录存货的品种规格、入账时间(批号)、单位成本、存货地点。发出每个或每批存货时,应区别所属批次计算发出存货的成本,确定相关成本费用。

例4.1 采用个别计价法计算存货发出成本。

公司的甲材料采用个别计价法计算发出存货成本。甲材料按批次记录购入存货的成本;发出存货时,按发出存货所属批次对应的入库成本确定发出存货成本。图4.1是甲材料出库成本的计算过程。

存货成本计算明细表

存货名称:甲材料
计量单位:件   金额单位:元

2021年		摘要	购入				发出				结存			
月	日		批号	数量	单价	金额	批号	数量	单价	金额	批号	数量	单价	金额
3	1	期初余额									1001	600	10	6 000
	6	购入	1002	1 800	11	19 800					1001 1002	600 1 800	10 11	25 800
	11	发出					1002	1 000	11	11 000	1001 1002	600 800	10 11	14 800
	15	购入	1003	1 200	12	14 400					1001 1002 1003	600 800 1 200	10 11 12	29 200
	20	发出					1001 1003	600 1 100	10 12	19 200	1002 1003	800 100	11 12	10 000
	31	本月合计		3 000		34 200		2 700		30 200		900		10 000

说明:本表不是实际账簿。实际工作中采用批次计价时,通常会为每个批次设置单独的批次明细账或用存货管理软件设置批次管理,本表格只是为了说明批次计价法的原理。后同,不再一一说明。

图4.1

采用个别计价法要求存货按批次分别存放，并按批次建立存货卡片，注明所指存货的批次和单价等信息。仓库管理人员发出存货时要在发料单上注明发出存货所属的批次，以便会计人员确定发出存货成本。

与其他方法相比，个别计价法可以说是存货的实物流动与其成本流动最吻合的一种方法。但其缺点同样明显：仓库管理要求高、手续烦琐，不适用于收发频繁的存货。这种方法只适合于较贵重、数量少或体积较大，且易于辨认进货批次的存货，如重型设备、珠宝、名画等。

（二）先进先出法

先进先出法是计算发出存货成本时，假定最早入库的存货最先发出，按存货入库顺序加权计算发出存货成本的方法。在先进先出法下，期末存货成本反映的是最近购入的存货的成本。

例 4.2 采用先进先出法计算存货发出成本。

假定公司的甲材料采用先进先出法确定发出存货成本，3月份存货收、发、结存情况如图4.2所示。

存货成本计算明细表

存货名称：甲材料
计量单位：件　　　　　　　　　　　　　　　　　　　　　　　　　　　　　金额单位：元

2021年		摘要	购入			发出			结存		
月	日		数量	单价	金额	数量	单价	金额	数量	单价	金额
3	1	期初余额							600	10	6 000
	6	购入	1 800	11	19 800						
	11	发出				1 600					
	15	购入	1 200	12	14 400						
	20	发出				1 700					
	26	购入	500	13	6 500						
	31	合计	3 500		40 700	3 300		36 600	800	12.63	10 100

图4.2

当月11日发出存货一批，共1 600件，在先进先出法下，假定先购入的存货先发出。根据这一假设，本次发出的1 600件应当是期初结存的单价为10元的600件甲材料和6日购进的单价为11元的甲材料1 000件，总发出金额应为17 000元。发出后当日结存的800件甲材料是6日新购进的甲材料，单价是11元，结存金额是8 800元。20日发出存货成本的确定方式与此相同。

实务中,在不影响成本计算及时性的前提下,企业往往分期计算存货发出成本,存货发出业务少的单位可以在月末一次性按先进先出法计算发出存货成本和结存存货成本。本例中,本月共发出甲材料3 300件,月末一次性计算其发出成本的方法如下。

本月发出存货成本=10×600+11×1 000+11×800+12×900=36 600(元)
本月结存存货成本=6 000+19 800+14 400+6 500-36 600=10 100(元)
本月结存存货数量=600+1 800+1 200+500-3 300=800(件)
本月结存存货单位成本=10 100÷800=12.63(元)

先进先出法有2个优点:一是采用分次计算发出存货成本时可以把存货核算的工作分散在平时,及时反映存货的资金占用情况,保证成本计算的及时性;二是使期末存货成本最接近该种存货的现行成本,财务分析更有意义。但是,先进先出法也有其不足之处:首先,计算工作量大,对存货的进出量大且较频繁的企业来说更是如此;其次,当物价波动较大时,按该法计算发出存货成本和相关费用会对企业本期的利润产生较大影响——当物价上涨时会高估企业当期利润和库存存货价值,从而导致虚利实税,不利于资本的保全;反之物价下降时则会低估企业存货价值和当期利润——从这一点看,当物价持续下跌时,采用先进先出法符合谨慎原则的要求。

(三)加权平均法

加权平均法又称全月一次加权平均法,是按各批进货的平均单位成本确定发出存货成本的方法。其计算公式为:

$$月末加权平均单价=\frac{期初结存成本+本期取得存货成本}{期初结存存货数量+本期取得存货数量}$$

$$本期发出存货成本=本期发出存货数量×月末加权平均单价$$

$$期末结存存货成本=期末结存存货数量×月末加权平均单价$$

考虑到计算出的加权平均单价不一定是整数,往往要小数点后四舍五入,本期发出存货的成本一般采用倒轧法处理。其计算公式为:

$$期末结存存货成本=期末结存存货数量×月末加权平均单价$$

$$本期发出存货成本=期初结存存货成本+本期取得存货成本-期末结存存货成本$$

例4.3 采用加权平均法计算存货发出成本,如图4.3所示。

如果甲材料采用加权平均法计算发出存货成本,则平时只记录取得存货成本,不计算发出存货成本,即11日、20日发出存货时,只记录发出存货的数量,不计算发出存货成本。月末,依据加权平均法公式计算出当月取得存货的平均成本,据此计算结存存货、发出存货成本。

存货成本计算明细表

存货名称：甲材料
计量单位：件   金额单位：元

2021年		摘要	购入			发出			结存		
月	日		数量	单价	金额	数量	单价	金额	数量	单价	金额
3	1	期初余额							600	10	6 000
	6	购入	1 800	11	19 800				2 400		
	11	发出				1 600			800		
	15	购入	1 200	12	14 400				2 000		
	20	发出				1 700			300		
	26	购入	500	13	6 500				800		
	31	合 计	3 500		40 700	3 300		37 588	800	11.39	9 112

图 4.3

月末加权平均成本和发出存货成本计算如下。

$$本月存货的平均成本=\frac{6\,000+19\,800+14\,400+6\,500}{600+1\,800+1\,200+500}=11.39（元/件）$$

本期期末库存存货成本=800×11.39=9 112（元）

本月发出存货成本=6 000+40 700-9 112=37 588（元）

采用加权平均法计算简单，适用于收入批次较多、数量较大，且价格差异不大的存货。加权平均法得到了会计界的普遍肯定和应用，不论是国际会计准则还是我国企业会计准则，都把它作为基本的计价方法。但采用这种方法，平时账上无法提供存货的结存金额，不利于加强对存货的管理。

> **课堂讨论**
>
> 比较采用先进先出法和加权平均法计算的月末结存存货单位成本和结存金额及发出金额，分析其对当期销售成本和利润的影响。

三、计划成本法

前面讲述的确定存货取得成本、存货发出成本的方法均以存货的实际成本为基础，通常将这一类方法统称为实际成本法。存货采用实际成本进行日常核算，要求存货的收入和发出全部按实际成本计算相关成本。这对于存货品种、规格繁多，且收发频繁的企业来说，日常核算工作量很大、核算成本高，会影响会计信息的及时性。为了简化对存货的核算，企业可以采用计划成本法对存货收入、发出及结存进行日常核算。

计划成本法是指存货的日常收入、发出和结存均按预先制定的计划成本计价，并设置"材料成本差异"分类账，登记实际成本和计划成本之间的差异，月末再通过对存货成本差异的分摊将发出存货的计划成本和结存存货的计划成本调整为实际成本进行反映的一种核算方法。采用计划成本法进行存货核算的基本过程如下。

步骤1 制定存货的计划成本目录,确定存货的分类及各类存货的名称、规格、编号、计量单位和单位计划成本。

计划成本一般由财务部门和采购部门共同制定,制定的计划成本应尽可能与实际成本一致。

步骤2 设置"材料采购"账簿,对购入存货的实际成本和计划成本进行比较,确定材料成本差异。

"材料采购"账簿只在计划成本法下使用,本账簿借方登记购入存货的实际成本,贷方登记购入存货的计划成本;实际成本和计划成本之间的差额转入"材料成本差异"账簿。

步骤3 设置"材料成本差异"账簿,登记存货实际成本和计划成本之间的差异,并分别按原材料、周转材料等类别或品种设置明细账,进行明细核算。

存货取得实际成本和计划成本之间存在差异时,实际成本高于计划成本的超支差异,在本账簿的借方登记,实际成本低于计划成本的节约差异在本账簿的贷方登记。发出存货并分摊差异时,超支差异从本账簿贷方用蓝字转出,节约差异在贷方用红字转出。

企业也可以根据具体情况,在"原材料""周转材料"等账簿下的"成本差异"明细账中进行核算。

步骤4 存货的日常收入与发出均按计划成本计价,月末通过存货成本差异的分摊,将本月发出存货的计划成本和月末结存存货的计划成本调整为实际成本反映。

关键练习

极地公司2021年8月份库存铝锭材料的有关资料如图4.4所示。

存货发出成本计算表

存货名称:铝锭
计量单位:千克 金额单位:元

2021年		摘要	购入			发出			结存		
月	日		数量	单价	金额	数量	单价	金额	数量	单价	金额
8	1	期初余额							300	50	15 000
	10	购入	900	60	54 000				1 200		
	11	发出				800			400		
	18	购入	600	70	42 000				1 000		
	20	发出				800			200		
	23	购入	200	80	16 000				400		
	31	合计	1 700		112 000	1 600			400		

图4.4

要求:分别用先进先出法、加权平均法计算本月发出和月末结存材料的成本(用先进先出法计算时,分别采用逐笔计算发出存货成本和月末一次计算发出存货成本2种方法,并比较两者异同)。

▎**拓展阅读**

极地公司存货发出计价方法的争论

  2021年5月后，极地公司的原材料价格持续上涨，到年底上涨幅度已经接近1倍。目前，极地公司采用的存货发出计价方法是先进先出法，在价格上涨的情况下，先进先出法计算的发出存货成本会偏低，因而相应的生产成本、主营业务成本也会被低估，最终导致利润虚增，使公司多缴企业所得税。在厂办公会上，有人提出，可以改用后进先出法，这样会增加存货出库成本，降低企业的利润水平，少缴所得税。公司财务主管否定了这个建议，并解释了采取后进先出法不可行的原因：一是现行会计准则规定的存货发出计价方法中已经不包括后进先出法，所以不能使用后进先出法进行出库存货成本的计算；二是会计准则规定，除国家规定或能提供更可靠、更相关的信息外，每一会计期间和前后各期采用的会计政策应当保持一致，不能随意变更，公司的原材料价格是2021年5月后上涨的，变更会计政策不能给财务报表使用者提供更可靠、更相关的会计信息，所以不能变更存货发出计价的会计政策。

任务二　核算购入原材料和购进劳务或服务

▎**任务目标**

主任务节点	子任务节点	期望的学习结果	达成情况自评
"原材料""在途物资"科目	核算内容	描述、辨别	
	明细账设置方法	说明、运用	
购入材料	6类业务情况	描述、区分、辨别	
	6类业务情况的确认时间及原因	说明、运用	
	6类业务情况的确认规则	描述、运用、举例	
	原材料初始计量和暂估计量	说明、运用	
增值税的特殊处理	凭票合法抵扣	描述、区分、运用	
	购进免税农产品	说明、运用	
购进劳务或服务	确认和计量	描述、运用、举例	
计划成本法	主要特征	说明	
	优缺点和适用	说明	

▎**业务认知**

  原材料是指企业在生产过程中经过加工改变其形态或性质并构成产品主要实体的各种

原料及主要材料、辅助材料、燃料、修理用备件（备品备件）、包装材料、外购半成品等。原材料的特点是：在一个生产周期中即完全被消耗或改变了原有的实物形态，并且其价值也一次性地全部转移到所生产的产品成本中去，构成产品价值的组成部分。

在工业企业里，原材料从进厂直至完全被消耗，一般都需要经过采购、储存和使用等环节，且各个环节的具体经办部门也不同。一般来说，材料的采购由采购部门办理，采购人员根据采购计划等资料，到供应商处办理采购，采购完成时，供应商向采购部门提供相应原材料的销售发票，采购部门负责将销售发票交给企业的财务部门；原材料运抵企业后，由质量检验部门和仓储部门分别检验原材料的质量和数量，验收合格后，仓储部门会同采购部门有关人员办理入库手续，开具材料验收入库单；财务部门根据付款计划等向供应商办理货款的支付结算；材料领用时，由领用部门开具材料出库单，由仓储部门审核后发出原材料。

采购发票、货运票据、材料验收入库单、付款结算凭证、材料出库单是会计人员据以核算材料收、发、结存的原始单据。需要特别注意的是，由于采购地远近、部门办理手续的时间不同，会计人员取得各项原始单据的时间也不相同，因此会计人员先要根据取得的各种原始单据判断业务的类型和发生过程，再编制相应的记账凭证。

业务核算

一、会计科目、账簿设置和基本账务处理

（一）"原材料"科目

会计科目　"原材料"科目核算企业库存的各种材料，包括原料及主要材料、辅助材料、外购半成品（外购件）、修理用备件（备品备件）、包装材料、燃料等的实际成本。

账簿设置　本科目应当按照材料的保管地点（仓库）及材料的类别、品种和规格等进行明细核算。

收到来料加工装配业务的原料、零件等，应当设置备查簿进行登记。

为方便材料仓储管理，除财务部门设置材料明细账外，通常还在材料仓库设置一套材料明细账或材料卡片，仓库设置的材料明细账、材料卡片只登记数量不登记金额。仓库的材料明细账俗称材料台账，由仓库保管员独立于材料保管，根据材料进出库单登记。材料卡片通常开设于材料保管仓位，仓库保管员随时根据材料收发登记签章，并定期与材料出、入库单核对。

☞存货账簿体系设置方法

小型企业也有只开设一套材料账的情况，该材料账平时由仓库保管人员登记收发数量，定期由财务部门登记金额。

基本账务处理　"原材料"账簿借方登记因外购、自制、盘盈、委托外单位加工等原因取得的原材料的实际成本，贷方登记企业领用、发出加工、对外销售及盘亏、毁损等原因减少的原材料的实际成本；期末借方余额反映库存原材料的成本。

（二）"在途物资"科目

会计科目 "在途物资"科目核算货款已付或者用承兑的商业汇票结算但尚未验收入库的购入材料或商品的实际成本。

账簿设置 "在途物资"科目应当按照供应单位设置明细账。

基本账务处理 "在途物资"科目借方登记企业购入材料的实际成本，贷方登记验收入库材料的实际成本；期末借方余额反映尚未到达或虽已到达但尚未入库材料的实际成本。

原材料核算的主要内容包括原材料的购入和原材料的发出两部分，以下分别介绍具体的处理方法。

二、核算购入材料

外购原材料是企业取得原材料的主要方式。由于原材料的发票传递与货物运输、经办部门单据传递的时间差异，因此会计人员接收到各项采购业务的发票、入库单、结算单据的时间可能不一致。概括来说，一般存在以下几种情况。

① 同时收到发票、验收入库单、结算凭证等资料。
② 先收到发票、结算凭证，后收到验收入库单。
③ 先收到发票和验收入库单，结算凭证后收到。
④ 先收到发票，结算凭证和验收入库单后收到。
⑤ 先收到材料验收入库单，发票、结算凭证后收到。
⑥ 采用预付款形式采购，先收到结算凭证，发票和验收入库单后收到。

以上各种情况，可以通过设计企业内部结算制度、采购合同条款简化，以使会计核算更加简洁、规范。对于以上情况应分别采用如下方式核算。

① 同时收到发票、验收入库单、结算凭证等资料。这种情况表明钱货两清、材料入库。核算时应根据购货发票和其他发票记载的应计入购入存货成本的价款，借记"原材料"科目，按相关发票上允许抵扣的增值税税额，借记"应交税费——应交增值税（进项税额）"科目；按应付款额贷记"银行存款""应付票据""其他货币资金"等科目。

> **课堂讨论**
> 回顾上一任务中存货初始计量的内容，说明购入存货成本包含的具体内容。

例 4.4 发票、结算凭证同时收到。

2021 年 4 月 16 日，收到采购部门转来的货物增值税专用发票（见图 4.5）和盖有现金付讫章的运输费增值税专用发票（见图 4.6）、支付货款转账支票存根（凭证略）。

[发票图片 图4.5：北京增值税专用发票 No.98879513，开票日期2021年04月16日，购买方：极地有限责任公司，货物：A产品，单位千克，数量200，单价75.00，金额15,000.00，税率13%，税额1,950.00，价税合计¥16,950.00，销售方：北京鑫镁有限责任公司]

说明：抵扣联略。

图 4.5

[发票图片 图4.6：北京增值税专用发票 No.62618564，开票日期2021年04月16日，购买方：极地有限责任公司，货物：运输费用，单位吨，数量0.2，单价500.00，金额100.00，税率9%，税额9.00，价税合计¥109.00，销售方：北京平安达货运有限公司，现金付讫]

图 4.6

财务部门应进行如下会计处理。

A材料采购成本=15 000+100=15 100（元）

允许抵扣的进项税额=1 950+9=1 959（元）

依据采购业务的增值税专用发票、转账支票存根等，编制会计分录如下（北京鑫镁有限责任公司简称北京鑫镁公司）。

借：在途物资——北京鑫镁公司　　　　　　　　　　　　　15 000

　　应交税费——应交增值税（进项税额）　　　　　　　　 1 950

  贷：银行存款   16 950

依据运费的增值税专用发票等，编制会计分录如下。

  借：在途物资——北京鑫镁公司   100
    应交税费——应交增值税（进项税额）   9
    贷：库存现金   109

4月20日，上述A材料已收到并验收入库，会计人员收到材料入库单。应编制会计分录如下。

  借：原材料——A材料   15 100
    贷：在途物资——北京鑫镁公司   15 100

② 先收到发票、结算凭证，后收到验收入库单。在这种情况下，收到发票和结算凭证时，货物已经采购，款项已经支付，但材料尚未到达或验收入库。

③ 先收到发票和验收入库单，结算凭证后收到。在这种情况下，收到发票和验收入库单时，应按相关发票记载的金额借记"原材料"科目，按增值税税额借记"应交税费——应交增值税（进项税额）"科目；按两者合计贷记"应付账款"科目。

④ 先收到发票，结算凭证和验收入库单后收到。在这种情况下，收到发票时，可先不做会计处理，待支付货款或材料入库后再处理，以避免因后续业务的不确定性造成的调账风险。支付货款或材料入库后的会计处理，根据情况参照第①条和第②条进行。

⑤ 先收到材料验收入库单，发票、结算凭证后收到。收到材料验收入库单时，由于发票未到，无法确定材料的成本，因此不能核算，可以暂不编制记账凭证，会计人员只将收到的材料入库单存档备查。如果在当月内收到发票，则在收到发票时，可参照第③条处理。

月末时，发票仍未到达的，可以按材料的合同价格等可靠金额暂估入账，借记"原材料"科目，贷记"应付账款——暂估应付账款"科目。下月初，用红字做同样的记账凭证予以冲回。待收到发票和结算凭证时，按正常程序借记"原材料"等科目，贷记"银行存款""应付票据"等科目。

例 4.5 材料暂估入账。

4月20日，会计人员收到入库单一张。入库单显示从达菲公司购进的B材料到货并验收入库。未收到此项采购的发票和相关结算凭证。

月末，该项采购的发票仍未收到。合同显示该项采购价款为16 000元。

5月15日，会计人员收到该项采购的发票和结算凭证。

会计人员的处理如下。

4月20日，收到入库单时，会计人员将入库单存档备查。

4月30日，会计人员按规定对该项采购进行暂估处理，编制会计分录如下。

  借：原材料——A材料   16 000
    贷：应付账款——暂估应付账款   16 000

5月初，用红字冲回该项暂估，编制会计分录如下。

  借：原材料——A材料   16 000
    贷：应付账款——暂估应付账款   16 000

5月15日,收到发票账单及有关结算凭证时,应取出存档的入库单,与发票和结算凭证一同做会计处理。

⑥ 预付款采购。详见模块三任务三中的"核算预付账款"部分。

对于采购过程中发生的入库材料数量与发票所记数量不一致的情况,会计人员应区分原因进行处理:合理损耗的部分计入采购成本;由供应单位、运输单位和其他原因造成损失的,应根据有关的索赔凭证,借记"应付账款"或"其他应收款"科目,贷记"在途物资"等科目;因自然灾害等发生的损失和尚待查明原因的途中损耗,先记入"待处理财产损溢"科目,查明原因后再做处理。

购进材料核算除应关注采购流程和采购成本的核算外,还应当注意以下情况的处理。

① 购进货物未取得增值税专用发票和其他合法扣税凭证。按相关税收法律规定,购进货物、服务等时,未取得增值税专用发票、关税完税凭证、农产品收购凭证、农产品销售发票等合法扣税凭证的,不允许抵扣进项税。

② 购进免税农产品。从农业生产者处购进免税农产品,企业不能取得增值税专用发票,但按税法规定企业可以按规定的扣除率从收购凭证和农产品发票上注明的价款中扣除相应金额作为进项税,其余金额作为购进货物的成本。

例 4.6 购进免税农产品。

会计人员收到免税农产品收购收据,收据表明本企业收购某免税农产品一批。该批农产品用于生产适用13%增值税税率的产品,适用扣除率为10%。收购价50 000元,款项已经用银行存款支付。

应编制会计分录如下。

借:原材料　　　　　　　　　　　　　　　　　　　　　45 000
　　应交税费——应交增值税(进项税额)　　　　　　　　 5 000
　　贷:银行存款　　　　　　　　　　　　　　　　　　　　　　50 000

③ 小规模纳税人购入材料的核算。税法规定,小规模纳税人增值税采用简易办法征收,其购进材料的进项税不得抵扣销项税,应计入材料的采购成本。

例 4.7 小规模纳税人购进货物。

某企业为小规模纳税人,4月25日购进丙材料一批。发票显示,材料价款为3 000元,增值税税额为390元。材料已经验收入库,款项开出支票支付。

应编制会计分录如下。

借:原材料——丙材料　　　　　　　　　　　　　　　　3 390
　　贷:银行存款　　　　　　　　　　　　　　　　　　　　　　3 390

三、原材料发出的核算

原材料的发出主要分为生产经营领用、基建工程领用、福利部门领用和出售等几种情况。会计人员应根据材料领用部门和用途,按照会计准则的规定分别进行核算。

① 企业生产经营领用原材料,按实际成本借记"生产成本""制造费用""销售费

用""管理费用"等科目，贷记"原材料"科目。

② 企业基建工程领用原材料，应按材料实际成本，借记"在建工程"科目，贷记"原材料"科目。

③ 企业福利部门领用用于职工福利的原材料，按实际成本加上不予抵扣的增值税税额等，借记"应付职工薪酬"科目；按实际成本贷记"原材料"科目，按不予抵扣的增值税税额贷记"应交税费——应交增值税（进项税额转出）"科目。

④ 企业出售原材料，按已收或应收的价款借记"银行存款"或"应收账款"等科目；按实现的营业收入贷记"其他业务收入"等科目，按应缴的增值税税额贷记"应交税费——应交增值税（销项税额）"等科目。月度终了，按出售原材料的实际成本借记"其他业务成本"科目，贷记"原材料"科目。

企业各生产单位及有关部门领用的材料具有种类多、业务频繁等特点。为了简化核算，可以根据领料单或限额领料单等单据中标明的领料的单位、部门等加以归类，定期编制发料凭证汇总表，据以编制记账凭证、登记入账。

发出材料的实际成本可以选择个别计价法、先进先出法、加权平均法其中之一确定。计价方法一经确定，不得随意变更，如果需要变更，则应在报表附注中予以说明。

例 4.8 根据发料汇总表，核算发出材料成本。

2020年11月30日，会计人员根据限额领料单（见图4.7）及领料单（单据略）等原始单据编制发料凭证汇总表（见图4.8），并进行总分类核算。

限额领料单

材料科目：原材料　　　　　　　　　　　材料类别：原料及主要材料
领料车间（部门）：加工车间　　　　　　编　　号：X111
用　　途：生产TX产品领用　　2020年11月　　仓　　库：材料库　　金额单位：元

材料编号	材料名称	规格	计量单位	领用限额	实际领用			备注
					数量	单位成本	金额	
	B材料		千克	1500				第二联 财务核算联

日期	请领		实发			退回			限额结余
	数量	领料单位	数量	领料人签章	发料人签章	数量	领料人签章	发料人签章	
3	300	加工车间	300	刘长凤	李聂				1200
10	300	加工车间	300	刘长凤	李聂				900
17	300	加工车间	300	刘长凤	李聂				600
21	300	加工车间	300	刘长凤	李聂				300
28	300	加工车间	300	刘长凤	李聂				0
合计									

生产计划部门负责人：朱本正　　采购部门负责人：尹开华　　仓库负责人：朱海

图4.7

发料凭证汇总表

材料名称：B 材料　　　　2020 年 11 月 30 日　　　附单据 30 张　　　金额单位：元

科　目		领用数量/千克	单　价	金　额
加工车间	TX 产品	1500	100	150000
	TG 产品	2000	100	200000
	小　计	3500		350000
企管部		80	100	8000
在建工程		1000	100	100000
销售部		50	100	5000
合　计		4630		463000

财务主管　孙正峰　　　　　　　　　　　　　　　制表人　吴 天

说明：假定极地公司 B 材料采用加权平均法计算发出材料成本，计算出的加权平均单价为 100 元/千克。

图 4.8

应编制会计分录如下。

借：生产成本——基本生产成本——TX 产品　　　　　　150 000
　　生产成本——基本生产成本——TG 产品　　　　　　200 000
　　管理费用　　　　　　　　　　　　　　　　　　　　8 000
　　在建工程　　　　　　　　　　　　　　　　　　　100 000
　　销售费用　　　　　　　　　　　　　　　　　　　　5 000
　　贷：原材料——B 材料　　　　　　　　　　　　　463 000

四、核算购进劳务或服务

增值税一般纳税人购进交通运输服务、邮政服务、电信服务、建筑服务、金融服务、现代服务等，应按取得的增值税专用发票上注明的价款和税额分别确定购进成本及进项税额。

例 4.9　12 月 25 日，会计人员收到增值税专用发票 2 张：一张是公司租用联通公司 100 Mb/s 带宽的发票，价款为 83 000 元，增值税税额为 7 470 元；另一张是公司使用一家公司收派件服务的发票，价款为 66 000 元，增值税税额为 3 960 元。款项均开出支票支付。

根据发票和支票存根，应编制会计分录如下。

借：管理费用　　　　　　　　　　　　　　　　　　149 000
　　应交税费——应交增值税（进项税额）　　　　　　11 430
　　贷：银行存款　　　　　　　　　　　　　　　　160 430

■ **关键练习**

极地公司原材料按实际成本法核算，2021 年 6 月发生以下材料购进业务。

（1）5日，从本地购进甲材料一批，价款为80 000元，增值税税额为10 400元。会计人员收到该业务的发票、材料入库单和全额支付货款的转账支票存根。

（2）10日，从外地购进乙材料一批，价款为150 000元，增值税税额为19 500元；运输保险费为450元，增值税税额为27元；运费为12 000元，增值税税额为1 080元。会计人员收到采购发票、运输发票和全额付款的电汇凭证回单。

（3）15日，会计人员收到上述购进的乙材料的入库单。

（4）18日，从外地购入丙材料3 000千克，材料已验收入库。会计人员收到材料入库单，发票未收到。

（5）20日，会计人员收到采购丁材料的发票和银行付款结算凭证。发票和结算凭证表明：该批材料的货款为175 000元，增值税税额为22 750元；供应单位垫付的外地运杂费为15 000元，增值税进项税额为1 350元。

（6）20日，会计人员收到农产品收购发票。公司购进用于生产适用13%增值税税率产品的免税农产品一批，支付价款73 000元。

（7）25日，收到增值税专用发票。公司雇用某公司修缮房屋，发票记载该业务价款为97 000元、增值税税额为8 730元。款项未付。

（8）30日，18日入库的丙材料的发票仍未收到。合同显示该批材料采购价款为180 000元。

要求：根据以上经济业务编制会计分录。

拓展阅读

计划成本法的优缺点

原材料按计划成本法核算具有以下优点。

① 有利于考核采购部门的工作业绩。有了合理的计划成本之后，将实际成本与计划成本相对比，可以对采购部门进行考核，促使其降低采购成本，节约支出。

② 有利于分析车间材料消耗发生节约或超支的原因。计划成本可以剔除材料价格变动对企业内部部门产品成本变动的影响，便于考核经营成果。

③ 可以简化材料明细分类账的登记工作。在计划成本法下，材料明细账可以只登记材料收入、发出和结存的数量，将数量乘以计划成本，随时求得材料收入、发出、结存的金额，月末通过"材料成本差异"科目计算和调整发出及结存材料的实际成本，简便易行。

采用计划成本法核算的不足之处主要在于当物价变动频繁、升降幅度较大时，计划成本经常较大地脱离实际成本，不仅计划成本本身的优点已不再存在，而且频繁地修改计划成本，除工作量较大外，也给材料数据的相互比较带来很大麻烦。因此，计划成本计价核算一般适用于一定时期内价格不会大幅升降、实际成本相对比较稳定的原材料。

实现信息化后，多数企业采用实际成本法核算。

任务三　核算半成品和产成品

任务目标

主任务节点	子任务节点	期望的学习结果	达成情况自评
"自制半成品""库存商品"科目	核算内容	描述、辨别	
	明细账设置方法	说明、运用	
自制半成品	入库成本结转核算	描述、运用	
	出库成本结转核算	说明、运用	
库存商品	入库成本结转核算	描述、运用	
	出库成本结转核算	说明、运用	

业务认知

半成品是指企业经过一定生产过程并已检验合格交付半成品仓库保管，但尚未制造完工成为产成品，仍需要进一步加工的中间产品；产成品是指企业已经完成全部生产过程并已验收入库、符合标准规格和技术条件，可以按照合同规定的条件送交订货单位，或者可以作为商品对外销售的产品。

从实物管理角度看，半成品和产成品要经历生产部门加工，质量部门验收，仓储部门入库、保管，生产或销售部门领用出库等业务过程。各业务过程应当按照会计工作的要求办理会计手续，填制领料单、加工单、验收入库单、领用出库单、销售出库单等原始凭证。上述原始凭证是会计人员进行会计核算的依据，会计人员根据取得的这些凭证判断业务内容，编制记账凭证，登记账簿。

业务核算

一、会计科目、账簿设置和基本账务处理

1. "自制半成品"科目

会计科目　有半成品的企业，既可以根据需要自行设置"自制半成品"科目，也可以在"生产成本"科目下设置"自制半成品"二级科目进行核算。

账簿设置　自制半成品应按半成品种类、品种和规格设置明细账。

基本账务处理　小企业自制半成品的入库和出库平时只在明细账上登记数量，不登记金额，月末或规定的期末计算本期间入库的半成品的实际成本。月末或规定的期末，按照计算的实际成本，借记"自制半成品"或"生产成本——自制半成品"科目，贷记"生产成本——基本生产成本"科目。期末按企业选用的存货发出计价方法，确定期间发出半成品的成本。按照计算的发出成本，借记"生产成本"等科目，贷记"自制半成品"科目。

2. "库存商品"科目

会计科目 "库存商品"科目核算企业库存的产成品、商品的实际成本或售价(仅商品流通企业特定核算方法适用)。

账簿设置 "库存商品"科目应当按照库存商品的种类、品种和规格进行明细核算。

基本账务处理 小企业生产的产成品的入库和出库平时只在明细账登记数量,不登记金额,月末计算入库产成品和发出产成品的实际成本。月末按照验收入库的产成品的实际成本,借记"库存商品"科目,贷记"生产成本"等科目;发出产成品,按选定的存货发出计价方法计算的发出实际成本,借记"主营业务成本"等科目,贷记"库存商品"科目。

二、核算自制半成品

例 4.10 核算半成品入库。

月末,会计人员根据生产成本账簿、入库单、成本计算单等编制本月入库半成品完工成本汇总表,如图4.9所示。

半成品完工成本汇总表

金额单位:元

产品名称	单位	数量	单位成本	总成本
甲半成品	件	1 000	100	100 000
乙半成品	件	2 000	40	80 000
合计				180 000

图4.9

根据半成品完工成本汇总表,应编制会计分录如下。

借:自制半成品——甲半成品　　　　　　　　　　　　　100 000
　　自制半成品——乙半成品　　　　　　　　　　　　　 80 000
　贷:生产成本——基本生产成本——甲半成品　　　　　100 000
　　　生产成本——基本生产成本——乙半成品　　　　　 80 000

例 4.11 核算半成品出库。

月末,会计人员根据半成品明细账、出库单等,编制半成品出库汇总表,如图4.10所示。

半成品出库汇总表

金额单位:元

产品名称	单位	单位成本	A产品		B产品		合计
			数量	总成本	数量	总成本	
甲半成品	件	96	1 000	96 000	100	9 600	105 600
乙半成品	件	44	1 000	44 000	800	35 200	79 200
合计				140 000		44 800	184 800

图4.10

根据半成品出库汇总表,编制会计分录如下。

借:生产成本——基本生产成本——A产品　　　　　　　　　140 000
　　生产成本——基本生产成本——B产品　　　　　　　　　44 800
　贷:自制半成品——甲半成品　　　　　　　　　　　　　　　105 600
　　　自制半成品——乙半成品　　　　　　　　　　　　　　　79 200

三、核算产成品

例4.12 核算产成品入库成本。

月末,会计人员根据成本计算单、产品入库单、生产成本明细账编制完工产成品成本汇总表,如图4.11所示。

完工产成品成本汇总表

金额单位:元

产品名称	单 位	数 量	单位成本	总成本
A产品	件	1 000	400	400 000
B产品	件	2 500	80	200 000
合 计				600 000

图4.11

根据完工产成品成本汇总表,编制会计分录如下。

借:库存商品——A产品　　　　　　　　　　　　　　　　　400 000
　　库存商品——B产品　　　　　　　　　　　　　　　　　200 000
　贷:生产成本——基本生产成本——A产品　　　　　　　　　400 000
　　　生产成本——基本生产成本——B产品　　　　　　　　　200 000

产品成本核算在后续的成本会计实务课程中学习。

例4.13 核算发出产成品成本。

月末,根据商品出库单、库存商品明细账的有关内容,汇总编制产成品出库汇总表,如图4.12所示。本企业按先进先出法计算产品发出成本,A产品的单位成本为2 200元。

产成品出库汇总表

产品名称:A产品　　　　　　　单位成本:2 200元　　　　　　会计期间:2021年5月

领用部门和用途	数 量	金额/元	备 注
销售	100	220 000	
在建工程(T4楼建造)	10	22 000	
福利部门(发放给职工)	50	110 000	
合 计		352 000	

图4.12

根据产成品出库汇总表,编制会计分录如下。

借:主营业务成本——A产品　　　　　　　　　330 000
　　在建工程——T4楼建造　　　　　　　　　 22 000
　　贷:库存商品——A产品　　　　　　　　　　　　352 000

以自产产品发放给职工,属于增值税税法规定的将自产货物用于集体福利应视同销售业务,应按照其销售价格,确认"应付职工薪酬"和"主营业务收入",同时还应结转产成品的成本。相关内容在模块七的任务三会进一步讲解。

▶ 关键练习

1. 2021年1月,极地公司商品入库汇总表记载:已验收入库甲产品1 000台,实际单位成本为5 000元,计5 000 000元;乙产品2 000台,实际单位成本为1 000元,计2 000 000元。

要求:编制会计分录。

2. 2021年1月,极地公司月末发出商品汇总表显示,当月销售甲产品500台、乙产品1 500台。按公司库存商品计价方法计算,甲产品发出单位成本5 000元,乙产品发出单位成本1 000元。

要求:编制结转其销售成本时的会计分录。

▶ 拓展阅读

核算小企业的商品

商品是指小企业(批发业、零售业)外购或委托加工完成并已验收入库用于销售的各种商品,包括外购商品、存放在门市部准备出售的商品、发出展览的商品,以及寄存在外的商品等。

小企业的商品应按以下原则和方法核算。

小企业(批发业、零售业)在购买商品过程中发生的费用(包括运输费、装卸费、包装费、保险费、运输途中的合理损耗和入库前的挑选整理费等),应计入销售费用,不计入商品取得成本。

小企业的商品发出计价可以选择采用进价金额核算或售价金额核算。

① 小企业采用进价金额核算的,购入商品到达验收入库时,按照商品的实际成本,借记"库存商品"科目,贷记"库存现金""银行存款""在途物资"等科目。涉及增值税进项税额的,还应进行相应的处理。对外销售商品结转销售成本时,应按已售产品的实际成本借记"主营业务成本"科目,贷记"库存商品"科目。

② 小企业采用售价金额核算的,购入商品到达验收入库后:按照商品的售价,借记"库存商品"科目,贷记"库存现金""银行存款""在途物资"等科目;按照售价和进价之间的差额,贷记"商品进销差价"科目。涉及增值税进项税额的,还应进行相应的处理。

对外销售商品结转销售售价时,按售价金额,借记"主营业务成本"科目,贷记"库存商品"科目。月末,分摊已销商品的进销差价,借记"商品进销差价"科目,贷记"主营业务成本"科目。

销售商品应分摊的商品进销差价,按照以下公式计算。

$$商品进销差价率=\frac{月末分摊前商品"进销差价"科目贷方余额}{"库存商品"科目月末借方余额+本月"主营业务收入"科目贷方发生额}×100\%$$

本月销售商品应分摊的商品进销差价=本月"主营业务收入"科目贷方发生额×商品进销差价率

小企业的商品进销差价率各月之间比较均衡的,也可以采用上月商品进销差价率计算分摊本月的商品进销差价。年度终了,应对商品进销差价进行复核调整。

在信息化条件下,小企业的商品核算更多的是利用计算机的便利,以进价为基础确定库存和销售产品成本。

任务四　核算周转材料

任务目标

主任务节点	子任务节点	期望的学习结果	达成情况自评
"周转材料"科目	核算内容	描述、辨别	
	明细账设置方法	说明、运用	
周转材料分类	周转材料具体内容	列举、比较	
	周转材料分类	列举	
摊销法	摊销方法种类适用	列举、比较	
	一次摊销核算规则	说明、运用	
	分次摊销法特殊明细账设置	说明、列举	
	分次摊销法核算程序和规则	说明、运用、举例	

业务认知

周转材料包括包装物,低值易耗品,建筑业小企业的钢模板、木模板、脚手架等。

包装物是为包装本企业产品而储备的各种包装容器,如桶、箱、瓶、袋等。依据具体使用情况,包装物可以分为以下4类。

① 生产经营过程中用于包装产品并成为产品组成部分的包装物。
② 随同产品出售而不单独计价的包装物。
③ 随同产品出售单独计价的包装物。
④ 出租或出借给购买单位使用的包装物。

低值易耗品是指在使用中能保持其实物形态，但价值较低，不作为固定资产的各种用具物品，如工具、管理用具、玻璃器皿、劳动保护用品及在经营过程中周转使用的包装容器等。

业务核算

一、会计科目、账簿设置和基本账务处理

会计科目 "周转材料"科目核算小企业库存的周转材料的成本，包括包装物、低值易耗品，以及建筑业小企业的钢模板、木模板、脚手架等。

各种包装材料，如纸、绳、铁丝、铁皮等，应在"原材料"科目内核算；用于储存和保管产品、材料而不对外出售的包装物，应按照价值大小和使用年限长短，分别在"固定资产"科目或"周转材料"科目核算。

小企业的包装物、低值易耗品也可以单独设置"包装物""低值易耗品"科目核算。

周转材料数量不多的小企业，也可以不设置"周转材料"科目，将包装物并入"原材料"科目核算。

账簿设置 "周转材料"科目应按照周转材料的种类设置明细账，采用分次摊销的周转材料还应进一步设置"在库""在用""摊销"明细科目进行核算。

基本账务处理 小企业购入、自制、委托外单位加工完成并验收入库的周转材料，以及对周转材料的清查盘点，可比照"原材料"科目的相关规定进行账务处理。领用周转材料按以下原则核算。

① 生产、施工领用周转材料，通常采用一次摊销法，按照其成本，借记"生产成本""管理费用""工程施工"等科目，贷记"周转材料"科目。

② 随同产品出售但不单独计价的包装物，按照其成本，借记"销售费用"科目，贷记"周转材料"科目。

③ 随同产品出售并单独计价的包装物，按照其成本，借记"其他业务成本"科目，贷记"周转材料"科目。同时，需要核算取得的收入。

④ 对于金额较大的周转材料，也可以采用分次摊销法：领用时应按照其成本，借记"周转材料（在用）"科目，贷记"周转材料（在库）"科目；按照使用次数摊销时，应按照其摊销金额，借记"生产成本""管理费用""工程施工"等科目，贷记"周转材料（摊销）"科目；周转材料报废时，应按未摊销金额，贷记"周转材料（摊销）"科目，按受益对象借记"制造费用"等科目。同时，按全部应摊销金额借记"周转材料（摊销）"科目，贷记"周转材料（在用）"科目。在实际工作中，采用分次摊销法，分2次摊销的（五五摊销法）比较常见。五五摊销法在周转材料出库时摊销其价值的一半，在报废时摊销另一半。

⑤ 周转材料采用计划成本进行核算的，发出周转材料还应结转应分摊的成本差异。

以下重点介绍各类周转材料发出时的核算。

二、核算低值易耗品

发出低值易耗品时，单位价值较低的低值易耗品宜采用一次摊销法核算，单位价值较高的低值易耗品通常采用五五摊销法核算。

1. 核算发出单位价值较低的低值易耗品

例 4.14　生产部门领用单位价值较低的低值易耗品。

2021 年 1 月 1 日，收到领料单，系生产部门领用某低值易耗品 100 件。经计算确定，该低值易耗品单位成本 70 元，总计 7 000 元。

应编制会计分录如下。

借：制造费用　　　　　　　　　　　　　　　　　　　　　7 000
　　贷：周转材料——低值易耗品　　　　　　　　　　　　　　　　　7 000

2. 核算发出单位价值较高的低值易耗品

例 4.15　核算单位价值较高的低值易耗品。

2021 年 1 月 10 日，收到低值易耗品出库单，生产部门领用某低值易耗品 50 件。该低值易耗品单位成本 1 000 元，总价值 50 000 元。该低值易耗品采用五五摊销法摊销。

2021 年 1 月 10 日入库时，应编制会计分录如下。

借：周转材料——低值易耗品（在用）　　　　　　　　　50 000
　　贷：周转材料——低值易耗品（在库）　　　　　　　　　　　　50 000
借：制造费用　　　　　　　　　　　　　　　　　　　　25 000
　　贷：周转材料——低值易耗品（摊销）　　　　　　　　　　　　25 000

2021 年 5 月 19 日，收到报废通知单，系上述低值易耗品报废。

摊销其余的账面价值，编制会计分录如下。

借：制造费用　　　　　　　　　　　　　　　　　　　　25 000
　　贷：周转材料——低值易耗品（摊销）　　　　　　　　　　　　25 000

转销全部已提摊销额，编制会计分录如下。

借：周转材料——低值易耗品（摊销）　　　　　　　　　50 000
　　贷：周转材料——低值易耗品（在用）　　　　　　　　　　　　50 000

课堂讨论

报废的低值易耗品若有残料入库，该如何进行账务处理？

三、包装物的核算

（一）生产产品领用用于包装产品并形成产品组成部分的包装物

例 4.16　生产部门领用包装物。

2021年1月3日，收到领料单，系生产产品领用包装物，成本100 000元。
应编制会计分录如下。

借：生产成本——×产品   100 000
　　贷：周转材料——包装物   100 000

> **要点提示**
> 用于包装产品并形成产品组成部分的包装物适用一次摊销法。

（二）随同商品出售不单独计价的包装物

例4.17 发出随同产品出售不单独计价的包装物。

2021年1月4日，收到领料单，系销售商品领用不单独计价包装物，成本50 000元。
应编制会计分录如下。

借：销售费用   50 000
　　贷：周转材料——包装物   50 000

（三）随同商品出售且单独计价的包装物

例4.18 发出随同产品出售且单独计价的包装物。

2021年1月8日，收到销售出库单、销售发票和有关结算单据。单据表明，企业发出随同产品销售单独计价包装物成本为80 000元、销售收入为100 000元、增值税税额为13 000元。款项已存入银行。

应编制会计分录如下。

借：银行存款   113 000
　　贷：其他业务收入   100 000
　　　　应交税费——应交增值税（销项税额）   13 000

月末根据包装物发出汇总表等，结转所售单独计价包装物的成本。
应编制会计分录如下。

借：其他业务成本   80 000
　　贷：周转材料——包装物   80 000

（四）出租出借包装物

小企业出租或出借周转材料，通常比较零星，不需要结转其成本，但应当进行备查登记。

小企业出租包装物，需要对收取押金、租金，逾期没收押金等进行会计处理。

例4.19 核算包装物出库和出租。

2021年1月9日，收到包装物出库单，系向客户出租一批全新的包装箱。租金按次计算，每次100元，归还包装物时从押金中扣除。收到客户支付包装物押金的转账支票，押金 1 000 元。包装箱账面价值 800 元。

应做如下会计处理。

新包装物出库时,不需要结转成本。

收取押金时,编制会计分录如下。

借:银行存款　　　　　　　　　　　　　　　　　　　　1 000
　　贷:其他应付款——××客户　　　　　　　　　　　　　1 000

2021 年 1 月 22 日,收回上述包装物。开出增值税专用发票,发票金额为 88.50 元,增值税税额为 11.50 元。退回多余押金。

应编制会计分录如下。

借:其他应付款——××客户　　　　　　　　　　　　　　1 000
　　贷:银行存款　　　　　　　　　　　　　　　　　　　　900
　　　　营业外收入　　　　　　　　　　　　　　　　　　 88.50
　　　　应交税费——应交增值税(销项税额)　　　　　　　11.50

按税法相关解释,销售商品时收取出租包装物的租金,应作为增值税条例规定的价外费用计入销售额征收增值税;其他收取的出租包装物的租金属于有形动产租赁业务,应按有形动产租赁业务征收增值税,有形动产租赁业务的增值税税率为 13%。

例 4.20　会计人员收到经过批复的情况说明,一批出租包装物已经逾期 1 年未收回,公司决定没收该批包装物的押金。该批包装物出库成本 1 400 元,原收取押金 1 500 元。

增值税相关法规规定,出租包装物的押金逾期的(时间超过 1 年的),应当征收增值税。按下列公式计算销项税额。

$$不含税押金收入=\frac{含税押金收入}{1+增值税税率或征收率}$$

$$应纳增值税=不含税押金收入×增值税税率或征收率$$

应编制会计分录如下。

借:其他应付款——××客户　　　　　　　　　　　　　　1 500
　　贷:营业外收入　　　　　　　　　　　　　　　　　　1 327.43
　　　　应交税费——应交增值税(销项税额)　　　　　　172.57

结转未收回包装物成本:

借:营业外支出　　　　　　　　　　　　　　　　　　　　1 400
　　贷:周转材料——××包装物　　　　　　　　　　　　　1 400

课堂讨论

根据你的学习心得,会计应如何对出借包装物进行处理?

关键练习

极地公司的周转材料按实际成本核算。2021年1月,发生的经济业务如下。

(1) 3日,会计人员收到发票、低值易耗品入库单和转账支票存根各一张。单据表明,公司用银行存款购进甲低值易耗品,价款为3 000元,增值税进项税额为390元。款项已支付。甲低值易耗品使用五五摊销法核算。

(2) 8日,会计人员收到领料单,系生产部门领用乙包装物包装产品。包装完成后,包装物成为产品的固定组成部分。本次领用包装物成本为2 000元。

(3) 10日,会计人员收到销售出库单,系销售部门领用随同产品出售但不单独计价的乙包装物。该批出库包装物成本为8 200元。

(4) 15日,会计人员收到销售出库单、发票及转账支票。单据表明,为销售产品领用单独计价的乙包装物,实际成本为4 000元,售价为5 000元,增值税税额为650元。

(5) 20日,会计人员收到出库单,系公司向大方公司出借乙包装物一批。包装物的实际成本为2 100元。

(6) 30日,会计人员收到销售部门转来的甲低值易耗品报废单。该批甲低值易耗品原出库成本为1 500元。报废的低值易耗品无残料入库。

要求:请根据以上经济业务,编制相应的会计分录。

拓展阅读

固定资产和周转材料的区别

固定资产和周转材料最大的区别是使用年限:周转材料是一个会计年度内能收回全部投资的资产;固定资产是多个会计年度逐步收回其全部投资的资产,如机器设备、建筑物、运输设备等。固定资产与周转材料另一个重要的区别是,其使用寿命期内在合理的维护和使用条件下能较好地保证其完好性,而周转材料则往往不能,如一些易碎、易耗品等。由于不能保证其完好性,因此使用年限无法得到有效保证,如玻璃器皿,即使价值再高,也不能作为固定资产,因为随时存在被打破的风险。

任务五　核算委托加工物资

任务目标

主任务节点	子任务节点	期望的学习结果	达成情况自评
"委托加工物资"科目	核算内容	描述、辨别	
	明细账设置方法	说明、运用	

模块四 核算存货

（续表）

主任务节点	子任务节点	期望的学习结果	达成情况自评
委托加工物资核算	拨付材料成本结转核算	说明、运用、示例	
	支付加工费、运费等成本结转核算	说明、运用、示例	
	消费税核算	说明、运用、示例	
	委托加工物资收回、剩余物资收回核算	说明、运用、示例	

业务认知

在企业的现实生产经营活动中，受到资金、工艺等条件的限制，或者出于节约成本等考虑，企业常会将所需要物资委托给外单位进行加工。委托给外单位加工后取得的物资简称委托加工物资。委托加工物资一般包括委托加工材料、委托加工半成品、委托加工商品等。

委托加工物资的业务过程一般为：委托加工企业根据与受托企业签订的加工合同发出材料；受托加工单位加工完成，将委托加工品交付委托单位并开具发票，委托加工企业按发票向受托加工企业支付加工费用；委托加工单位收回委托加工品，办理验收入库手续。

业务核算

会计科目　"委托加工物资"科目核算企业委托外单位加工的各种物资的实际成本。

账簿设置　"委托加工物资"科目应按加工合同、受托加工单位及加工物资的品种等设置明细账，进行明细核算。

基本账务处理　"委托加工物资"科目的借方登记拨付加工物资的实际成本、支付的加工费、相关税金及往返的运杂费等，贷方登记验收入库委托加工物资的实际成本；期末借方余额表示尚未收回委托加工物资的实际成本。

根据委托加工业务的过程，委托加工物资应按以下步骤核算。

步骤 1　拨付委托加工材料。企业根据拨付给受托方的物资的实际成本，借记"委托加工物资"科目，贷记"原材料""库存商品"等科目。

步骤 2　支付委托加工发生的加工费及增值税、运费。根据委托方开具的增值税专用发票所列加工费和增值税税额，借记"委托加工物资""应交税费——应交增值税（进项税额）"科目，贷记"银行存款""其他货币资金"等科目。支付运费的，按进项税额，借记"应交税费——应交增值税（进项税额）"科目，按运费金额，借记"委托加工物资"科目；按运费价税合计，贷记"银行存款""应付账款"等科目。

步骤 3　支付消费税。如果委托加工物资属于消费税应税项目，则应交消费税应由受托方代扣代缴。应交消费税需要区分委托加工物资收回后用于销售还是继续进行加工 2 种情况分别进行处理。

委托加工收回后用于销售的，由受托方代扣代缴的消费税计入委托加工物资的实际成本，该委托加工物资销售时不再计算缴纳消费税。

委托加工收回后还需要进行继续加工的，由受托方代收代缴的消费税先记入"应交税费——应交消费税"科目的借方，留待抵扣未来销售最终消费品应缴纳的消费税。

步骤4　委托加工物资及剩余物资收回。委托加工物资收回，应按委托加工物资实际成本，借记"原材料""库存商品"等科目，贷记"委托加工物资"科目；剩余物资收回，按剩余物资实际成本借记"原材料""低值易耗品""包装物"等科目，贷记"委托加工物资"科目。

例 4.21 委托加工物资的核算。

极地公司委托 A 公司加工丁材料一批。该业务发生如下事项：拨付原材料实际成本 80 000 元；受托方开具增值税专用发票，票据列示加工费为 10 000 元、增值税税额为 1 300 元；货运公司开来增值税专用发票，发票记载发生委托加工物资运费为 1 000 元、增值税税额为 90 元；委托加工物资已经验收入库。上述款项开出支票支付。

按步骤进行如下会计处理。

步骤1　拨付原材料时，编制会计分录如下。

借：委托加工物资——A公司（丁材料）　　　　　　　80 000
　　贷：原材料　　　　　　　　　　　　　　　　　　　　　80 000

步骤2　支付加工费及税金时，编制会计分录如下。

借：委托加工物资——A公司（丁材料）　　　　　　　10 000
　　应交税费——应交增值税（进项税额）　　　　　　 1 300
　　贷：银行存款　　　　　　　　　　　　　　　　　　　　11 300

步骤3　支付运费时，编制会计分录如下。

借：委托加工物资——A公司（丁材料）　　　　　　　 1 000
　　应交税费——应交增值税（进项税额）　　　　　　　 90
　　贷：银行存款　　　　　　　　　　　　　　　　　　　　 1 090

步骤4　委托加工物资收回验收入库时：

委托加工物资实际成本=80 000+10 000+1 000=91 000（元）

应编制会计分录如下。

借：库存商品　　　　　　　　　　　　　　　　　　　91 000
　　贷：委托加工物资——A公司（丁材料）　　　　　　　　91 000

■ **关键练习**

2021年1月，极地公司委托精准公司加工丁商品一批 100 000 件。有关经济业务如下。

（1）1月20日，收到材料出库单。公司发出材料一批，实际成本为 6 000 000 元。

（2）2月20日，收到增值税专用发票、付款结算凭证。支付商品加工费 120 000 元、增值税税额 15 600 元。

（3）3月4日，收到增值税专用发票、支票存根。用银行存款支付往返运杂费 10 000 元、增值税税额 900 元。

（4）3月5日，收到验收入库单。上述商品 100 000 件加工完毕，公司已办理验收入库手续。

要求：根据以上经济业务编制会计分录。

> **拓展阅读**

委托加工物资中有关消费税的核算

委托加工应税消费品是指委托外单位加工应纳消费税的产品。委托加工应税消费品的核算示例如下。

承例4.21，如果加工的材料属于应税消费品，则在支付加工费用时，同时向加工方支付其代扣代缴的消费税1 000元。

如果企业收回委托加工材料后直接用于销售，则应编制会计分录如下。

借：委托加工物资　　　　　　　　　　　　　　　　　　　　1 000
　　贷：银行存款　　　　　　　　　　　　　　　　　　　　　　1 000

如果委托加工物资收回后，用于进一步生产，则应编制会计分录如下。

借：应交税费——应交消费税　　　　　　　　　　　　　　　1 000
　　贷：银行存款　　　　　　　　　　　　　　　　　　　　　　1 000

任务六　存货清查及其核算

任务目标

主任务节点	子任务节点	期望的学习结果	达成情况自评
"待处理财产损溢"科目	核算内容	描述、辨别	
	明细账设置方法	说明、运用	
盘点业务	存货盘点程序和方法	描述、运用	
	盘点表格编制	编制	
盘点核算	盘点结果核算规则	说明、运用、示例	
	增值税相关处理	说明、运用	

业务认知

存货是企业资产的重要组成部分，具有较强的流动性，存货总是处于不断销售、耗用和重置之中。为了加强对存货的控制、保证存货的安全完整，企业应当定期或不定期地对存货进行盘点，以确定存货的实有数量，并与账面记录进行核对，确保存货账实相符。

企业至少应当在编制年度财务会计报告之前，对存货进行一次全面的清查盘点。

① 存货清查可以按清查的范围不同分为全面清查和局部清查2种。全面清查是指对本单位所有的存货进行清查、盘点和核对。这种清查一般在每年年终进行，一年至少一次。当企业出现关闭、停业、合并、破产清算时，也需要进行全面清查。局部清查是指对本企

业一部分存货进行清查。

② 存货清查还可以按清查的时间不同分为定期清查和不定期清查2种：定期清查是在规定的时间内按期对存货进行清查，如年终、季末、月末进行的清查；不定期清查是事前不规定清查日期而临时进行的存货清查，主要是在更换保管人、价格调整、发生事故、临时性清产核资等情况下进行。

存货清查采用实地盘点、账实核对的方法。盘点的步骤如下。

步骤1　在进行清查盘点前，会计人员应将已收到的存货收发凭证全部登记入账。

步骤2　准备盘点表（见图4.13），抄列各种存货的编号、品名、规格、账面结存数量和存放地点。

盘点表

存货类别：　　　　　盘点时间 2020 年 12 月 30 日　　　盘存地点：　　　金额单位：元

| 编号 | 品名 | 规格 | 计量单位 | 数量 | | 盘盈 | 盘亏 | 备注 |
				账存	实存			
	B材料		千克	2680	2600		80	
	S材料		千克	1800	1850	50		
	D材料		件	3250	3250			

盘点人：吴天　　　　　　　　　　　　　　　　　　　　　　　保管员：常浩

图 4.13

步骤3　盘点。在盘点表上逐一登记各种存货的实存数量，并与账面结存数量进行核对。

步骤4　对于账实不符的存货，应编制财产清查报告单，于期末前查明原因，并根据企业的管理权限，报经股东大会或董事会，或者经理（厂长）会议或类似机构批准。

步骤5　在期末结账前按盘盈或盘亏数量调整存货账面数量和金额，同时将盘盈或盘亏金额计入当期损益。

业务核算

一、会计科目、账簿设置和基本账务处理

会计科目　"待处理财产损溢"科目核算小企业在清查财产过程中查明的各种财产盘盈、盘亏和毁损的价值。

所采购物资在运输途中发生的尚待查明的损耗也通过本科目核算。

账簿设置 本科目应按照待处理流动资产损溢和待处理非流动资产损溢进行明细核算。

基本账务处理

① 小企业盘盈的各种材料、产成品、商品、现金等，应当按照同类或类似存货的市场价格或评估价值，借记"原材料""库存商品""库存现金"等科目，贷记本科目（待处理流动资产损溢）。待查明原因，报经批准处理后，计入营业外收入。涉及增值税进项税额的，还应进行相应的账务处理。

② 小企业盘亏的各项资产，按照管理权限经批准后处理时，按照残料价值，借记"原材料"等科目，按照可收回的保险赔偿或过失人赔偿，借记"其他应收款"科目；按照本科目余额，贷记本科目（待处理流动资产损溢、待处理非流动资产损溢），按照借贷方差额，借记"营业外支出"科目。涉及增值税的，还需要处理相应的增值税税额。

小企业的财产损溢，应当查明原因，在年末结账前处理完毕。处理后本科目应无余额。

二、存货盘盈的会计处理

例 4.22 存货盘盈。

2020 年 12 月 25 日，根据盘点表编制财产清查报告单（见图 4.14），并报经有关领导批准，进行相关会计处理。

财产清查报告单

2020 年 12 月 25 日　　　　009 号　　　　金额单位：元

类别	财产名称	规格	单位	单价	数量 账存	数量 实存	盘盈 数量	盘盈 金额	盘亏 数量	盘亏 金额	原因及处理意见
	S 材料		千克	70	1800	1850	50	3500			S 材料系计量错误，转销；B 材料损失属非正常损失，由常浩赔偿 500 元，其余转销
	B 材料		千克	50	2680	2600			80	4000	
合　计							50	3500	80	4000	

财务：孙正峰　审批：杨功　主管：严实　保管员：常浩　制单：吴天

图 4.14

根据财产清查报告单，清查中盘盈的存货应当首先调整存货账面价值。编制会计分录如下。

　　借：原材料——S 材料　　　　　　　　　　　　　　　3 500
　　　　贷：待处理财产损溢——待处理流动资产损溢　　　　　　3 500

其次，根据处理意见对清查盘盈损溢进行处理。编制会计分录如下。

　　借：待处理财产损溢——待处理流动资产损溢　　　　　3 500
　　　　贷：营业外收入　　　　　　　　　　　　　　　　　　3 500

三、存货盘亏的会计处理

盘亏存货涉及增值税的,分别按以下情况进行会计处理。

① 属于因管理不善造成的被窃、毁损等非正常损失,已抵扣的增值税进项税额应当转出,计入营业外支出。

② 属于其他原因造成的毁损,已抵扣的增值税进项税额不需要额外处理。

例 4.23 存货盘亏。

承例 4.22,2020 年 12 月 25 日,根据财产清查报告单显示,在存货清查中盘亏一批 B 材料,账面成本为 4 000 元。经查,该批 B 材料系因管理不善导致毁损。公司决定由保管人常浩赔偿 500 元,其余转销。

步骤 1 调整存货账面价值,编制会计分录如下。

借: 待处理财产损溢——待处理流动资产损溢   4 000
　　贷: 原材料——B 材料   4 000

步骤 2 根据处理意见处理盘亏损失,编制会计分录如下。

借: 其他应收款——常浩   500
　　营业外支出——非常损失   3 500
　　贷: 待处理财产损溢——待处理流动资产损溢   4 000

增值税暂行条例规定,非正常损失的购进货物的进项税额,非正常损失的在产品、产成品耗用的购进货物、服务的进项税额不得从销项税额中抵扣。上述非正常损失货物应转出进项税额为:

该批因管理不善损失货物应转出进项税额=4 000×13%=520(元)

应编制会计分录如下。

借: 营业外支出——非常损失   520
　　贷: 应交税费——应交增值税(进项税额转出)   520

如该批货物购进、储存过程中发生了运输、加工修理等业务或服务并支付了费用,损失货物对应部分已抵扣进项税额也应一并计算扣除。

关键练习

极地公司 2020 年 12 月 30 日进行年终存货清查。根据盘点表,会计人员编制了财产清查报告单并已经报有关领导批示了处理意见。

(1) C 材料溢余,同类材料的市场价值为 1 000 元。经查,该材料溢余属于材料收发计量方面的错误,批准转销。

(2) D 种材料盘亏,实际成本 200 元。经查,D 种材料盘亏系定额内损耗,批准转销。

(3) E 种材料因管理不善导致的火灾毁损,实际成本为 5 000 元,增值税进项税额 650 元。应收保险赔偿 3 000 元,其余批准转销。

要求:根据处理意见进行相关核算处理。

模块四 核算存货

▶ **拓展阅读**

存货盘点的准备工作

1. 存货盘点组织

盘点前,企业财务部门应制订详细的存货盘点计划,内容应包括盘点时间、盘点分组、盘点人员分配、盘点程序、特殊存货的盘点方法、是否聘请专家进行盘点等。绘制仓库存货分布图,并规划盘点范围、路线等。

2. 整理存货

盘点前,企业仓储部门应整理存货。整理存货要严格做好以下区分:区分原材料、半成品、产成品;区分不同工序半成品;区分成品与废品;区分本企业产品与其他公司产品。

存货应按品种、类别、规格分类堆放,有序排列,按数码齐,品种之间应有隔离标志;外包装应写清货物名称、规格、数量,便于清点。盘点日前应将所有存货验收入库。

3. 盘点单据准备

首先,要编制连续编号的存货标签或盘点表。盘点表应按存货存放的仓库编号、堆放地点分别准备。

其次,要在盘点表上区分各类存货。对企业代保管和来料加工的材料,以及已办出库手续未提货的存货和委托寄售(存)的商品,在盘点表中分类列示;对委托加工材料、临时寄存他处、异地存放的存货在盘点表上单独列示;对于残次呆滞物品应单独盘点并单独造册;发出商品应于盘点表中单独列示,以便与库存存货进行区分。

4. 工具准备

在各盘点现场,应该准备好各种必要的度量衡器具。度量衡器具在事前应得到校正,以保证盘点计量的正确性。

5. 账册准备

各部门相关的各项财务账册,应于盘点前登记完毕并结账。如果因特殊情况无法完成,则应由财务部门根据有关尚未入账的单据将账面数调整为正确的账面结存数。

▶ **模块法规依据**

1.《小企业会计准则》(2011 年 10 月 18 日财政部财会〔2011〕17 号印发,自 2013 年 1 月 1 日起施行)

2.《企业会计准则第 1 号——存货》(2006 年 2 月 15 日财政部发布,自 2007 年 1 月 1 日起在上市公司范围内施行)

3.《中华人民共和国增值税暂行条例》(根据 2017 年 11 月 19 日《国务院关于废止〈中华人民共和国营业税暂行条例〉和修改〈中华人民共和国增值税暂行条例〉的决定》第二次修订)

4.《中华人民共和国企业所得税法》(中华人民共和国第十届全国人民代表大会第五次会议于 2007 年 3 月 16 日通过,自 2008 年 1 月 1 日起施行)

模块五
核算固定资产

工作导入

固定资产是指同时具有以下特征的有形资产。
① 为生产产品、提供劳务、出租或经营管理而持有。
② 使用寿命超过一个会计年度。
从固定资产的定义看，固定资产具有以下3个特征。
① 固定资产是有形资产。固定资产具有实物特征，这一特征将固定资产与无形资产区别开来。有些无形资产可能同时符合固定资产的其他特征，但是因为没有实物形态，所以不属于固定资产。
② 固定资产是为生产产品、提供劳务、出租或经营管理而持有的。企业持有的固定资产是企业的生产工具或手段，而不是用于出售的产品。
③ 固定资产的使用寿命超过一个会计年度，即固定资产是非流动资产，其价值将随着使用和磨损逐步转移到受益对象中去。
固定资产的使用寿命是指企业使用固定资产的预计期间，或者该固定资产所能生产产品或提供劳务的数量。例如，自用房屋建筑物的使用寿命表现为企业对该建筑物预计使用年限；对于某些机器设备或运输设备，如汽车、飞机等，其使用寿命表现为该固定资产所能生产产品或提供劳务的数量。
从固定资产使用的生命周期来看，固定资产要经历3个阶段：取得、使用和退出。固定资产的取得来源主要有外购、建造和融资租入等；固定资产使用阶段的主要活动有修理维护、更新改造、使用部门调度等；固定资产的退出形式主要有报废、毁损、盘亏、出售等。
对应固定资产生命周期的各个阶段，会计人员要做出相应的核算。在取得阶段，会计人员要按形成来源确认固定资产和计量固定资产初始成本；在使用阶段，会计人员要核算固定资产修理维护、更新改造等后续支出；在固定资产退出阶段，会计人员要核算固定资产的报废、出售等业务。
固定资产从取得到退出为止的整个使用期限内，一直持续地为使用对象服务，根据权责发生制，固定资产的价值应该在使用期限内分摊。因此，会计人员还要在固定资产的使用过程中采用一定的方法核算其价值分摊。

模块五　核算固定资产

任务一　核算固定资产的取得

任务目标

主任务节点	子任务节点	期望的学习结果	达成情况自评
固定资产定义	定义和特征	说明、辨别、区分、举例	
固定资产生命周期	生命周期及对应的会计处理	说明	
"固定资产""累计折旧""工程物资""在建工程"科目	核算内容	描述、辨别	
	明细账设置方法	说明、运用	
外购固定资产核算	初始成本计量	说明、运用	
	不需要安装购入核算规则	描述、运用、示例	
	需要安装购入核算规则	说明、运用、示例	
自行建造固定资产核算	自行建造初始成本计量	说明、运用	
	自营建造核算规则	说明、运用、示例	
	出包建造核算规则	说明、运用、示例	
投资投入固定资产核算	初始计量和核算规则	说明	
融资租入固定资产核算	初始计量和核算规则	说明	
盘盈固定资产	计量和核算规则	说明	

业务认知

企业取得固定资产的方式多种多样，包括外购、自行建造（含自营建造和出包建造 2 种方式）、投资者投入、融资租入、盘盈、非货币性资产交换、债务重组、企业合并等。

小企业固定资产取得方式相对较少，只包括外购、自行建造、投资者投入、融资租入、盘盈等几种。

固定资产应当按照成本进行计量。

业务核算

一、会计科目和账簿设置

企业在核算固定资产时，一般需要设置"固定资产""累计折旧""工程物资""在建工程"等科目。

1. "固定资产"科目

会计科目　"固定资产"科目用来核算企业固定资产的初始成本。

账簿设置　除按会计科目设置固定资产总账外，固定资产应按类别和每项固定资产进行明细核算。其主要明细账簿如下。

① 固定资产卡片。固定资产卡片是按每项固定资产设置的固定资产明细账。固定资产卡片一般一式两份，分别由固定资产使用部门和财务部门分别保管，如图 5.1 所示。

固定资产账簿体系设置、登记方法

固定资产卡片

第 381 号

类别：生产经营　　　2020 年 12 月 19 日　　　单位：元

编号	Y25556664	名称	一汽解放J7牵引车	新旧程度	全新	财产来源	外购
牌号	京ACU6987	规格	J7	财产原值		保管地点	车队
数量	1	特征		来源时间	2020年12月20日	已使年限	

所属设备

折旧价格	¥544,000.00	折旧年限	10	年折旧额	¥54,400.00	清理残值	¥6,000.00

备注

年度	累计折旧	账面净值	年度	累计折旧	账面净值

说明：卡片背面略。

图 5.1

固定资产使用部门通常还设置固定资产卡片备查登记簿，逐一登记卡片的开设和注销情况，防止固定资产卡片丢失。

② 固定资产登记簿。固定资产登记簿按使用部门和类别设置，核算各部门或各类别固定资产的增减变化和结存情况，为计提折旧提供部门或类别汇总数据依据。固定资产登记簿的常见格式如图 5.2 所示。

固定资产卡片、固定资产登记簿和固定资产总账三者应定期核对，保证满足汇总关系，确保账簿登记的正确性。

③ 固定资产备查簿。有经营租入固定资产的企业应当设置固定资产备查簿，登记企业经营租入固定资产的租入、退还和租金支付情况。

课堂讨论

> 结合会计核算程序，讨论当增加、减少一项固定资产时，应当如何依据会计凭证登记固定资产卡片、登记簿和总账。
>
> 自拟一笔固定资产增加业务，按图 5.1 和图 5.2 所示自绘固定资产卡片与固定资产登记簿，尝试登记固定资产卡片和登记簿，并与同学一起观察、对比登记结果。

固定资产登记簿

使用部门：生产车间

本账页数：___页
本户页数：___页

年 月 日	凭证字号	摘要	机械设备		运输工具		房屋建筑		电子设备		工装卡具	
			原值	折旧	原值	折旧	原值	折旧	原值	折旧	原值	折旧
			百十万千百十元角分	百十万千百十元角分	百十万千百十元角分	百十万千百十元角分	百十万千百十元角分	百十万千百十元角分	百十万千百十元角分	百十万千百十元角分	百十万千百十元角分	百十万千百十元角分

说明：减少用红字登记。

图 5.2

2. "工程物资"科目

会计科目　"工程物资"科目核算企业为在建工程准备的各种物资的价值,包括工程用材料、尚未安装的设备及为施工准备的工器具等。

账簿设置　"工程物资"科目应当按照"专用材料""专用设备""工器具"等设置明细账,进行明细核算。

3. "在建工程"科目

会计科目　"在建工程"科目核算小企业需要安装的固定资产、固定资产新建工程、改扩建等所发生的成本。

小企业购入不需要安装的固定资产,在"固定资产"科目核算,不在本科目核算。

小企业已提足折旧的固定资产的改建支出和经营租入固定资产的改建支出,在"长期待摊费用"科目核算,不在本科目核算。

账簿设置　企业应按照在建工程项目设置明细账,进行明细核算。

二、外购固定资产

外购固定资产的初始成本包括购买价款、相关税费、运输费、装卸费、保险费、安装费等。

以一笔款项购入多项没有单独标价的固定资产,应当按照各项固定资产或者类似资产的市场价格或评估价值比例对总成本进行分配,分别确定各项固定资产的成本。

购入计算机所附带的软件,如果单独计价且金额大,则应当作为无形资产入账,否则作为固定资产核算。

外购固定资产需要区分为不需要安装固定资产和需要安装固定资产2类进行核算。

(一)不需要安装固定资产

企业购入的不需要安装可以直接交付使用的固定资产,应按计入成本的金额借记"固定资产"科目,贷记"银行存款""其他应付款""应付票据"等科目。

例 5.1　核算取得不需要安装的固定资产。

2021年6月8日,极地公司购买了一台不需要安装的设备,设备已经交付有关部门使用。

资产管理部门转来采购固定资产增值税专用发票、运费增值税专用发票和固定资产交付使用单据(见图5.3)各一张。凭证表明:公司购进 LTUS 设备一台,价款 200 000 元,增值税税额 26 000 元;运输费 10 000 元,相应增值税税额 900 元。出纳员同时交来全额支付该固定资产价税款和运输费价税款的汇款凭证回单。

固定资产验收单

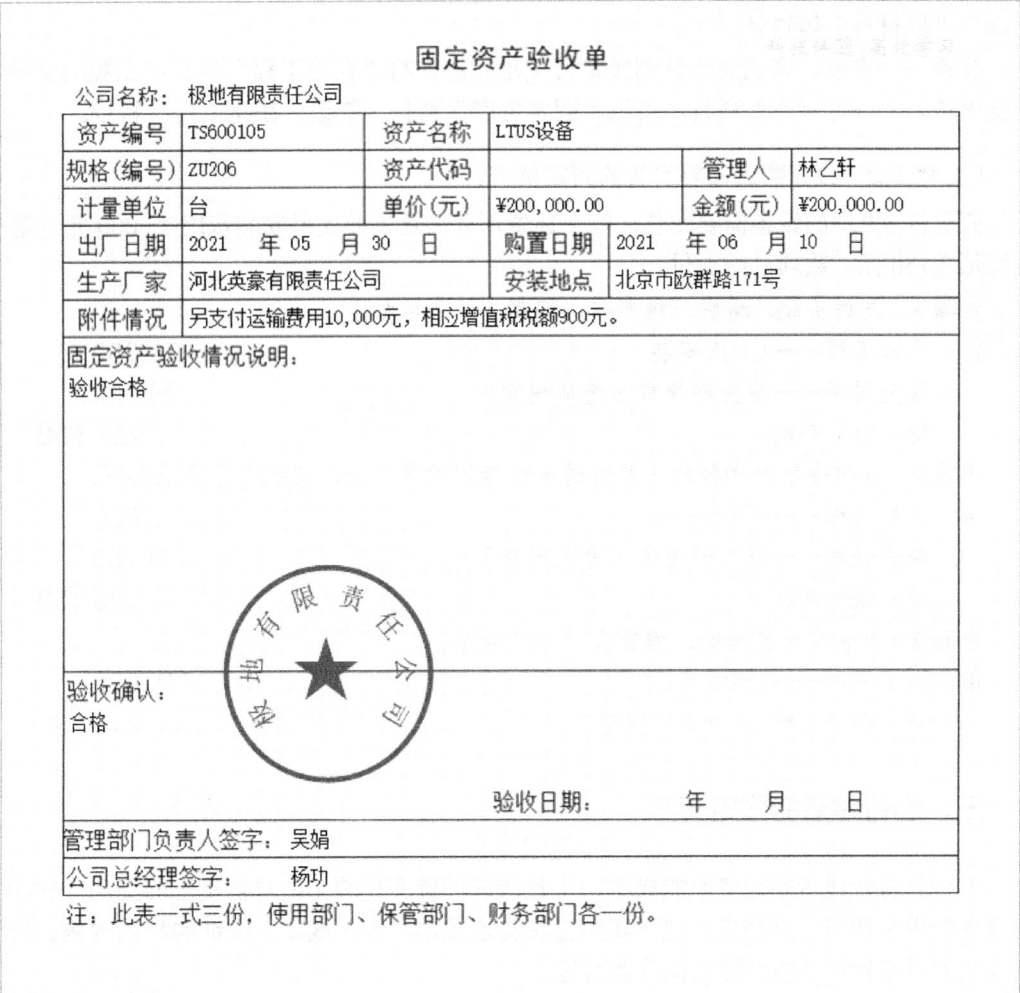

公司名称：	极地有限责任公司					
资产编号	TS600105	资产名称	LTUS设备			
规格（编号）	ZU206	资产代码		管理人	林乙轩	
计量单位	台	单价（元）	¥200,000.00	金额（元）	¥200,000.00	
出厂日期	2021 年 05 月 30 日		购置日期	2021 年 06 月 10 日		
生产厂家	河北英豪有限责任公司		安装地点	北京市欧群路171号		
附件情况	另支付运输费用10,000元，相应增值税税额900元。					
固定资产验收情况说明： 验收合格						
验收确认： 合格						
			验收日期：	年 月 日		
管理部门负责人签字： 吴娟						
公司总经理签字： 杨功						
注：此表一式三份，使用部门、保管部门、财务部门各一份。						

图 5.3

从取得的原始单据可以看出，采购的固定资产不需要安装，已直接交付使用部门使用，会计人员应编制会计分录如下。

  借：固定资产——LTUS   210 000
    应交税费——应交增值税（进项税额）   26 900
    贷：银行存款   236 900

（二）需要安装固定资产

当企业购入的固定资产需要安装调试后才能达到预定可使用状态时，企业应通过以下步骤核算。

步骤 1 支付的价款、运费、税费等相关费用，借记"在建工程"科目，贷记"银行存款"等科目。

步骤 2　安装、调试等安装过程中发生的费用，借记"在建工程"科目，贷记"银行存款""原材料"等科目。

步骤 3　安装、调试完毕达到预定可使用状态，将"在建工程"科目中归集的全部实际支出转入"固定资产"科目，借记"固定资产"科目，贷记"在建工程"科目。

例 5.2　核算购进需要安装的固定资产。

假定例 5.1 中的设备需要安装，除上述费用外，还需要支付安装费用 35 000 元、增值税税额 3 150 元。款项已经支付。

步骤 1　支付价款、运费、税费时，编制会计分录如下。

借：在建工程——LTUS 安装　　　　　　　　　　　　　210 000
　　应交税费——应交增值税（进项税额）　　　　　　　 26 900
　　贷：银行存款　　　　　　　　　　　　　　　　　　　　　236 900

步骤 2　支付安装费和税款（取得增值税专用发票）时，编制会计分录如下。

借：在建工程——LTUS 安装　　　　　　　　　　　　　 35 000
　　应交税费——应交增值税（进项税额）　　　　　　　　3 150
　　贷：银行存款　　　　　　　　　　　　　　　　　　　　　 38 150

步骤 3　安装交付使用时，编制会计分录如下。

借：固定资产——LTUS　　　　　　　　　　　　　　　245 000
　　贷：在建工程——LTUS 安装　　　　　　　　　　　　　　245 000

三、自行建造的固定资产

小企业自行建造固定资产的成本，由建造该项资产在竣工决算前发生的支出（含相关的借款费用）构成。这些支出包括耗用工程物资成本、人工成本、缴纳的相关税费、应予资本化的借款费用及应分摊的间接费用等。

小企业在建工程在试运转过程中形成的产品、副产品或试车收入冲减在建工程成本。

企业自行建造固定资产包括自营建造和出包建造 2 种方式。无论采取何种方式，所建固定资产都应当单独核算。

（一）自营方式建造固定资产

企业以自营方式建造固定资产，意味着企业自行组织工程物资采购、自行组织施工人员和工程施工。企业以自营方式建造固定资产时，其成本应当按照直接材料、直接人工、直接机械施工费等计量。

企业自营工程主要通过"工程物资"和"在建工程"科目进行核算。

1. 购入工程物资

企业购入为工程准备的物资，购进时按购进工程物资的采购成本借记"工程物资"科目，按进项税额借记"应交税费——应交增值税（进项税额）"科目，贷记相关科目。

2. 领用工程物资

领用工程物资时，应按工程物资的实际成本，借记"在建工程"科目，贷记"工程物资"科目。

3. 领用原材料

在建工程领用原材料，应按原材料的实际成本，借记"在建工程"科目，贷记"原材料"科目。

4. 领用商品

在建工程领用商品，按库存商品成本应借记"在建工程"科目，贷记"库存商品"科目。

5. 工程人员职工薪酬

基建工程应负担的职工薪酬，借记"在建工程"科目，贷记"应付职工薪酬"等科目。

6. 相关税费

基建工程发生的工程管理费、征地费、可行性研究费、临时设施费、公证费、监理费及相关税金等税费，借记"在建工程"科目，贷记"银行存款""应交税费"等科目。

7. 工程竣工结算后剩余的工程物资

工程完工后，剩余的工程物资转为企业存货的情况，按实际成本进行结转。

8. 工程竣工结转在建工程成本

企业应当计算固定资产的成本，借记"固定资产"科目，贷记"在建工程"科目。

另外应当注意：

① 在建工程在竣工决算前发生的借款利息，在应付利息日应当根据借款合同利率计算确定的利息费用，借记本科目，贷记"应付利息"科目。办理竣工决算后发生的利息费用，在应付利息日，借记"财务费用"科目，贷记"应付利息"等科目。

② 在建工程在试运转过程中发生的支出，借记"在建工程"科目，贷记"银行存款"等科目；形成的产品或者副产品对外销售或转为库存商品的，借记"银行存款""库存商品"等科目，贷记"在建工程"科目。

例 5.3 核算自营工程。

公司采用自营方式建造一座仓库，有关资料如下（原始单据略）。

（1）2021 年 5 月 8 日，购入专项工程物资一批，价款为 272 500 元，支付的增值税进项税额为 35 425 元。款项用银行存款支付。

（2）6 月 3 日，领用生产用原材料一批，价值为 32 000 元。

（3）5 月 8 日至 6 月 30 日，工程先后领用工程物资 272 500 元。

（4）6 月 30 日，支付某设计院仓库设计费 35 000 元、增值税税额 2 100 元。

（5）6 月 30 日，分配工程人员职工薪酬 65 800 元。

（6）6 月 30 日，完工并交付使用。

该工程专项会计处理如下。

步骤 1　购入工程物资时，编制会计分录如下。

借：工程物资——在建仓库　　　　　　　　　　　　　　　272 500
　　应交税费——应交增值税（进项税额）　　　　　　　　35 425
　　贷：银行存款　　　　　　　　　　　　　　　　　　　　307 925

步骤2　领用原材料时，编制会计分录如下。
借：在建工程——仓库　　　　　　　　　　　　　　　　　32 000
　　贷：原材料　　　　　　　　　　　　　　　　　　　　　32 000

步骤3　工程领用物资时，编制会计分录如下。
借：在建工程——仓库　　　　　　　　　　　　　　　　　272 500
　　贷：工程物资——在建仓库　　　　　　　　　　　　　　272 500

步骤4　支付仓库设计费时，编制会计分录如下。
借：在建工程——仓库　　　　　　　　　　　　　　　　　35 000
　　应交税费——应交增值税（进项税额）　　　　　　　　2 100
　　贷：银行存款　　　　　　　　　　　　　　　　　　　　37 100

步骤5　分配工程人员职工薪酬时，编制会计分录如下。
借：在建工程——仓库　　　　　　　　　　　　　　　　　65 800
　　贷：应付职工薪酬　　　　　　　　　　　　　　　　　　65 800

步骤6　工程完工交付使用时，做如下会计处理。
固定资产的入账价值=32 000+272 500+35 000+65 800=405 300（元）
编制会计分录如下。
借：固定资产——仓库　　　　　　　　　　　　　　　　　405 300
　　贷：在建工程——仓库　　　　　　　　　　　　　　　　405 300

> **特别关注**
>
> 自2019年4月1日起，纳税人取得不动产或不动产在建工程的进项税额不再分2年抵扣。此前按照规定尚未抵扣完毕的待抵扣进项税额，可自2019年4月税款所属期起从销项税额中抵扣。

（二）出包方式建造固定资产

以出包方式建造固定资产是指企业通过招标等方式将工程项目发包给建造承包商，由建造承包商组织固定资产的建筑和安装施工。企业采用出包方式建造的固定资产工程，其工程的具体支出由建造承包商核算。

在出包方式下，"在建工程"科目主要用于企业与建造承包商办理工程价款的结算。企业应按工程进度和合同规定向工程承包商结算工程款。支付工程款时，按工程款金额借记"在建工程"科目，贷记"银行存款""预付账款"等科目；工程竣工时，按承包单位提供的账单，借记"固定资产"科目，贷记"在建工程"科目。

例5.4　核算出包建造工程。

公司于2020年7月开始建设一座厂房，工程出包给北京科达建筑安装公司（简称科达建筑）承建，工程总造价200 000元。

8月10日，按照建造合同中约定，支付工程总造价的30%，即6万元。

12月20日工程竣工，根据承包方开来的增值税专用发票和相关验收文件，工程总价款200 000万元，其中增值税税额16 513.76元。

12月25日，结算付清工程余款（假定不考虑质量保证金等）。

根据工程出包合同和相关原始凭证，财务部门的处理过程如下。

步骤1　8月10日，编制会计分录如下。

借：在建工程——科达建筑　　　　　　　　　　　　　　　60 000
　　贷：银行存款　　　　　　　　　　　　　　　　　　　　　60 000

步骤2　12月20日，根据增值税专用发票、竣工验收单（凭证略）等文件，编制会计分录如下。

借：固定资产——X厂房　　　　　　　　　　　　　　　183 486.24
　　应交税费——应交增值税（进项税额）　　　　　　　　　16 513.76
　　贷：在建工程——科达建筑　　　　　　　　　　　　　　　200 000

步骤3　12月25日结清工程款，编制会计分录如下。

借：在建工程——科达建筑　　　　　　　　　　　　　　　140 000
　　贷：银行存款　　　　　　　　　　　　　　　　　　　　　140 000

四、核算其他方式取得的固定资产

（一）投资者投入的固定资产

小企业接受投资者投入的固定资产，成本应当按照评估价值和相关税费确定。取得时应当按评估的价值和相关税费金额合计借记"固定资产"科目，贷记"实收资本""资本公积"等科目。

（二）融资租入的固定资产

融资租入的固定资产的成本，应当按照租赁合同约定的付款总额和在签订租赁合同过程中发生的相关税费等确定。在租赁期开始日，按照租赁合同约定的付款总额和在签订租赁合同过程中发生的相关税费等，借记"固定资产"或"在建工程"科目，贷记"长期应付款"等科目。

（三）盘盈的固定资产

小企业盘盈的固定资产，按照同类或者类似固定资产市场价格或评估价值，扣除按照新旧程度估计的折旧后的余额，借记"固定资产"科目，贷记"待处理财产损溢——待处理非流动资产损溢"科目。

■ 关键练习

极地公司发生了以下经济业务。

1. 2020年11月10日，资产管理部门交来的票据显示：公司购入不需要安装的设备一台，价款 500 000 元，增值税税额 65 000 元；运费及装卸费 4 000 元，增值税税额 360 元。全部款项均用银行存款支付。该设备已于本月交付生产部门使用。

要求：编制相应的会计分录。

2. 2020 年 5 月 10 日，工程建设部门交来一份合同，该合同显示公司采取招标出包方式建造厂房，工程总造价 1 000 万元，工期 2 年。当年 5 月 20 日开工，6 月 20 日支付工程款的 10%，余款于工程结束验收合格后交付。2020 年 6 月 20 日，财务部门以转账支票支付工程款 100 万元。次年 5 月 19 日，工程建设部门交来增值税专用发票、工程决算单据和固定资产管理部门接收单据。财务部门支付剩余的工程款。

要求：编制相应的会计分录。

▍拓展阅读

固定资产的弃置费用

对于特殊行业的特定固定资产，可能会存在弃置费用。弃置费用通常是指根据国家法律和行政法规、国际公约等规定，企业承担的环境保护和生态恢复等义务所确定的支出。例如，核电站核设施等在弃置时，核电企业必须承担核电站设施拆除和环境恢复支出等。在确定存在弃置费用的固定资产的初始成本时，应将预计的弃置费用计入其中。但应注意的是，一般工商企业的固定资产发生的报废清理费用不属于弃置费用，应当在发生时作为固定资产处置费用处理。

任务二　核算固定资产折旧

任务目标

主任务节点	子任务节点	期望的学习结果	达成情况自评
"累计折旧"科目	核算内容	描述、辨别	
	明细账设置方法	说明、运用	
折旧业务	影响折旧因素	描述、运用	
	折旧范围	描述、运用、辨明	
单项资产折旧的计算方法	《小企业会计准则》关于折旧方法的规定	列举、说明	
	年限平均法规则	计算、示例	
	双倍余额递减法规则	计算	
	年数总和法规则	计算	
月计提折旧的方法	滚动调整法及月折扣额确认	计算、应用、示例	

业务认知

固定资产使用过程中会发生损耗，这些损耗包括有形损耗和无形损耗：有形损耗，如机器设备使用过程中发生的磨损、房屋建筑物发生的自然侵蚀等；无形损耗，如设备因技术进步造成的使用效能相对下降等。固定资产的损耗最终会导致固定资产报废或停止使用。从资金运动角度看，固定资产从逐步损耗直至报废的过程，实际上也是固定资产价值逐步转移到各受益对象上的过程。在固定资产使用期限内，固定资产一直持续地为使用对象服务，根据权责发生制，固定资产的价值应该在使用期限内系统地分摊至服务对象各会计期间的费用中去。在实际操作上，这种分摊是通过计提折旧的方式进行的。累计的折旧额是对固定资产损耗程度的价值描述。

为了能准确地对折旧进行会计处理，会计人员应当了解以下几个问题。

一、影响折旧的主要因素

（一）固定资产原价

固定资产原价是指固定资产的初始计量成本。

（二）预计净残值

预计净残值是指在企业设想的固定资产使用寿命终了状态下，企业预计的该项资产处置所得扣除预计处置费用后的金额。

（三）应计折旧额

应计折旧额是指固定资产原价和预计净残值之间的差额。

（四）固定资产的使用寿命

固定资产的使用寿命是指预计固定资产为企业提供服务的期限，或者固定资产能生产产品或提供劳务的数量。固定资产的使用寿命直接影响各会计期间应计提的折旧额。

固定资产的使用寿命和预计净残值的确定需要报经股东大会或董事会、经理（厂长）等类似机构批准，企业以批准后的使用寿命和净残值作为计提折旧的依据，并按照法律、行政法规等的规定报送税务机关等有关各方备案。企业固定资产的寿命、预计净残值一经确定，不得随意变更。

二、需要计提折旧的固定资产范围

（一）需要计提折旧的固定资产

除下列情况外，企业应对所有的固定资产计提折旧。
① 已提足折旧仍继续使用的固定资产。
② 按照规定单独计价作为固定资产入账的土地。

（二）固定资产计提折旧的起止时间

① 企业一般应当按月计提折旧，当月增加的固定资产，当月不计提折旧，从下月起计提折旧；当月减少的固定资产，当月照提折旧，从下月起不计提折旧。

② 固定资产提足折旧后，不论能否继续使用，均不再计提折旧；提前报废的固定资产，也不再补提折旧。所谓提足折旧，是指已经提足该项固定资产的应计提折旧额。

> **要点提示**
>
> 一项固定资产是否计提折旧需要依据固定资产计提折旧范围进行判断。

三、折旧的计算方法

固定资产取得后，企业应该根据固定资产的性质和使用方式，合理地估计固定资产的使用寿命和预计净残值，选择适当的折旧方法计算各会计期间的折旧额，并将折旧额计入各期相关成本费用中。

常见的折旧方法有年限平均法、工作量法、双倍余额递减法和年数总和法，企业应当根据适用的会计准则或制度选择折旧方法。折旧方法一经确定，企业不得随意变更，如果需要变更，则应当在会计报表附注中予以说明。

《小企业会计准则》规定，小企业应当按照年限平均法计提折旧，小企业的固定资产由于技术进步等原因，确实需要加速折旧的，可采用双倍余额递减法和年数总和法。

（一）年限平均法

年限平均法又称为直线法，是将固定资产的应计折旧总额在其预计使用年限内均衡分摊的一种方法，特点是每期计提的折旧额是相等的。其计算公式为：

$$年折旧率 = \frac{1-预计净残值率}{预计使用寿命（年限）} \times 100\%$$

$$月折旧率 = 年折旧率 \div 12$$

$$月折旧额 = 固定资产原价 \times 月折旧率$$

例 5.5 用年限平均法计算折旧。

公司建成仓库一座，原始价值 428 740 元，预计使用 5 年，预计净残值率为 2%。计算该仓库的折旧率和折旧额。

年折旧率=(1-2%)÷5×100%=19.6%

月折旧率=19.6%÷12=1.63%

月折旧额=428 740×1.63%=6 988.46（元）

年限平均法原理简单，计算简便，因此被广泛采用。其缺点是没有考虑固定资产工作量不均衡和技术进步对资产价值的影响。

（二）双倍余额递减法

双倍余额递减法是在不考虑固定资产预计净残值的情况下，根据每年年初固定资产价值乘以双倍的直线折旧率计算年折旧额的一种方法。因为双倍余额递减法未考虑固定资产净残值，所以在计算固定资产折旧额时，应在折旧年限到期前 2 年内，改用年限平均法计算折旧额。其计算公式为：

$$年折旧率 = \frac{2}{预计使用寿命（年）} \times 100\%$$

年折旧额 = 固定资产账面价值 × 年折旧率

月折旧额 = 年折旧额 ÷ 12

$$最后2年的年折旧额 = \frac{倒数第2年年初固定资产账面价值 - 预计净残值}{2}$$

最后 2 年月折旧额 = 最后 2 年年折旧额 ÷ 12

例 5.6 用双倍余额递减法计算折旧。

公司有一生产线，原始价值 200 000 元，预计使用 5 年，预计净残值率为 5%，使用双倍余额递减法计提折旧计算该生产线的年折旧率与年折旧额。

年折旧率 = 2÷5×100% = 40%

预计净残值 = 200 000×5% = 10 000（元）

第 1 年年初固定资产账面价值 = 200 000（元）

第 1 年固定资产折旧额 = 200 000×40% = 80 000（元）

第 2 年年初固定资产账面价值 = 200 000 - 80 000 = 120 000（元）

第 2 年固定资产折旧额 = 120 000×40% = 48 000（元）

第 3 年年初固定资产账面价值 = 200 000 - 80 000 - 48 000 = 72 000（元）

第 3 年固定资产折旧额 = 72 000×40% = 28 800（元）

第 4 年年初固定资产账面价值 = 200 000 - 80 000 - 48 000 - 28 800 = 43 200（元）

第 4 年年折旧额 = (43 200 - 10 000)÷2 = 16 600（元）

第 5 年年折旧额同第 4 年。每年相关的计算如表 5.1 所示。

表 5.1 双倍余额递减法折旧计算

单位：元

年 度	期初账面价值 ①=上期期末④	折旧率 ②	年折旧额 ③=①×②	期末账面价值 ④=①-③
固定资产原价				200 000
第 1 年折旧额	200 000	40%	80 000	120 000
第 2 年折旧额	120 000	40%	48 000	72 000
第 3 年折旧额	72 000	40%	28 800	43 200

(续表)

年 度	期初账面价值 ①=上期期末④	折旧率 ②	年折旧额 ③=①×②	期末账面价值 ④=①-③
第4年折旧额	43 200		16 600	26 600
第5年折旧额	26 600		16 600	10 000

说明：最后2年改用年限平均法计提折旧。

双倍余额递减法特别适用于由于技术进步等原因固定资产使用价值迅速衰减的电子、光学类设备。

（三）年数总和法

年数总和法是将固定资产的应计提折旧额，乘以逐年递减的折旧率计算折旧额的方法。其计算公式为：

$$预计使用年数总和 = 预计使用年数 \times (预计使用年数 + 1) \div 2$$

$$年折旧率 = \frac{预计使用年限 - 已使用年限}{预计使用年数总和}$$

$$= \frac{尚可使用年限}{预计使用年数总和}$$

$$月折旧率 = \frac{年折旧率}{12}$$

$$月折旧额 = 固定资产应计折旧额 \times 月折旧率$$

例5.7 用年数总和法计算折旧。

依例5.6，采用年数总和法计算折旧额，如表5.2所示。

表5.2 年数总和法折旧计算

单位：元

年 度	应计提折旧额 ①	折旧率 ②	累计折旧额 ③=①×②	账面余额 ④=上期④-③
固定资产原价				200 000.00
第1年折旧额	190 000	5/15	63 333.33	136 666.67
第2年折旧额	190 000	4/15	50 666.67	86 000.00
第3年折旧额	190 000	3/15	38 000.00	48 000.00
第4年折旧额	190 000	2/15	25 333.33	22 666.67
第5年折旧额	190 000	1/15	12 666.67	10 000.00

应计提折旧额=200 000×(1-5%)=190 000（元）

预计使用年数总和=5×(5+1)÷2=15（年）

实务中，固定资产采用上述折旧方法，按年计算折旧额，然后算出平均月折旧额，按每月计提的折旧额入账。

模块五 核算固定资产

业务核算

会计科目 小企业设置"累计折旧"科目核算固定资产折旧。

账簿设置 累计折旧科目可以进行总分类核算,也可以进行明细核算。

需要查明某项固定资产的已计提折旧,可以根据固定资产卡片上所记载的该项固定资产原价、折旧率和实际使用年数等资料进行计算。

基市账务处理

① 小企业按月计提固定资产的折旧额,应当按照固定资产的受益对象,借记"制造费用""管理费用"等科目,贷记"累计折旧"科目。

② 因出售、报废、毁损、对外投资等原因处置固定资产,应当按照该项固定资产账面价值,借记"固定资产清理"科目,按照其已计提的累计折旧,借记"累计折旧"科目,按照其原价,贷记"固定资产"科目;"累计折旧"科目期末贷方余额,反映小企业固定资产的累计折旧额。

③ 企业核算固定资产折旧,除企业设立初期外,多数均采用滚动调整法,即在上月折旧的基础上调整计算本月应计提折旧额。依据固定资产折旧时间范围的规定,当月固定资产应计提折旧额的计算公式为:

当月应计提折旧额=上月计提折旧额+上月投入使用固定资产应计提折旧额-
上月减少固定资产应计提折旧额

例 5.8 计提折旧的账务处理。

12 月 30 日,依据上月折旧数据和上月固定资产增减资料,编制固定资产折旧计算表(见表 5.3),并据此计提折旧。

表 5.3 固定资产折旧计算表

单位:元

使用部门		上月计提折旧额 ①	上月增加固定资产应计提折旧 ②	上月减少固定资产应计提折旧 ③	本月应计提折旧额 ④=①+②-③
生产车间	甲产品专属固定资产	10 000	3 000	1 000	12 000
	乙产品专属固定资产	5 000			5 000
	共用固定资产	2 500	500		3 000
	小 计	17 500	3 500	1 000	20 000
行政管理部门用		5 500	800	300	6 000
出租		2 000			2 000
合 计		25 000	4 300	1 300	28 000

编制会计分录如下。

借:生产成本 —— 甲产品　　　　　　　　　　　　　　12 000
　　生产成本 —— 乙产品　　　　　　　　　　　　　　 5 000

制造费用	3 000
管理费用	6 000
其他业务成本	2 000
贷：累计折旧	28 000

> **要点提示**
>
> 不同用途的固定资产，其折旧计入不同的费用。

■ 关键练习

下面是极地公司近 2 个月计提折旧的相关情况。

本公司上个月计提折旧额 20 000 元。其中：13 000 元计入制造费用；5 000 元计入管理费用；2 000 元计入销售费用。

上个月购置了不需要安装的设备 3 台，均已于上月交付使用，分别是：

① 生产车间用一台，原值 200 000 元，预计使用 5 年，预计净残值率为 5%，采用双倍余额递减法计提折旧。

② 公司办公用一台，原值 50 000 元，预计使用 10 年，预计净残值率为 5%，采用年限平均法计提折旧。

③ 销售部门用一台，原值 20 000 元，预计使用 5 年，期满无残值，采用年数总和法计提折旧。

上月资产管理部门报废设备一台，设备原值 66 000 元，预计净残值率 8%，预计使用 5 年，采用年限平均法计提折旧。

本月出售生产车间用的设备一台，该设备原值 50 000 元，预计净残值率 2%，预计使用 5 年，采用年限平均法计提折旧。

要求：

（1）计算上月和本月各项固定资产的月折旧额。

（2）编制当月的固定资产折旧计算表，并做相应的账务处理。

■ 拓展阅读

关于汽车报废的争吵

极地公司财务部门办公室内，运输部门负责人因财务部门不支持其对 5 年前购入的一台运输汽车的报废更新申请而与财务部门负责人发生争吵。

运输部门负责人认为该车已经不能用于运输和他用，要求更换；财务部门负责人认为，根据财务部门提供的资料显示，该车原值 20 万元，预计使用 10 年，尚可使用 5 年，该车也未发生过事故，因而不同意更新请求。双方争持不下，在运输部门负责人的要求下，双方对该车的情况进行了实地调研。

调研表明，该车使用率极高，每年都跑 10 多万千米，累计运输里程已达 80 多万千米，

模块五　核算固定资产

且运输线路路况不好，车辆磨损严重，维修成本已超出其使用收益，确实需要报废。

经过这次事件，财务部门认识到运输车辆使用工作量法似乎比年限平均法更为合理。但《小企业会计准则》不允许采用工作量法。随后的会计年度，财务部门采用了折中的方法——调减运输车辆的使用寿命，以尽量使资产净值与实际车况相符。

任务三　核算固定资产的后续支出

任务目标

主任务节点	子任务节点	期望的学习结果	达成情况自评
"长期待摊费用"科目	核算内容	描述、辨别	
	明细账设置方法	说明、运用	
后续支出认知	后续支出种类	列举	
	各类后续支出特征	说明、区分	
后续支出核算	固定资产改建确认规则	说明、运用、示例	
	固定资产大修理确认规则	说明、运用、示例	
	日常修理支出确认规则	说明、运用、示例	

业务认知

小企业固定资产投入使用后，会发生改建支出和日常修理支出等后续支出。

① 固定资产改建支出是指改变房屋或建筑物结构，延长其使用年限的建造活动发生的支出。

② 固定资产大修理支出是指固定资产修理时其支出达到取得固定资产时计税基础50%以上，且修理后固定资产的使用寿命延长2年以上的支出。

③ 日常修理支出是指不符合上述2项条件的固定资产修理支出。

业务核算

一、会计科目和账簿设置

会计科目　小企业固定资产后续支出应区分情况分别在"在建工程""制造费用""长期待摊费用"等科目核算。

①"在建工程"科目核算未提足折旧固定资产的改建支出。

②"制造费用"科目核算小企业生产车间（部门）为生产产品和提供劳务而发生的各项间接费用，包括生产车间发生的机物料消耗、固定资产修理、职工薪酬、固定资产折旧、办公费、水电费等费用。小企业经过1年期以上制造才能达到预定可销售状态的产品的借

款费用,也在本科目核算。

③"长期待摊费用"科目核算小企业已提足折旧的固定资产的改建支出、经营租入固定资产的改建支出、固定资产的大修理支出和其他长期待摊费用等。

账簿设置

①"在建工程"科目账簿设置参见本模块任务一相关说明。

②"长期待摊费用"科目应按照支出项目进行明细核算;"制造费用"科目按不同车间(部门)和费用项目进行明细核算。

③ 小企业发生的长期待摊费用,借记"长期待摊费用"科目,贷记"银行存款""原材料"等科目;长期待摊费用采用年限平均法按月摊销,摊销额应当按照长期待摊费用的受益对象,借记"制造费用""管理费用"等科目,贷记"长期待摊费用";"长期待摊费用"科目期末借方余额,反映小企业尚未摊销完毕的长期待摊费用。

二、核算固定资产改建支出

固定资产发生未提足折旧固定资产的改建支出时,企业一般应将固定资产原价、已提折旧转销,转入"在建工程"科目,并同时停止计提折旧。

在改建期间,发生的各项后续支出应借记"在建工程"科目,贷记"工程物资""应付职工薪酬"等科目。

改建完工时,将原转入的固定资产价值和发生的后续支出,一并由"在建工程"科目转入"固定资产"科目,并重新确定固定资产原价、使用寿命和折旧方法,在此基础上计提折旧。

企业发生的一些固定资产改建支出可能涉及替换原固定资产的组成部分的情况,应将替换部分的价值计入固定资产成本,同时将被替换部分的账面价值从在建工程中扣除。

执行《小企业会计准则》的企业已提足折旧的固定资产改建支出,应当在合理估计的未来增加的寿命期内摊销。

例 5.9 核算未提足折旧的固定资产改建支出。

公司对一座仓库进行改建,改建后该仓库将增加冷藏功能。该仓库原值 600 000 元,已计提折旧 480 000 元。改建购入冷藏设备,支付价款 400 000 元、增值税税额 52 000 元;支付建筑安装费 300 000 元、增值税税额 27 000 元;领用库存工程物资成本 120 000 元。仓库改建成功已竣工投入使用。

改建过程各阶段的会计处理如下。

步骤 1 决定改建时,编制会计分录如下。

借:在建工程——某仓库　　　　　　　　　　　　　　120 000
　　累计折旧　　　　　　　　　　　　　　　　　　　480 000
　　　贷:固定资产——某仓库　　　　　　　　　　　　　　600 000

步骤 2 支付设备购入款项时,编制会计分录如下。

借:在建工程——某仓库　　　　　　　　　　　　　　400 000
　　应交税费——应交增值税(进项税额)　　　　　　 52 000
　　　贷:银行存款　　　　　　　　　　　　　　　　　　452 000

步骤3　支付建筑安装费时，编制会计分录如下。

借：在建工程——某仓库　　　　　　　　　　　　　　　　300 000
　　应交税费——应交增值税（进项税额）　　　　　　　　 27 000
　　贷：银行存款　　　　　　　　　　　　　　　　　　　327 000

步骤4　领用工程物资时，编制会计分录如下。

借：在建工程——某仓库　　　　　　　　　　　　　　　　120 000
　　贷：工程物资　　　　　　　　　　　　　　　　　　　120 000

步骤5　竣工时，编制会计分录如下。

借：固定资产——某仓库　　　　　　　　　　　　　　　　940 000
　　贷：在建工程——某仓库　　　　　　　　　　　　　　940 000

例 5.10　核算已提足折旧的固定资产改建支出。

公司对一旧办公楼进行改建，工程外包给某建筑公司。改建的办公楼原值 1 000 000 元，已提足折旧。工程竣工后共向某建筑公司支付工程款 300 000 元，支付增值税税额 27 000 元。改建后的办公楼预计可再使用 5 年。

根据改建性质，该办公楼各阶段的会计处理如下。

步骤1　改建办公楼支付工程款时，编制会计分录如下。

借：长期待摊费用——办公楼改建　　　　　　　　　　　　300 000
　　应交税费——应交增值税（进项税额）　　　　　　　　 27 000
　　贷：银行存款　　　　　　　　　　　　　　　　　　　327 000

步骤2　竣工后每个月摊销改建费用时，编制会计分录如下。

月摊销额=300 000÷5÷12=5 000（元）

借：管理费用　　　　　　　　　　　　　　　　　　　　　　5 000
　　贷：长期待摊费用——办公楼改建　　　　　　　　　　 5 000

三、核算固定资产大修理支出

固定资产大修理支出的实质是对固定资产动产的改良支出，与固定资产改建支出存在共性，两者都能使固定资产延长使用寿命。核算上，小企业的固定资产大修理支出和提足折旧的固定资产改建支出都并入"长期待摊费用"科目，发生支出费用和摊销支出费用均与提足折旧固定资产改建支出类似，故不再赘述。

四、核算固定资产日常修理支出

固定资产的日常修理只是确保固定资产的正常工作，其发生的支出一般不会导致固定资产寿命延长。固定资产的日常修理费，应当在发生时根据固定资产的受益对象计入相关资产成本或当期损益。

例5.12 核算固定资产日常修理支出。

6月30日，根据当月工程物资出库汇总表和工资费用分配表，当月生产设备修理领用工程物资2 000元，修理人员工资9 800元。

会计人员应编制如下会计分录。

借：制造费用　　　　　　　　　　　　　　　　　　　　　　11 800
　　贷：工程物资　　　　　　　　　　　　　　　　　　　　　2 000
　　　　应付职工薪酬　　　　　　　　　　　　　　　　　　　9 800

▍关键练习

极地公司发生了以下经济业务。

（1）5月末，材料出库汇总表显示车间设备日常修理发生材料费1 000元。工资汇总分配表显示，本月为车间日常维修设备支付员工工资800元。

（2）6月份，公司对一栋厂房进行改建。该厂房原值1 500 000元，已计提折旧880 000元。改建过程中支付建筑安装费700 000元、增值税税额63 000元，领用库存工程物资成本560 000元。仓库改建成功已竣工投入使用。

（3）6月份，公司的一条生产线经常发生故障，无法正常使用，公司决定对其进行修理。该生产线原值880 000元，已计提折旧420 000元。维修工程发生技术服务费220 000元、增值税税额13 200元；领用原材料价值100000元；职工工资200 000元。修理完成后该生产线可继续使用5年。

要求：参照本任务内容进行核算。

▍拓展阅读

会计准则中规定的固定资产后续支出资本化条件

《企业会计准则》和《小企业会计准则》对固定资产后续支出核算的规定有明显的区别：《小企业会计准则》对后续支出类型的划分相对简单、硬性，且明确规定各种类型后续支出是计入资产成本还是计入当期损益；《企业会计准则》对后续支出划分采用的是标准匹配模式，通过设定资本化条件，将后续支出划分为资本化支出和费用化支出，区别进行核算。

企业为固定资产发生的支出符合下列条件之一者，应确认为固定资产改良支出。
① 使固定资产的使用年限延长。
② 使固定资产的生产能力提高。
③ 使产品质量提高。
④ 使生产成本降低。
⑤ 使产品品种、性能、规格等发生良好的变化。
⑥ 使企业经营管理环境或条件改善。

任务四　核算处置固定资产

任务目标

主任务节点	子任务节点	期望的学习结果	达成情况自评
"固定资产清理"科目	核算内容	描述、辨别	
	明细账设置方法	说明、运用	
处置种类及终止确认条件	处置种类	列举	
	终止确认条件	说明	
处置固定资产核算	固定资产出售确认规则	说明、运用、示例	
	固定资产非正常损失确认规则	说明、运用、示例	
	固定资产盘亏确认规则	说明、运用、示例	

业务认知

固定资产不再用于生产产品、提供劳务、出租或经营管理，或者预期通过使用或处置不能产生经济利益，不再符合固定资产的定义和确认条件，应予处置，并终止确认。

固定资产处置包括固定资产的出售、报废、毁损、对外投资等。

业务核算

一、会计科目、账簿设置和基本账务处理

会计科目　"固定资产清理"科目核算企业因出售、报废、毁损、对外投资原因处置固定资产所转出的固定资产账面价值及在清理过程中发生的费用等。

账簿设置　"固定资产清理"科目应当按照被清理的固定资产项目进行明细核算。

基本账务处理

① 小企业因出售、报废、毁损、对外投资等原因处置固定资产，应当：按照该项固定资产的账面价值，借记"固定资产清理"科目；按照其已计提的累计折旧，借记"累计折旧"科目；按照其原价，贷记"固定资产"科目。

② 清理过程中应支付的相关税费及其他费用，借记"固定资产清理"科目，贷记"银行存款""应交税费"等科目；取得出售固定资产的价款、残料价值和变价收入等处置收入，借记"银行存款""原材料"等科目，贷记"固定资产清理"科目；应由保险公司或过失人赔偿的损失，借记"其他应收款"等科目，贷记"固定资产清理"科目。

③ 固定资产清理完成后，应结转清理损益：如果"固定资产清理"科目为借方余额，则应结转清理净损失，按借方余额，借记"营业外支出——非流动资产处置净损失"科目，贷记

"固定资产清理"科目；如果"固定资产清理"科目为贷方余额，则应结转清理净收益，按贷方余额，借记"固定资产清理"科目，贷记"营业外收入——非流动资产处置净收益"科目。

"固定资产清理"科目期末借方余额，反映小企业尚未清理完毕的固定资产清理净损失；本科目期末贷方余额，反映小企业尚未清理完毕的固定资产清理净收益。

二、核算出售固定资产

例 5.13　核算出售的固定资产。

会计人员提交固定资产处置申请表（见图 5.4）、固定资产清理损益计算表（见图 5.5）、增值税专用发票和结算凭证，单据表明生产部门出售了一台设备。

固定资产处置申请单

单位名称：	极地有限责任公司		日期：2021年06月10日		
固定资产名称	XD设备	单位	台	型号		数量	1
资产编号	SC6608	停用时间	2021年05月31日	购建时间	2016年11月20日	存放地点	加工车间
已提折旧月数	42	原值	100,000.00	累计折旧	59,000.00		
有效使用年限	5	月折旧额	1,405.00	净值	41,000.00		
处置原因：	出售						
财务部门意见：	同意　孙正峰			公司领导意见：	同意		
编制人：吴天				单位负责人：杨功			

图 5.4

固定资产清理损益计算表

日期	2021年6月10日	资产使用部门	生产车间
资产名称	XD设备	清理原因	出售
清理收入内容	金额	清理支出内容	金额
残料收入：		账面净值：	41,000
出售收入：	40,000	清理费用：	3,000
固定资产清理净损失（收益"-"）；人民币（大写）			
制表：	复核：		会计：

图 5.5

根据有关原始凭证，会计人员对出售固定资产的相关事项处理如下。

步骤 1　转销固定资产的账面价值时，编制会计分录如下。

借：固定资产清理——XD设备　　　　　　　　　　　　　　41 000

累计折旧		59 000
贷：固定资产		100 000

步骤 2　支付清理费用时，编制会计分录如下。

借：固定资产清理——XD设备　　　　　　　　　　　　　　　3 000
　　贷：银行存款　　　　　　　　　　　　　　　　　　　　　3 000

步骤 3　取得出售收入时，编制会计分录如下。

借：银行存款　　　　　　　　　　　　　　　　　　　　　　45 200
　　贷：固定资产清理——XD设备　　　　　　　　　　　　　40 000
　　　　应交税费——应交增值税（销项税额）　　　　　　　　5 200

步骤 4　结转清理净损失时，编制会计分录如下。

借：营业外支出——非流动资产处置损失　　　　　　　　　　4 000
　　贷：固定资产清理——XD设备　　　　　　　　　　　　　4 000

> **提示和思考**
>
> 固定资产报废与出售有所不同，报废一般不取得销售收入，但有可能取得残料变价收入。
>
> 参照出售固定资产的核算，试就固定资产报废自举一例，完成报废固定资产的核算。

三、核算非正常损失固定资产

非正常损失是指因管理不善造成货物被盗、丢失、霉烂变质，以及因违反法律法规造成货物或不动产被依法没收、销毁、拆除的情形。

例 5.14　核算非正常损失固定资产。

会计人员收到相关证明文件，文件显示公司一辆车床由于保管不当丢失。该车床2019年5月购入，原价150 000元，已计提折旧18 000元。根据公司董事会决定，由保管责任人和负有领导责任的相关个人赔偿65 000元，其余计入当期损益。赔偿款未收到。

根据相关凭证做会计处理如下。

步骤 1　转销车床的账面价值时，编制会计分录如下。

借：固定资产清理　　　　　　　　　　　　　　　　　　　132 000
　　累计折旧　　　　　　　　　　　　　　　　　　　　　　18 000
　　　贷：固定资产　　　　　　　　　　　　　　　　　　　150 000

步骤 2　核算赔偿款时，编制会计分录如下。

借：其他应收款——相关责任人　　　　　　　　　　　　　　65 000
　　贷：固定资产清理　　　　　　　　　　　　　　　　　　65 000

步骤 3　结转非正常损失固定资产增值税时，编制会计分录如下。

> **要点提示**
>
> 纳税人已抵扣进项税额的固定资产（动产）发生非正常损失的，应在当月按下列公式计算不得抵扣的进项税额。
>
> 不得抵扣的进项税额=固定资产净值×适用税率
>
> 本处所称固定资产价值，是指纳税人按照财务会计制度计提折旧后计算的固定资产价值。

非正常损失汽车不得抵扣的进项税额=132 000×13%=17 160（元）

借：固定资产清理　　　　　　　　　　　　　　　　　17 160
　　贷：应交税费——应交增值税（进项税额转出）　　　　17 160

步骤 4　结转清理净损失时，编制会计分录如下。

借：营业外支出——非正常损失　　　　　　　　　　　84 160
　　贷：固定资产清理　　　　　　　　　　　　　　　　84 160

四、核算盘亏固定资产

对于规范管理的企业而言，在清查中发现盘亏的固定资产是比较少见的。企业应当健全制度，加强管理，至少于每年年末对固定资产进行清查盘点，以保证固定资产核算的真实性和完整性。如果发现固定资产盘亏，则应及时查明原因，在期末结账前处理完毕。

盘亏的固定资产，应当：按照该项固定资产的账面价值，借记"待处理财产损溢——待处理非流动资产损溢"科目；按照已计提的折旧，借记"累计折旧"科目；按照其原价，贷记"固定资产"科目。经有权限的机关批准后，应当：按可收回的保险赔偿金额和过失人赔偿金额，借记"其他应收款"科目；按应计入损失的金额，借记"营业外支出——盘亏损失"科目，贷记"待处理财产损溢——待处理非流动资产损溢"科目，涉及增值税的应一并进行处理。

例 5.15　核算盘亏的固定资产。

2020 年 12 月，公司清查时发现生产车间短缺一台辅助设备，经查该短缺系由被盗造成的。该设备 2019 年 5 月投入使用。设备原值为 50 000 元，已计提折旧 14 250 元。

公司应编制会计分录如下。

步骤 1　发现设备盘亏时。

借：待处理财产损溢——待处理非流动资产损溢　　　　35 750
　　累计折旧　　　　　　　　　　　　　　　　　　　14 250
　　贷：固定资产　　　　　　　　　　　　　　　　　　50 000

步骤 2　批准后转销时。

借：营业外支出——盘亏损失　　　　　　　　　　　40 397.5
　　贷：待处理财产损溢——待处理非流动资产损溢　　　35 750

应交税费——应交增值税（进项税额转出）　　　　　　　　　4 647.5

▍关键练习

极地公司生产部门所使用的一台机床，因其生产的产品单位成本过高，超过市价，已无使用价值，遂填写一份报废申请单交给资产管理部门。该机床原值 200 000 元，已计提 150 000 元折旧。

经过资产管理部门批准，对该机床进行清理，发生如下业务。
（1）用银行存款支付清理费 2 000 元。
（2）取得该设备变价收入 5 000 元，增值税税额 650 元。
要求：
（1）编写该设备清理全过程的会计分录。
（2）假定该设备不是正常报废，而是发现被盗且无法收回，则如何核算？编制相关会计分录。

▍拓展阅读

固定资产不见了

2020 年年末，极地公司资产管理部门和财务部门联合对生产部门使用的全部设备进行实地盘点，发现一台在财务明细账和资产管理部门台账上都存在的生产设备不见了。该设备于 2016 年年末投入使用，原值 200 000 元，预计使用年限 10 年，预计净残值率 10%。生产部门解释说，因产品结构调整，该设备于 2020 年 6 月 20 日开始不再使用，其他车间也不需要，故生产部门决定将其以 80 000 元价格出售给外地一家公司。该设备已于 2020 年 6 月 28 日运走，因为出售价款尚未收到，所以未将有关票据送交财务部门。

▍模块法规依据

1．《小企业会计准则》（2011 年 10 月 18 日财政部财会〔2011〕17 号印发，自 2013 年 1 月 1 日起施行）

2．《企业会计准则第 1 号——存货》（2006 年 2 月 15 日财政部发布，自 2007 年 1 月 1 日起在上市公司范围内施行）

3．《中华人民共和国增值税暂行条例》（2017 年 10 月 30 日，国务院第 191 次常务会议通过修改案，11 月 19 日中华人民共和国国务院令第 691 号公布）

4．《中华人民共和国增值税暂行条例实施细则》（财政部令第 50 号）

5．《关于深化增值税改革有关政策的公告》（财政部 税务总局 海关总署公告 2019 年第 39 号）第五条

6．《关于全国实施增值税转型改革若干问题的通知》（财税〔2008〕170 号）

7．《关于简并增值税征收率政策的通知》（财税〔2014〕57 号）

8．《财政部 税务总局关于建筑服务等营改增试点政策的通知》（财税〔2017〕58 号）

模块六 核算无形资产及长期待摊费用

工作导入

华为,无论其成败,都将载入史册的名字。华为事件宣示了企业拥有和控制知识资源的重要性!无形资产成为未来企业获取高额利润、保持竞争优势、打败竞争对手的根本因素之一。学会并加强无形资产的管理是未来企业的必备技能。

当企业,尤其是小企业自有资金不足,又需要较大规模不动产时,租入固定资产或对旧有固定资产进行改建、改造是一个聪明的选择。由于权属和已提足折旧等原因,因此上述2类资产在管理上存在一定的特殊性。

任务一 核算无形资产

任务目标

主任务节点	子任务节点	期望的学习结果	达成情况自评
"无形资产""累计摊销""研发支出"科目	核算内容	描述、辨别	
	明细账设置方法	说明、运用	
无形资产认知	无形资产特征	描述、辨明	
	无形资产内容	列举、识别	
	无形资产摊销方法、摊销范围	说明、应用	
无形资产核算	购入无形资产初始计量	说明、应用	
	购入无形资产确认	说明、运用、示例	
	投资者投入无形资产初始计量	说明、应用	
	投资者投入无形资产确认	说明、运用、示例	
	自行研发无形资产资本化条件及研发阶段划分	说明、列举	

模块六　核算无形资产及长期待摊费用

(续表)

主任务节点	子任务节点	期望的学习结果	达成情况自评
无形资产核算	自行研发无形资产初始计量	说明、应用	
	自行研发无形资产分阶段确认	说明、运用、示例	
	无形资产摊销计量和确认	说明、运用、示例	
	无形资产处置种类	列举	
	无形资产处置计量和确认	说明、运用、示例	

业务认知

无形资产是指小企业为生产产品、提供劳务、出租或经营管理持有的没有实物形态的可辨认的非货币性资产。

一、无形资产的特征

(一) 不具有实物形态

无形资产是不具有实物形态的非货币性资产，不像固定资产、存货等有形资产具有实物形体。

(二) 可辨认性

资产满足下列条件之一时，符合无形资产定义中的可辨认性标准。

① 能够从企业中分离或划分出来，并能单独或者与相关合同、资产或负债一起，用于出售、转移、授予许可、租赁或交换。

② 源自合同性权利或其他法定权利，无论这些权利是否可以从企业或其他权利和义务中转移或分离。

商誉无法同企业自身分离，因此不具有可辨认性，不确认为无形资产。

(三) 属于非货币性长期资产

无形资产属于非货币性资产，能够在多个会计期间为企业带来经济利益。无形资产的使用年限在一年以上，其价值应在各个受益期间逐渐摊销。

👆各种无形资产

二、无形资产的内容

无形资产一般包括专利权、商标权、著作权、非专利技术、土地使用权等。

(一) 专利权

专利权是指国家专利主管机关依法授予专利申请人对其发明创造在法定的有效期限内所享有的独占实施权。专利权具有排他性、时间性和地域性。

(二) 商标权

商标是商品的标记。商标权即商标专用权，是指商标主管机关依法授予商标所有人对其注册商标的专用权。商标所有人拥有依法支配其注册商标并禁止他人侵害的权利，包括商标所有人对其注册商标的排他使用权、收益权、处分权等。

（三）著作权

著作权的对象是作品，作品是指文学、艺术和科学领域内具有独创性并能以某种有形形式复制的智力成果。著作权是指著作权人对作品所享有的专有权利，包括作者的人身权（如发表权、署名权等）、财产权（如复制权、发行权、出租权、改编权等）。

（四）非专利技术

非专利技术是指不为外界所知的、在生产经营活动中已采用了的、不享有法律保护的各种技术和经验。例如，独特的设计、造型、配方、计算公式、软件包、制造工艺等工艺诀窍、技术秘密等。非专利技术与专利权一样，能使企业在竞争中处于优势地位，在未来为企业带来经济利益。与专利权不同的是，非专利技术没有在专利主管机关登记注册，依靠保密手段进行垄断。

大多数非专利技术是企业自创的，但也可从企业外部购得。企业从外部购入的非专利技术可予以资本化。

（五）土地使用权

土地使用权是指国家批准某一企业或单位在一定期间内对国有土地所享有的使用权，包括开发权、利用权和经营权。

> **课堂讨论**
>
> 假定你的公司成功地收购了华为公司的手机部门，查查相关资料，估计一下你支付的价款中有多大比例是为其无形资产支付的。

三、无形资产摊销

无形资产长期服务于企业的生产经营，其价值应当在其使用寿命内系统地分摊，根据其受益对象计入相关资产成本或当期损益。

业务核算

一、会计科目和账簿设置

为了核算各种无形资产的取得、摊销和处置等经济业务和会计事项，企业应设置"无形资产""累计摊销""研发支出"等科目。

（一）"无形资产"科目

会计科目　小企业应设置"无形资产"科目核算其持有的无形资产的成本。

账簿设置　企业应当按照无形资产项目设置明细账，进行明细核算。

(二)"累计摊销"科目

会计科目 "累计摊销"科目核算小企业对无形资产计提的累计摊销。
账簿设置 本科目应按无形资产项目设置明细账,进行明细核算。

(三)"研发支出"科目

会计科目 "研发支出"科目核算企业研究与开发无形资产过程中发生的各项支出。
账簿设置 本科目应当按照研究开发项目,分别按"资本化支出"和"费用化支出"设置明细账,进行明细核算。其中:"研发支出——资本化支出"科目登记企业发生的满足资本化条件的无形资产开发支出;"研发支出——费用化支出"科目核算不符合资本化条件的无形资产研究支出。

二、无形资产增加的核算

无形资产应当按照成本进行初始计量。无形资产的取得方式主要有外购、投资者投入、自行开发、非货币性资产交换、债务重组和政府补助等。取得的方式不同,其初始计量内容有所差别。

(一)外购无形资产的核算

外购无形资产的成本包括实际支付的购买价款、相关税费及其他相关支出(含相关的利息费用)。

小企业外购无形资产,应当按照实际支付的购买价款、相关税费和相关的其他支出(含符合资本化条件的利息费用),借记"无形资产",贷记"银行存款""应付利息"等科目。

例 6.1 核算购入无形资产。

收到增值税专用发票(见图 6.1)和相关银行结算凭证(单据略),单据和相关合同表明公司从技术市场购入 QN 专利技术,款项用银行存款支付。

图 6.1

编制会计分录如下。
借：无形资产——QN专利技术　　　　　　　　　　　　　　84 000
　　应交税费——应交增值税（进项税额）　　　　　　　　 5 040
　　贷：银行存款　　　　　　　　　　　　　　　　　　　89 040

（二）核算接受投资者投入无形资产

投资者投入的无形资产的成本应当按照评估价值和相关税费确定。

收到投资者投入的无形资产，应当按照评估价值和相关税费，借记"无形资产"科目，贷记"实收资本""资本公积"科目。

例 6.2　核算接受投资者投入无形资产。

收到评估报告和增值税专用发票等文件和凭证，表明公司接受皖西公司投入的某项非专利技术，该非专利技术评估价值为 60 万元（不含增值税），已办妥相关手续。

编制会计分录如下。
借：无形资产——某非专利技术　　　　　　　　　　　　　600 000
　　应交税费——应交增值税（进项税额）　　　　　　　　 36 000
　　贷：实收资本——皖西公司　　　　　　　　　　　　　636 000

（三）自行开发无形资产的核算

自行开发的无形资产的成本，由符合资本化条件后至达到预定用途前发生的支出（含相关的借款费用）构成。

小企业自行开发无形资产发生的支出，同时满足下列资本化条件的，才能确认为无形资产。

① 完成该项无形资产以使其能够使用或出售在技术上具有可行性。

② 具有完成该无形资产并使用或出售的意图。

③ 能够证明用该无形资产生产的产品存在市场或无形资产自身存在市场。无形资产在内部使用的，应当证明其有用性。

④ 有足够的技术、财务资源和其他资源支持，以完成该无形资产开发并有能力使用或出售该无形资产。

⑤ 归属该无形资产开发阶段的支出能够可靠计量。

以是否满足资本化条件为标志，可以将企业自行研究开发无形资产项目区分为研究阶段和开发阶段 2 个阶段，分别进行核算：研究阶段发生的各项支出应予以费用化，计入当期损益；开发阶段发生的支出，可以资本化，确认为无形资产。

> **要点提示**
>
> 企业内部研究开发项目所发生的支出应区分为研究阶段支出和开发阶段支出。

例 6.3　核算无形资产研究开发支出。

公司从 2021 年 5 月 6 日开始自行研发一项新非专利技术，至 2021 年 7 月 1 日，该无形资产达到了资本化条件，进入开发试制阶段。到 2021 年 9 月 15 日，该项无形资产达到预定可使用状态。2021 年 5 月到 6 月，每月发生各种研发费用 400 000 元、增值税进项税额 33 000 元、工资费用 200 000 元。2021 年 7 月至 9 月，每月发生各项研发支出 200 000 元，支付增值税进项税额 10 600 元、工资费用 1 000 000 元。2021 年 7 月至 9 月发生的支出全部符合资本化条件。

步骤 1　2021 年 5 月、6 月确认当期研发费用时，应编制会计分录如下。

借：研发支出——费用化支出　　　　　　　　　　　　　　600 000
　　应交税费——应交增值税（进项税额）　　　　　　　　 33 000
　　　贷：银行存款　　　　　　　　　　　　　　　　　　433 000
　　　　　应付职工薪酬　　　　　　　　　　　　　　　　200 000

步骤 2　2021 年 5 月和 6 月，每月末结转研发费用时，应编制会计分录如下。

借：管理费用　　　　　　　　　　　　　　　　　　　　　600 000
　　　贷：研发支出——费用化支出　　　　　　　　　　　600 000

步骤 3　2021 年 7 月至 9 月，每月确认当期研发费用时，应编制会计分录如下。

借：研发支出——资本化支出　　　　　　　　　　　　　1 200 000
　　应交税费——应交增值税（进项税额）　　　　　　　　 10 600
　　　贷：银行存款　　　　　　　　　　　　　　　　　　210 600
　　　　　应付职工薪酬　　　　　　　　　　　　　　　1 000 000

步骤 4　2021 年 9 月 15 日，无形资产达到预定可使用状态时，应编制以下会计分录结转无形资产成本。

借：无形资产——××非专利技术　　　　　　　　　　　3 600 000
　　　贷：研发支出——资本化支出　　　　　　　　　　3 600 000

三、无形资产摊销的核算

小企业无形资产应当在其使用寿命内采用年限平均法进行摊销，根据其受益对象计入相关资产成本或当期损益。企业自用的无形资产，摊销金额计入管理费用。但如果某项无形资产专门用于生产某种产品，其所包含的经济利益是通过所生产的产品实现的，则无形资产的摊销金额应当计入产品成本。

无形资产的摊销期自其可供使用时开始至停止使用或出售时止（处置当月不再摊销）。有关法律规定或合同约定了使用年限的，可以按照规定或约定的使用年限分期摊销。小企业不能可靠估计无形资产使用寿命的，摊销期不得低于 10 年。

例 6.4　核算无形资产的摊销。

2020 年 12 月末根据公司无形资产明细账，编制无形资产摊销计算表（见图 6.2）。无形资产明细账显示，公司有 2 项无形资产：一项是 2012 年 3 月开始使用的 T 专利技术，原值 84 000 元，摊销期限 10 年；一项是本月初投入使用的 F 非专利技术，摊销期限 10 年。另有一项非专利技术 Z 于本月报废，原值 90 000 元，摊销期限 8 年。

摊销会计处理如下。

无形资产摊销计算表

2020 年 12 月 31 日　　　　　　　　　　　　　　编号：000062

项目	价值/元		入账时间	摊销期限/月	月摊销额/元
	初始成本	累计摊销额			
T 专利技术	84 000	31 500	2012.03	120	700
F 非专利技术	1 800 000	0	2020.12	120	15 000
Z 非专利技术	90 000	78 000	2013.06	96	0
合　计					15 700

负责人：寒冰　　　　　　　复核：吴天　　　　　　　制表：方倩

图 6.2

编制会计分录如下。

借：管理费用——无形资产摊销　　　　　　　　　　　　　15 700
　　贷：累计摊销　　　　　　　　　　　　　　　　　　　　15 700

四、无形资产处置的核算

无形资产的处置主要是指无形资产的出售、报废、对外投资等。

小企业处置无形资产，处置收入扣除其账面价值、相关税费等后的净额，应当计入营业外收入或营业外支出。

前述所称无形资产的账面价值，是指无形资产的成本扣减累计摊销后的金额。

小企业因出售、报废、对外投资等原因处置无形资产，应当：按照取得的出售无形资产的价款等处置收入，借记"银行存款"等科目；按照其已计提的累计摊销，借记"累计摊销"科目；按照应支付的相关税费及其他费用，贷记"应交税费——应交增值税""银行存款"等科目；按照其成本，贷记"无形资产"科目；按照其差额，贷记"营业外收入——非流动资产处置净收益"科目或借记"营业外支出——非流动资产处置净损失"科目。

（一）无形资产的出售

企业将无形资产出售，即放弃对无形资产的所有权。

例 6.5　核算出售无形资产。

公司将所拥有的某专利权出售给华非技术公司，出售价款为 800 000 元，增值税税额为 48 000 元，价款已收存银行。为出售该专利权，用银行存款支付有关费用 2 000 元。该项专利权的账面价值为 900 000 元，已摊销 300 000 元。（各项原始单据略）

应编制会计分录如下。

借：银行存款　　　　　　　　　　　　　　　　　　　　800 000
　　累计摊销　　　　　　　　　　　　　　　　　　　　300 000
　　贷：无形资产——某专利权　　　　　　　　　　　　　900 000
　　　　银行存款　　　　　　　　　　　　　　　　　　　　2 000
　　　　应交税费——应交增值税（销项税额）　　　　　　48 000
　　　　营业外收入——非流动资产处置净收益　　　　　　150 000

（二）无形资产的出租

无形资产出租是指企业将其拥有的无形资产的使用权让渡给他人，企业仍保留对该项无形资产的所有权并收取租金的行为。出租无形资产，应在约定的租金收款日确认相关的收入及成本。

出租无形资产时，应当：按确认的租金收入和相关增值税，借记"银行存款""应收账款"等科目，贷记"其他业务收入""应交税费——应交增值税（销项税额）"科目；按出租无形资产的摊销额和发生的相关费用，借记"其他业务成本"科目，贷记"累计摊销""银行存款"等科目。

> **要点提示**
> 出租的无形资产的摊销额应记入"其他业务成本"科目。

例 6.6 核算出租无形资产。

公司将自行开发完成的非专利技术出租给长江公司，该项非专利技术成本为 1 800 000 元，月摊销额为 15 000 元。双方约定的租赁期限为 10 年，每月租金 40 000 元（不含增值税）。（单据略）

步骤1 合同约定的每月收取租金日，编制会计分录如下。

借：应收账款	42 400
贷：其他业务收入	40 000
应交税费——应交增值税（销项税额）	2 400

步骤2 每月计提累计摊销时，编制会计分录如下。

借：其他业务成本	15 000
贷：累计摊销	15 000

（三）无形资产的报废

无形资产的报废是指企业的无形资产预期不能为企业带来经济利益，不再符合无形资产的定义，应将其转销。例如，无形资产已经被其他新技术替代、法律保护期已过、产品没有了市场等。

例 6.7 核算报废无形资产。

公司 6 年前购入的一套技术软件经有关专家鉴定已无使用价值，不能再为公司带来经济利益。该软件原值 400 000 元，累计摊销 360 000 元。

编制会计分录如下。

借：累计摊销	360 000
营业外支出——非流动资产处置净损失	40 000
贷：无形资产	400 000

关键练习

极地公司发生了以下经济业务。

1. 2021年6月10日，有关部门交来的发票和结算凭证显示，公司购入了一项商标权，支付价款2 000 000元、增值税税额120 000元，款项已用银行存款支付。该商标权的使用寿命为10年。

要求：进行要求时点的账务处理。

（1）购入时。

（2）按月摊销时。

2. 2021年7月12日收到的增值税专用发票显示公司将拥有的一项非专利技术出售，取得价款9 000 000元、增值税税额540 000元。该项非专利技术账面金额为8 000 000元，累计摊销额为480 000元。款项已经存入银行。

要求：编制相应的会计分录。

拓展阅读

华为的研发投入

2019年1月2日，欧盟委员会正式公布了《2018年欧盟工业研发投资排名》。

在这份榜单里，美国有778家企业上榜，欧盟有577家，日本有339家，中国则有438家企业上榜。

具体来看，榜单TOP5排名中，韩国三星电子以134.37亿欧元研发投入位居第一，之后依次是美国谷歌母公司Alphabet（133.88亿欧元）、德国大众（131.35亿欧元）、美国微软（122.79亿欧元）和中国华为（113.34亿欧元）。

需要注意的是，虽然华为只是名列世界第五，但其是榜单前50名里唯一一家上榜的中国科技公司，也是中国第一！

与此同时，通过这份排行榜中的企业科研投入占比，我们还可以得出一些有趣的结论：华为的科研经费投入占据了企业2018年营业额的14.7%，远高于苹果的5.1%！

这意味着：在技术研发方面，华为要比苹果更舍得花钱！

任务二　核算长期待摊费用

任务目标

主任务节点	子任务节点	期望的学习结果	达成情况自评
"长期待摊费用"科目	核算内容	描述、辨别	
	明细账设置方法	说明、运用	
长期待摊费用核算	固定资产改建支出、固定资产大修理费用确认	说明、运用、示例	

模块六 核算无形资产及长期待摊费用

业务认知

长期待摊费用是指企业已经发生但应由本期和以后各期负担的分摊期限在一年以上的各项费用。小企业的长期待摊费用包括已提足折旧的固定资产的改建支出、经营租赁方式租入的固定资产发生的改建支出、固定资产的大修理支出，以及摊销期限在一年以上的其他待摊费用。

业务核算

会计科目 "长期待摊费用"科目核算企业已经发生但应由本期和以后各期负担的分摊期限在一年以上的各项费用。

账簿设置 本科目应按费用项目设置明细账，进行明细核算。

基本账务处理 企业发生的长期待摊费用，借记"长期待摊费用"科目，贷记有关科目；摊销长期待摊费用时，借记"管理费用""销售费用"等科目，贷记"长期待摊费用"科目；本科目期末借方余额，反映企业尚未摊销完毕的长期待摊费用的摊余价值。

例 6.8 核算长期待摊费用。

公司对以经营租赁方式新租入的办公楼进行改建。至该办公楼改建完毕，投入使用，共发生以下有关支出：从仓库领用生产用原材料 400 000 元，发生有关人员工资等职工薪酬 432 000 元。改建支出按剩余租赁期 5 年进行摊销（假定不考虑其他因素）。

步骤1 装修领用原材料时，编制会计分录如下。

借：长期待摊费用——X经营租入固定资产改建　　　　400 000
　　贷：原材料　　　　　　　　　　　　　　　　　　　　　　400 000

步骤2 确认工程人员薪酬时，编制会计分录如下。

借：长期待摊费用——X经营租入固定资产改建　　　　432 000
　　贷：应付职工薪酬　　　　　　　　　　　　　　　　　　　432 000

步骤3 投入使用当月及以后各月摊销费用时，编制会计分录如下。

该项长期待摊费用的月摊销额=(400 000+432 000)÷5÷12=13 866.67（元）

借：管理费用　　　　　　　　　　　　　　　　　　　　13 866.67
　　贷：长期待摊费用——X经营租入固定资产改建　　　　　13 866.67

关键练习

极地公司于 3 月 1 日起对新租入的一台设备进行大修理。当日从仓库领用原材料 216 200 元，发生有关人员工资 292 600 元。10月该设备维修完工交付使用，预计本次大修理后可持续使用 4 年。

要求：编制以下会计分录。

（1）从仓库领取材料时的会计分录。
（2）发生职工薪酬时的会计分录。
（3）完工当月摊销时的会计分录。

■ 拓展阅读

长期待摊费用的税收处理

《中华人民共和国企业所得税法》第十三条规定,企业发生的下列支出作为长期待摊费用按照规定摊销的,准予扣除。

① 已足额提取折旧的固定资产的改建支出。
② 租入固定资产的改建支出。
③ 固定资产的大修理支出。
④ 其他应当作为长期待摊费用的支出。

■ 模块法规依据

1. 《小企业会计准则》及其附录（2011年10月18日财政部财会〔2011〕17号印发,自2013年1月1日起施行）

2. 《中华人民共和国增值税暂行条例》（1993年12月13日中华人民共和国国务院令第134号公布,2008年11月5日国务院第34次常务会议修订通过；2016年2月6日《国务院关于修改部分行政法规的决定》修订；2017年11月19日《国务院关于废止〈中华人民共和国营业税暂行条例〉和修改〈中华人民共和国增值税暂行条例〉的决定》修订）

模块七 核算应付及预收款项

工作导入

负债按流动性分类，可分为流动负债和非流动负债。流动负债是指预计在1年内或超过1年的一个正常营业周期内清偿的债务，主要包括短期借款、应付票据、应付账款、预收账款、应付职工薪酬、应交税费、应付利息、应付利润、其他应付款等。本模块主要介绍除短期借款以外的流动负债的会计核算。短期借款将在模块八中介绍。

任务一 核算应付及预收账款

任务目标

主任务节点	子任务节点	期望的学习结果	达成情况自评
"应付账款""预收账款"科目	核算内容	描述、辨别	
	明细账设置方法	说明、运用	
应付账款核算	现金折扣确认	说明、运用、示例	
	无法支付应付账款确认	说明、运用、示例	
预收账款核算	预收货款销售核算过程	描述	
	预收款项确认	说明、运用、示例	

业务认知

一、应付账款

应付账款是指因购买材料、商品或接受劳务等经营活动应支付的款项。

应付账款的入账时间应当根据收到的发票等有关凭证确定。在实际工作中,应区别以下情况处理。

① 先收到发票,后收到货物,或者同时收到发票和货物。此时应以货物到达验收入库为应付账款的入账时间。这主要是为了确认所购物资是否在质量、数量和品种上都与合同上订明的条件相符,以免因先入账而在验收入库时发现购入物资错、漏、破损等问题时再行调账。

② 先收到货物,后收到发票的情况。收到货物时发票等单据未到达,会计人员无法准确确定所购物资的入账价值,所以不能记账。后续处理请参照模块四的相关内容。

课堂讨论

回顾模块四任务二中购入原材料过程介绍的各种核算情况,上述 2 种情况与其中的哪几种情况对应?应当如何核算?

二、预收账款

预收账款是企业按照合同约定向购货单位预收的款项。与应付账款不同,预收账款所形成的负债不是以货币偿付,而是以货物偿付。有些购销合同规定,销货企业可以向购货企业预先收取一部分货款,待向对方发货后再收取其余货款。

预收账款一般是在 3 种情况下产生的:一是企业的产品或劳务在市场上供不应求;二是购货单位的信用不佳;三是生产周期长的企业(如建筑业、造船业等)收取订金。

预收账款的入账时间是企业收到购货单位预付款项时。

业务核算

一、核算应付账款

会计科目 "应付账款"科目核算应付账款的发生、偿还、转销等情况。

账簿设置 本科目一般应按照债权人设置明细账,进行明细核算。

基本账务处理 购入材料、商品,但货款尚未支付,应当:根据有关凭证,借记"在途物资""原材料"等科目;按可抵扣的增值税税额,借记"应交税费——应交增值税(进项税额)"科目;按应付的价款,贷记"应付账款"科目。企业接受供应单位提供劳务而发生的应付未付款项,应根据供应单位的发票,借记"生产成本""管理费用"等科目,贷记"应付账款"科目。

应付账款附有现金折扣的,应按照扣除现金折扣前的应付款总额入账。因在折扣期限内付款而获得现金折扣的,应在偿付应付账款时冲减财务费用。

企业偿还应付账款或开出商业汇票抵付应付账款时，应借记"应付账款"科目，贷记"银行存款""应付票据"科目。

企业转销确实无法支付的应付账款，应按其账面余额计入营业外收入，借记"应付账款"科目，贷记"营业外收入"科目。

例7.1 核算赊购电子器件。

2020年12月2日，收到增值税专用发票和收料单各一张。单据表明，企业从达非乐公司采购电子器件一批，价款为200 000元，增值税税额为26 000元。已办理入库，但货款尚未结算。

根据原始凭证，应编制会计分录如下。

借：原材料——电子器件	200 000
应交税费——应交增值税（进项税额）	26 000
贷：应付账款——达非乐公司	226 000

例7.2 核算付款现金折扣。

承例7.1，与达非乐公司的合同规定付款条件为"2/10，1/20，n/30"，按价款计算现金折扣。本公司在12月10日开出转账支票付款。

12月10日，支付货款时，应做如下会计处理。

当销售合同约定了现金折扣条件时，在确认应付账款时应按扣除现金折扣前的应付账款总额确认应付账款；当实际支付款项时，再根据现金折扣条件确定应享有的折扣金额。因此，无论是否约定现金折扣条件，其在应付账款初始确认时的核算处理均相同。

应享有的现金折扣=200 000×2%=4 000（元）

编制会计分录如下。

借：应付账款——达非乐公司	226 000
贷：银行存款	222 000
财务费用	4 000

如果公司在12月23日支付货款，则应编制会计分录如下。

借：应付账款——达非乐公司	226 000
贷：银行存款	226 000

课堂讨论

还记得在哪个模块学习过现金折扣的内容吗？

回顾一下现金折扣在那个部分是如何核算的，说明与本部分的现金折扣核算是什么关系。

二、核算预收账款

会计科目 "预收账款"科目核算企业按照合同规定向购货单位预收的款项。预收账款情况不多的，也可不设本科目，将"预收账款"科目并入"应收账款"科目贷方核算。

账簿设置 "预收账款"科目应当按照购货单位设置明细账，进行明细核算。

基本账务处理 企业向购货单位预收和补收款项时，借记"银行存款"科目，贷记"预收账款"科目；销售实现时，按照实现的收入和应交的增值税销项税额，借记"预收账款"科目，按照实现的营业收入，贷记"主营业务收入"科目，按照增值税专用发票上注明的增值税税额，贷记"应交税费——应交增值税（销项税额）"等科目；企业向购货单位退回其多付的款项时，借记"预收账款"科目，贷记"银行存款"科目。

例 7.3 预收销货款。

2020 年 12 月 10 日，收到东兴公司出具的转账支票一张，金额 120 000 元。转账支票注明用途为采购订金。转账支票已经交存银行，取得银行盖章的进账单回单。

根据银行进账单，应编制会计分录如下。

借：银行存款　　　　　　　　　　　　　　　　　　　120 000
　　贷：预收账款——东兴公司　　　　　　　　　　　　　　120 000

例 7.4 发出已预收货款的商品。

承例 7.3，12 月 24 日，收到销售部门开具的增值税专用发票、产品发货单和销售出库单。单据表明东兴公司预付货款的商品已经发出，价款为 200 000 元，增值税税额为 26 000 元。12 月 26 日，收到东兴公司汇来补付款项的进账通知单，余款全部转入本企业银行存款户。

步骤 1　12 月 24 日，根据发票等确认收入时，应编制会计分录如下。

借：预收账款——东兴公司　　　　　　　　　　　　　226 000
　　贷：主营业务收入　　　　　　　　　　　　　　　　　　200 000
　　　　应交税费——应交增值税（销项税额）　　　　　　　 26 000

步骤 2　12 月 26 日，根据进账通知单，进行补付货款处理时，应编制会计分录如下。

借：银行存款　　　　　　　　　　　　　　　　　　　106 000
　　贷：预收账款——东兴公司　　　　　　　　　　　　　106 000

关键练习

1. 2021 年 8 月 8 日，长江公司从黄河公司购入原材料一批，增值税专用发票上注明价款为 60 000 元、增值税税额为 7 800 元，共计 67 800 元。原材料已验收入库，款项尚未支付。相关合同规定付款条件为"2/10，1/20，n/30"（折扣按采购价款计算）。

要求：编制长江公司于 8 月 8 日购入及于 8 月 15 日付款、于 8 月 20 日付款、于 8 月 30 日付款时的会计分录。

2. 2021 年 6 月 5 日，长江公司根据销货合同规定，预收黄河公司货款 320 000 元。6 月 10 日，长江公司按合同规定发出本公司产品一批给黄河公司，增值税专用发票上注明的价款为 300 000 元、增值税税额为 39 000 元。16 日，黄河公司补付货款 19 000 元，款项收存银行。

要求：分别编制长江公司预收货款、发出商品和补收货款时的会计分录。

拓展阅读

利用商业信用的形式

商业信用是指商品交易中延期付款或延期交货所形成的借贷关系，是企业之间的一种直接信用关系。

可利用的商业信用的形式主要有以下几种。

1. 赊购商品

赊购商品是一种最典型、最常见的商业信用形式。赊购商品时，买卖双方发生商品交易，买方收到商品后并不立即支付现金，而是延期一段时间以后付款。对于买方来说，企业既取得了所需物资或劳务，又可使资金在短期内停留在企业中继续周转使用，提高了资金使用效率。

2. 预收账款

在这种形式下，卖方要先向买方收取货款，但要延期到一定时期以后交货。这等于卖方向买方先借一笔资金，是另外一种典型的商业信用形式。通常，购买单位对于紧俏商品乐意采用这种形式。另外，生产周期长、售价高的商品，如轮船、飞机等，生产企业也经常向订货者分次预收货款，以缓解资金占用过多的压力。

3. 商业汇票

商业汇票是指单位之间根据购销合同进行延期付款的商品交易时，开出的反映债权债务关系的票据。对于买方来说，它是一种短期融资方式，详见本书模块二。

任务二　核算应付票据

任务目标

主任务节点	子任务节点	期望的学习结果	达成情况自评
"应付票据"科目	核算内容	描述、辨别	
	明细账设置方法	说明、运用	
应付票据核算	发生、偿付票据核算	说明、运用、示例	
	转销票据核算	说明、运用、示例	
预收账款核算	预收货款销售核算过程	描述	

业务认知

应付票据是指企业购买材料、商品和接受劳务等开出、承兑的商业汇票。商业汇票的使用方法参见模块二。

业务核算

一、会计科目、账簿设置和基本账务处理

会计科目 "应付票据"科目核算企业购买材料、商品和接受劳务供应等开出、承兑的商业汇票,包括银行承兑汇票和商业承兑汇票。

账簿设置 "应付票据"科目不仅应当按照债权人设置明细账,进行明细核算,还应当设置应付票据备查登记簿(见图7.1)逐项登记发出票据的种类、出票日期、票据号码、收款人、出票金额、到期日期及合同编号等内容。应付票据到期结清时,应当在备查登记簿内逐笔注销。

应付票据备查登记簿

票据种类:商业承兑汇票

总第　　页
分第　　页

年		票据基本情况							结清情况	
月	日	出票日期	票据号码	收款人	出票金额	到期日期	合同编号	记账凭证号码	付款日期	付款金额

图7.1

基本账务处理

① 小企业开出、承兑商业汇票或以承兑商业汇票抵付货款、应付账款等,借记"材料采购"或"在途物资""库存商品"等科目,贷记"应付票据"科目。涉及增值税进项税额的,还应进行相应的账务处理。

② 支付银行承兑汇票的手续费,借记"财务费用"科目,贷记"银行存款"科目。支付票款,借记"应付票据"科目,贷记"银行存款"科目。

③ 银行承兑汇票到期,小企业无力支付票款的,按照银行承兑汇票的票面金额,借记"应付票据"科目,贷记"短期借款"科目。

"应付票据"科目期末贷方余额,反映小企业开出、承兑的尚未到期的商业汇票的票面金额。

二、发生应付票据

例7.5 用商业汇票抵付货款。

2020年12月31日,收到银行收费回单(见图7.2)、银行承兑汇票存根(见图7.3)、增值税专用发票、收料单等原始单据。单据表明企业购进材料一批,价款为200 000元,

增值税进项税额为 26 000 元。材料已经验收入库，以银行承兑商业汇票结算货款。

收 费 回 单

日期：2020年12月31日　　业务类型：银行承兑汇票　　业务流水号：531116088119

扣费账号：5993958724455210840

户名：极地有限责任公司

开户行：工行北京市南台街支行

实收金额：113.00

摘要：手续费

收费柜面：

工行北京市南台街支行 电子回单专用章

回单编号：2168380049　　回单验证码：167288262100

提示：1. 电子回单验证相同表示同一笔业务回单，请勿重复记账使用。

2. 已在银行柜台领用业务回单的单位，请注意核对，勿重复记账使用。

打印时间：

图 7.2

中国工商银 银行承兑汇票（存 根） 3

10201150
67368593

出票日期（大写）　贰零贰零 年 壹拾贰 月 叁拾壹 日

出票人全称	极地有限责任公司	收款人	全称	北京群实有限责任公司
出票人账号	5993958724455210840	收款人	账号	7369171981131436806
付款行全称	工行北京市南台街支行	收款人	开户银行	工行北京市东益路支行
出票金额	人民币（大写） 贰拾贰万陆仟元整		亿千百十万千百十元角分	¥ 2 2 6 0 0 0 0 0
汇票到期日（大写）	贰零贰壹年零叁月叁拾壹日	付款行	行号	479283916989
承兑协议编号	25270508	付款行	地址	北京市欧群路171号
	备注：			

此联由出票人存查

图 7.3

步骤 1　付款单位按规定向银行支付手续费时，应编制会计分录如下。

借：财务费用　　113

　　贷：银行存款　　113

步骤2 材料验收入库，向付款单位寄交汇票时，应编制会计分录如下。（北京群实有限责任公司简称群实公司）

借：原材料——电子器件　　　　　　　　　　　　　　　200 000
　　应交税费——应交增值税（进项税额）　　　　　　　 26 000
　　贷：应付票据——群实公司　　　　　　　　　　　　226 000

三、偿还应付票据

应付票据到期支付票款时，应按账面余额予以结转，借记"应付票据"科目，贷记"银行存款"科目。

例 7.6 偿还应付票据票款。

承例 7.5，2021 年 3 月 31 日，银行承兑汇票到期，收到银行业务回单，如图 7.4 所示。

中国工商银行　　　　　凭　证
业务回单（　　　）

日期：2021 年 03 月 31 日	回单编号：29370082343
付款人户名：极地有限责任公司	付款人开户行：工行北京市南台街支行
付款人账号（卡号）：5993958724455210840	
收款人户名：北京群实有限责任公司	收款人开户行：工行北京市东益路支行
收款人账号（卡号）：7369171981131436806	
金额：贰拾贰万陆仟元整	小写：¥226,000.00 元
业务（产品）种类：银行承兑汇票解付　凭证种类：6160925393	凭证号码：19502369866911318
摘要：	用途：	币种：人民币
交易机构：7630437569　记账柜员：18734　交易代码：66536	渠道：
7369171981131436806	

本回单为第 1 次打印，注意重复　打印日期：2021 年 03 月 31 日　打印柜员：2　验证码：194837847756

图 7.4

根据上述原始凭证，应编制会计分录如下。

借：应付票据——群实公司　　　　　　　　　　　　　226 000
　　贷：银行存款　　　　　　　　　　　　　　　　　226 000

四、转销应付票据

如果应付票据到期企业无力支付,则:属于银行承兑汇票的,应将应付票据的账面余额转作短期借款,借记"应付票据"科目,贷记"短期借款"科目;属于商业承兑汇票的,应将应付票据的账面余额转作应付账款。

例 7.7 转销应付票据。

假设 2021 年 3 月 31 日,例 7.5 中的银行承兑汇票到期,企业无力支付票款,应付票据款转作短期借款。

应编制会计分录如下。

借:应付票据——群实公司   226 000
　　贷:短期借款   226 000

同时,在应付票据备查簿中加以记录。

按《中华人民共和国票据法》《支付结算办法》的规定,银行承兑汇票的使用有严格的限制。限制之一是要求出票人(付款单位)具有支付汇票金额的可靠来源。在现实操作中,承兑银行(开户行)会要求出票人提供银行承兑汇票保证金。根据出票人在承兑银行(开户行)信用等级的不同,保证金金额可能与汇票金额等额,或为汇票金额的一定成数。符合规定的低风险单位,可免收银行承兑汇票保证金。

企业开出银行承兑汇票存入保证金时,应按保证金金额借记"其他货币资金——保证金"科目,贷记"银行存款"科目。票据到期兑付票据款时,应按票据金额借记"应付票据"科目,按保证金金额贷记"其他货币资金——保证金"科目;如有差额,贷记"银行存款"科目。

商业承兑汇票的核算与银行承兑汇票核算除以下 2 点外其他大体相同。
① 不用支付银行承兑手续费。
② 如果企业无力支付票款,则应按应付票据的账面余额,借记"应付票据"科目,贷记"应付账款"科目。

关键练习

长江公司采用银行承兑汇票向黄河公司购入原材料一批,价款 160 000 元,增值税税额 20 800 元。原材料验收入库。该银行承兑汇票的期限为 3 个月,并用银行存款支付承兑手续费 90.40 元。

要求:编制长江公司以下时点的会计分录。
(1)支付银行承兑手续费时。
(2)以银行承兑汇票采购时。
(3)票据到期,支付银行存款时。
(4)票据到期无力支付银行存款时。

拓展阅读

电子商业汇票

电子商业汇票是商业汇票的电子化，是出票人以数据电文形式制作的，委托付款人在指定日期无条件支付确定的金额给收款人或持票人的票据。

电子商业汇票以数据电文形式签发、流转，并以电子签名取代了实体签章，具有安全、快捷的优点。另一个显著优点是电子商业汇票的付款期限由现行最长6个月延长到了1年。

目前，我国几大商业银行电子商业汇票产品已经部署至企业网银、银企通平台、银企直连平台、柜面4个渠道，为客户提供了多样化的选择。

企业根据银行要求，签订电子商业汇票业务服务协议，并填写电子商业汇票业务开通申请表，即可依程序办理具体业务。

任务三　核算应付职工薪酬

任务目标

主任务节点	子任务节点	期望的学习结果	达成情况自评
"应付职工薪酬"科目	核算内容	描述、辨别	
	明细账设置方法	说明、运用	
应付职工薪酬内容	应付职工薪酬种类	列举、比较、识别	
应付职工薪酬计量	计件工资计算	说明	
	月计时工资额计算	说明、运用、示例	
	社会保险的种类	列举	
	各类社会保险的承担主体和缴纳办法	说明	
	各类社会保险的计算依据和方法	说明	
	住房公积金的承担主体和缴纳办法	说明	
	住房公积金的计算依据和方法	说明	
	各类职工薪酬所得税前扣除规定	列举、说明	
	工资表的编制	说明	
应付职工薪酬确认	相关原始凭证编制	计算编制	
	薪酬分配原则	说明、运用	
	各薪酬项目核算	说明、运用、示例	

模块七　核算应付及预收款项

业务认知

职工薪酬是指企业为获得职工提供的服务而给予职工的各种形式的报酬及其他相关支出。

职工薪酬主要包括以下内容。

一、职工工资、奖金、津贴和补贴

① 工资是指按照一定标准发放给职工的计时工资、计件工资。企业按规定支付给职工的加班加点工资，以及根据国家法律、法规和政策规定，企业在职工因病、工伤、产假、婚丧假、事假、探亲假、定期休假、停工学习、执行国家或社会义务等特殊情况下，按照计时工资或计件工资标准的一定比例支付的工资，也属于职工工资范畴。

② 奖金是指企业支付给职工的超额劳动报酬和增收节支的劳动报酬。

③ 津贴是指企业根据有关规定，为了补偿职工特殊或额外的劳动消耗和因其他特殊原因支付给职工的补充工资，如矿山井下津贴、高温津贴等。

④ 补贴是指企业为了保证职工工资水平不受物价影响而支付给职工的物价补助等。

工资中的计时工资是按工作时间计算发放的工资。计时工资以工作时间（小时、天）乘以单位时间工资标准（工资率）计算。单纯以劳动时间为劳动报酬计量依据的工资及结构化工资中的基础工资和岗位工资都采用计时工资制。

我国目前大多数企业都采用以月为周期的计时工资制。月计时工资的计算公式为：

$$月计时工资额=月计时工资标准-日工资率×缺勤天数$$
$$日工资率=月计时工资标准÷月平均法定工作日数$$

月平均法定工作日数确定的方法有 2 种：一种是不论大月、小月、平月，每月固定按 30 日计算；另一种是每月按平均法定工作日数 20.83 日计算。20.83 日为年日历日数 365 日减去 104 个双休日和 11 个法定节假日，再除以 12 个月算出的平均数。

① 在采用固定按 30 日计算的日工资率计算计时工资时，节假日被视为带薪假日计发工资，因此计算缺勤天数时，应包括病事假缺勤期间的节假日天数。事假缺勤期间工资全额扣发，病假缺勤期间工资按其工龄长短的扣发比例计算。

② 在采用按平均法定的 20.83 日计算的日工资率计算计时工资时，由于节假日不计工资，因此计算缺勤天数时，不应包括缺勤期间的节假日天数。

课堂讨论

某员工因事在 2021 年 2 月 19 日、2 月 22 日未上班（2 月 20 日、2 月 21 日为双休日）。该员工结构化工资中基础工资、岗位工资等合计 2 680 元。请尝试用不同的月平均法定工作日数计算该员工当月应发计时工资数额，比较并说明两者不同的原因。

③ 工资中的计件工资是按职工生产产量、完成定额数量及相应的单位工资标准来计算发放的工资。单纯以定件、定额计算的工资，以超件、超额数量计算的工资，按营业额计

算的提成,按利润额计算的提成属于计件工资。

④ 计件工资的计算比较简单,按统计的工作量或工作额、计算的超出工作量或工作额乘以每单位工作量工资标准即可得出个人应发工资数。

> **课堂讨论**
>
> 某销售员,月基础工资1 100元,2021年2月该员工全勤工作,实际现款销售额160万元。公司制度中规定销售员每月定额现金销售额 120万元,超额完成的,按超额部分的1%计算提成工资。请尝试计算该销售员的当月工资数,并指出哪些是计时工资,哪些是计件工资。

二、职工福利费

职工福利费是指企业为职工集体提供福利发生的支出,如内设医务室、职工浴室、理发室、托儿所等集体福利机构人员的工资、医务经费,职工因公负伤赴外地就医路费,职工生活困难补助,以及按照国家规定开支的其他职工福利支出。

企业应根据自身的职工福利需要安排支出职工福利费,但应该考虑国家税法等相关规定。《中华人民共和国企业所得税法》规定企业实际发生的职工福利费不超过薪资总额14%的部分允许税前扣除。

三、社会保险

社会保险是指企业按照国务院、各地方政府或企业年金计划规定的基准和比例计算,向社会保险经办机构缴纳的基本医疗保险费、养老保险费(包括向社会保险经办机构缴纳的基本养老保险费和向企业年金基金账户管理人缴纳的补充养老保险费)、失业保险费、工伤保险费。企业以购买商业保险形式提供给职工的各种保险待遇也属于企业提供的职工薪酬,应当比照本项管理。

社会保险中医疗保险费、养老保险费、失业保险费由企业和个人共同缴纳,个人缴纳部分由企业在发放工资时代扣,在规定的时限内连同企业缴纳的部分一并上缴社会保险机构。工伤保险由企业缴纳。

社会保险费缴纳金额的计算公式为:

各项社会保险费缴费金额=缴费基数×缴费比例

其中,缴费比例、缴费基数确定办法由各省规定。

以北京市 2020 年为例:根据北京市的相关规定,参加基本养老保险、基本医疗保险、失业保险、工伤保险的职工按照本人上一年月平均工资确定缴费基数。对于收入过高或过低的人群,还相应地设定了缴费基数的上下限:职工上一年月平均工资低于下限的,以下限作为缴费基数;高于上限的,以上限作为缴费基数;月平均工资在上下限之间的,则按本人上年月平均工资实际数确定养老保险缴费基数。

社会保险费和补充养老保险费在企业所在地省级政府规定的范围内的,企业缴纳的部分可以在计算企业所得税时扣除,个人缴纳的部分可以在计算个人所得税前从应税薪资额中扣除。

四、住房公积金

住房公积金是指企业按照国务院《住房公积金管理条例》规定的基准和比例计算并向住房公积金管理机构缴存的住房公积费用。

住房公积金由企业和个人共同缴纳。个人缴纳部分由企业在发放工资时代扣,在规定的时限内连同企业缴存的部分一并上缴住房公积金管理中心。住房公积金的缴存金额计算公式为:

$$住房公积金缴存金额=缴存基数×缴存比例$$

其中,缴费比例、缴费基数确定办法由各省规定。以北京市为例,根据北京市的相关规定,住房公积金按照本人上一年月平均工资确定缴存基数,并规定了缴存基数的上下限。

住房公积金在企业所在地省级政府规定的范围内的,企业缴纳的部分可以在计算企业所得税时扣除,个人缴纳的部分可以在计算个人所得税前从应税薪资额中扣除。

五、工会经费和职工教育经费

工会经费和职工教育经费是指企业为了改善职工文化生活、让职工学习先进技术、提高职工文化水平和业务素质,按薪资总额一定比例计算的用于开展工会活动和职工教育培训等支付的费用。

① 企业依据中华总工会和有关部门的规定计算与缴纳工会经费。按照国家相关规定,拨付和上缴工会经费不超过薪资总额2%的部分允许在企业所得税税前扣除。

② 企业发生的职工教育经费支出,不超过工资薪金总额8%的部分,准予在计算企业所得税应纳税所得额时扣除;超过部分,准予在以后纳税年度结转扣除;集成电路设计企业和符合条件的软件生产企业发生的职工教育经费中的职工培训费用,应单独进行核算并按实际发生额在计算应纳税所得额时扣除。

六、非货币性福利

非货币性福利包括企业以自己的产品或其他有形资产发放给职工作为福利发生的支出,企业提供自己拥有的资产或租赁资产供职工无偿使用发生的支出,免费为职工提供诸如医疗保健服务发生的支出,等等。

七、因解除与职工的劳动关系给予的补偿

本项目包括因各种原因,企业在职工劳动合同尚未到期之前解除与职工的劳动关系,而给予职工的经济补偿。

八、其他与获得职工提供的服务相关的支出

本项目是指除上述 7 种薪酬以外的其他为获得职工提供的服务而给予的薪酬。

例 7.8 编制工资计算表。

5 月 30 日，根据下述规定和应发工资数据编制工资计算表。

根据所在地政府规定，单位以上年本人月平均工资作为社会保险和住房公积金的缴费基数。单位按缴费基数的 20%、10.8%、1%、0.5%缴纳养老保险费、医疗保险费（含生育保险，自 2019 年医疗保险和生育保险合并）、失业保险费、工伤保险费；个人按照缴费基数的 8%、2%和 0.2%缴纳养老保险费、医疗保险费、失业保险费。住房公积金单位和个人缴存比例均为 12%。为讲解方便，本例假定当月所有人员工资与上年本人月平均工资相同。

现行《中华人民共和国个人所得税法》（以下简称《个人所得税法》）规定，个人工资薪金所得执行 7 级超额累进税率（见表 7.1），按月计算，免征额（扣除标准）为 5 000 元。

表 7.1 个人所得税税率表（综合所得适用）

级 数	全年应纳税所得额	税率/%
1	不超过 36 000 元的	3
2	超过 36 000 元至 144 000 元的部分	10
3	超过 144 000 元至 300 000 元的部分	20
4	超过 300 000 元至 420 000 元的部分	25
5	超过 420 000 元至 660 000 元的部分	30
6	超过 660 000 元至 960 000 元的部分	35
7	超过 960 000 元的部分	45

说明：

1. 本表所称全年应纳税所得额是指依照《个人所得税法》第六条的规定，居民个人取得综合所得以每一纳税年度收入额减除费用 6 万元及专项扣除、专项附加扣除和依法确定的其他扣除后的余额。

2. 非居民个人取得工资、薪金所得，劳务报酬所得，稿酬所得和特许权使用费所得，依照本表按月换算后计算应纳税额。个人所得税综合所得（含工资薪金）应纳税所得额=月收入额-四险一金-扣除标准-专项附加扣除。

编制出的工资计算表如图 7.5 所示。

工资计算表

2021年05月

单位：元

类别	姓名	岗位工资	奖金	...	缺勤扣款	应付工资	个人所得税	代扣代缴				小计	实发工资	企业支付					社保合计	住房公积金
								医疗保险	失业保险	养老保险	住房公积金			医疗保险	失业保险	养老保险	工伤保险			
生产人员	张政	2 000	1 000	...		3 600		72	7.2	288	432	799.2	2 800.8	388.8	36	720	18		1 162.8	432
生产人员人员小计		80 000	13 030	...	500	100 000		2 000	200	8 000	12 000	22 200	77 800	10 800	1 000	20 000	500		32 300	12 000
生产管理人员	李东凤	2 500	1 500		50	4 300		86	8.6	344	516	954.6	3 345.4	464.4	43	860	215		1 388.9	516
生产管理人员小计		17 750	2 690		170	20 000		400	40	1 600	2 400	4 440	15 560	2 160	200	4 000	100		6 460	2 400
行政管理人员	王东海	4 000	2 600			9 700		194	19.4	776	1 164	2 153.4	7 546.6	1 047.6	97	1 940	48.5		3 133.1	1 164
行政管理人员小计		31 200	3 125			36 000	660	720	72	2 880	4 320	8 652	27 348	3 888	360	7 200	180		11 628	4 320
销售人员	刘小梅	800	2 200			3 600		72	7.2	288	432	799.2	2 800.8	388.8	36	720	18		1 162.8	432
销售人员小计		4 000	5 565			10 000	210	200	20	800	1 200	2 430	7 570	1 080	100	2 000	50		3 230	1 200
工程人员	张国柱	2 000	300		50	2 500		50	5	200	300	555	1 945	270	25	500	12.5		807.5	300
工程人员小计		14 680	4 340		120	22 000		440	44	1 760	2 640	4 884	17 116	2 376	220	4 400	110		7 106	2 640
研发人员	郑飞扬	2 000	600			4 800		96	9.6	384	576	1 065.6	3 734.4	518.4	48	960	24		1 550.4	576
研发人员小计		6 550	3 330			12 000		240	24	960	1 440	2 664	9 336	1 296	120	2 400	60		3 876	1 440
总计		154 180	32 080		790	200 000	870	4 000	400	16 000	24 000	45 270	154 730	21 600	2 000	40 000	1 000		64 600	24 000

财务审核人：吴天　　　　人力资源总监：周文明　　　　制表：吴晓晚

图 7.5

业务核算

一、会计科目、账簿设置和基本账务处理

会计科目 "应付职工薪酬"科目核算应付职工薪酬的分配、结算、使用等情况。小企业(外商投资)按照规定从净利润中提取的职工奖励基金、福利基金也在本科目核算。

账簿设置 "应付职工薪酬"科目应当按照"职工工资""奖金、津贴和补贴""职工福利费""社会保险费""住房公积金""工会经费""职工教育经费""非货币性福利""辞退福利"等应付职工薪酬项目进行明细核算。

为搜集薪酬核算数据、加强薪酬管理、提高人力资源效率,企业应当在设置账簿的基础上,设置薪酬原始记录,作为薪酬核算的依据。薪酬核算的原始记录包括工资卡、考勤记录、产量记录、业绩记录等。同时,要设置薪酬原始记录登记和考核程序,确保原始记录登记的准确性。

基本账务处理 月末,小企业应当将本月发生的职工薪酬区分以下情况进行分配。

① 生产部门(提供劳务)人员的职工薪酬,借记"生产成本""制造费用"等科目,贷记"应付职工薪酬"科目。

② 应由在建工程、无形资产开发项目负担的职工薪酬,借记"在建工程""研发支出"等科目,贷记"应付职工薪酬"科目。

③ 管理部门人员的职工薪酬和因解除与职工的劳动关系给予的补偿,借记"管理费用"科目,贷记"应付职工薪酬"科目。

④ 销售人员的职工薪酬,借记"销售费用"科目,贷记"应付职工薪酬"科目。

二、工资、奖金、津贴、补贴、社会保险和住房公积金的核算

(一)分配工资、奖金、津贴、补贴、社会保险和住房公积金

例 7.9 月末,分配本月工资、奖金、津贴和补贴、社会保险和住房公积金。

承例 7.8,根据工资计算表(见图 7.5),编制工资费用分配表(见图 7.6)、社会保险及住房公积金汇总分配表(见图 7.7),并据此进行职工薪酬分配。

公司生产 A、B 两种产品,生产人员工资按生产工时比例在 2 种产品之间分配;研发人员工资符合资本化条件。

工资费用分配表

2021 年 05 月 30 日　　　　　　　　　　　　　　　　　　　单位:元

应借科目		生产工人工资额分配			直接工资	合　计
		生产工时	分配率	分配金额		
生产成本	A 产品	30 000	2	60 000		60 000
	B 产品	20 000	2	40 000		40 000
	小　计	50 000		100 000		100 000
制造费用					20 000	20 000
管理费用					36 000	36 000
在建工程					22 000	22 000

图 7.6

模块七 核算应付及预收款项

销售费用				10 000	10 000
研发支出——资本化支出				12 000	12 000
合　计				200 000	200 000

财务主管：孙正峰　　　　　　　　　　　　　　　制单：吴天

图 7.6（续）

社会保险及住房公积金汇总分配表
2021 年 05 月 30 日　　　　　　　　　　　　　　　　单位：元

类　别	社会保险					住房公积金	合　计
	医疗保险	失业保险	养老保险	工伤保险	社保合计		
生产人员	10 800	1 000	20 000	500	32 300	12 000	44 300
生产管理人员	2 160	200	4 000	100	6 460	2 400	8 860
行政管理人员	3 888	360	7 200	180	11 628	4 320	15 948
销售人员	1 080	100	2 000	50	3 230	1 200	4 430
工程人员	2 376	220	4 400	110	7 106	2 640	9 746
研发人员	1 296	120	2 400	60	3 876	1 440	5 316
总　计	21 600	2 000	40 000	1 000	64 600	24 000	88 600

图 7.7

分配工资费用时，应编制会计分录如下。

借：生产成本——基本生产成本——A产品　　　　　　60 000
　　生产成本——基本生产成本——B产品　　　　　　40 000
　　制造费用　　　　　　　　　　　　　　　　　　20 000
　　管理费用　　　　　　　　　　　　　　　　　　36 000
　　销售费用　　　　　　　　　　　　　　　　　　10 000
　　在建工程　　　　　　　　　　　　　　　　　　22 000
　　研发支出——资本化支出　　　　　　　　　　　12 000
　　贷：应付职工薪酬——工资　　　　　　　　　　200 000

课堂讨论

本例生产人员社会保险和住房公积金假定按生产工人工资比例分配，分配时应编制生产人员社会保险和住房公积金分配表。该表该如何编制？请尝试编制此表。

分配社会保险和住房公积金时，应编制会计分录如下。

借：生产成本——基本生产成本——A产品　　　　　　26 580
　　生产成本——基本生产成本——B产品　　　　　　17 720
　　制造费用　　　　　　　　　　　　　　　　　　8 860

管理费用	15 948
销售费用	4 430
在建工程	9 746
研发支出——资本化支出	5 316
贷：应付职工薪酬——社会保险	64 600
应付职工薪酬——住房公积金	24 000

（二）支付工资、奖金、津贴、补贴

企业按照有关规定向职工支付工资、奖金、津贴等：按应发工资数额，借记"应付职工薪酬——工资"科目；按企业从应付职工薪酬中代扣的各种款项，贷记"其他应付款""应交税费——应交个人所得税"等科目；按实发工资数额，贷记"银行存款""库存现金"等科目。

例7.10 发放工资。

2021年6月10日，收到现金支票存根、工资发放明细表等原始单据，通过银行代发5月份工资，并结转代扣款项。

编制会计分录如下。

借：应付职工薪酬——工资	200 000
贷：银行存款	154 730
其他应付款——个人社会保险	20 400
其他应付款——个人住房公积金	24 000
应交税费——应交个人所得税	870

（三）支付社会保险

例7.11 支付社会保险。

2021年6月10日，收到转账支票存根和交款收据，系公司用银行存款缴纳公司负担和代扣代缴的社会保险费。

编制会计分录如下。

借：应付职工薪酬——社会保险费	64 600
其他应付款——个人社会保险	20 400
贷：银行存款	85 000

（四）支付住房公积金

例7.12 支付住房公积金。

2021年6月10日，收到转账支票存根和交款收据，系公司用银行存款缴纳公司负担和代扣代缴的住房公积金。

编制会计分录如下。

借：应付职工薪酬——住房公积金	24 000
其他应付款——个人住房公积金	24 000
贷：银行存款	48 000

三、核算工会经费

按照《中华人民共和国工会法》等法律法规的规定,企业应当按工资(含奖金、津贴、补贴)总额的2%,向本企业工会组织或上级工会(本企业无工会或筹建工会的)拨缴工会经费。本企业有工会的,收到的拨缴工会经费应当单独开立账户,单独核算。目前,私营企业向上级工会拨缴的工会经费由地方税务局代收代缴。

(一)拨付和上缴工会经费

企业拨缴工会经费时,应借记"应付职工薪酬——工会经费"科目,贷记"银行存款""库存现金"等科目。

例7.13 拨付工会经费。

2021年6月30日,收到支票存根,系向本企业工会账户拨付工会经费4 000元。
编制会计分录如下。

借:应付职工薪酬——工会经费　　　　　　　　　　　4 000
　　贷:银行存款　　　　　　　　　　　　　　　　　　　　4 000

(二)计算分配工会经费

企业拨缴的工会经费,应当根据受益对象分配,计入相关资产成本或当期损益。

例7.14 分配工会经费。

承例7.13,编制工会经费分配表(见图7.8),分配当月工会经费。

工会经费分配表

2021年06月30日　　　　　　　　　　　　　　　　　　　　　单位:元

应借科目		计提基数	工会经费	
			计提比例	计提金额
生产成本	A产品	60 000		1 200
	B产品	40 000		800
	小　计	100 000		2 000
制造费用		20 000		400
管理费用		36 000		720
销售费用		10 000		200
在建工程		22 000		440
研发支出——资本化支出		12 000		240
合　计		200 000	2%	4 000

财务主管:孙正峰　　　　　　　　　　　　　　　　　制单:吴天

图7.8

分配职工教育经费和工会经费时，应编制会计分录如下。

借：生产成本——基本生产成本——A产品	1 200
生产成本——基本生产成本——B产品	800
制造费用	400
管理费用	720
销售费用	200
在建工程	440
研发支出——资本化支出	240
贷：应付职工薪酬——工会经费	4 000

四、核算职工福利费和职工教育经费

企业发生的职工福利费和职工教育经费，按据实入账原则核算：在发生时借记"应付职工薪酬"科目，贷记"银行存款"等科目；分配时根据受益对象借记"生产成本""制造费用""管理费用"等科目，贷记"应付职工薪酬"科目。

（一）发生职工福利费和职工教育经费

例 7.15 发生职工福利费。

2021 年 6 月 25 日，收到增值税专用发票、结算凭证等单据，支付公司医务所修缮相关费用 2 752.29 元、增值税税额 247.71 元。收到材料出库单，修缮领用原材料一批，经计算发生成本为 884.96 元，其进项税额为 115.04 元。

编制会计分录如下。

借：应付职工薪酬——职工福利费	4 000
贷：银行存款	3 000
原材料	884.96
应交税费——应交增值税（进项税额转出）	115.04

根据相关规定，用于集体福利项目的进项税额不得从销项税额中抵扣。本例中的购进货物、领用材料用于集体福利设施，增值税不允许从销项税额中抵扣，应将支付的增值税和转出的增值税计入相关科目成本。

例 7.16 支付职工教育经费。

2021 年 6 月 25 日，收到支票存根和增值税专用发票，系公司为新上岗生产人员进行技术培训，用银行存款支付职工教育经费，现金 10 600 元。

编制会计分录如下。

借：应付职工薪酬——职工教育经费	10 000
应交税费——应交增值税（进项税额）	600
贷：银行存款	10 600

（二）分配职工福利费和职工教育经费

例 7.17　6 月 30 日，编制职工福利费分配表（见图 7.9）和职工教育经费分配表（见图 7.10），分配当月职业福利费和职工教育经费。应付职工薪酬明细账显示本月实际发生职工福利费 4 000 元，发生职工教育经费 10 000 元。

职工福利费分配表
2021 年 06 月 30 日　　　　　　　　　　　　　　　　　　　　　　　单位：元

应借科目		分配因子（工资额）	应付福利费	
			分配率	分配金额
生产成本	A 产品	60 000		1 200
	B 产品	40 000		800
	小　计	100 000		2 000
制造费用		20 000		400
管理费用		36 000		720
销售费用		10 000		200
在建工程		22 000		440
研发支出——资本化支出		12 000		240
合　计		200 000	2%	4 000

财务主管：孙正峰　　　　　　　　　　　　　　　　　　　制单：吴天

图 7.9

职工教育经费分配表
2021 年 06 月 30 日　　　　　　　　　　　　　　　　　　　　　　　单位：元

应借科目		分配因子（工资额）	职工教育经费	
			分配率	分配金额
生产成本	A 产品	60 000		3 000
	B 产品	40 000		2 000
	小　计	100 000		5 000
制造费用		20 000		1 000
管理费用		36 000		1 800
销售费用		10 000		500
在建工程		22 000		1 100
研发支出——资本化支出		12 000		600
合　计		200 000	5%	10 000

财务主管：孙正峰　　　　　　　　　　　　　　　　　　　制单：吴天

图 7.10

值得注意的是，本月实际发生的职工福利费占工资总额的比例为2%，远远低于《企业所得税法》规定的14%的扣除标准，所以可以在计算所得税时据实扣除；本月实际发生的职业教育经费占工资总额的比例为5%，低于《中华人民共和国企业所得税法》规定的8%的扣除比例，在计算缴纳企业所得税时，可以据实扣除，不需要结转。

分配职工福利费和职工教育经费，可以合并账务处理，编制会计分录如下。

借：生产成本——A产品　　　　　　　　　　　　　　　　4 200
　　生产成本——B产品　　　　　　　　　　　　　　　　2 800
　　制造费用　　　　　　　　　　　　　　　　　　　　1 400
　　管理费用　　　　　　　　　　　　　　　　　　　　2 520
　　销售费用　　　　　　　　　　　　　　　　　　　　　700
　　在建工程　　　　　　　　　　　　　　　　　　　　1 540
　　研发支出——资本化支出　　　　　　　　　　　　　　840
　　贷：应付职工薪酬——职工福利费　　　　　　　　　4 000
　　　　应付职工薪酬——工会经费　　　　　　　　　　10 000

五、核算非货币福利

企业向职工提供的非货币性职工薪酬应当区分情况处理。

（一）以自产产品作为福利发放给职工

例7.18 以自产产品作为福利发放给职工。

某公司会计人员收到相关审批表和产品出库单等单据。单据表明，经总经理办公会议决定，公司将本公司生产的电磁炉作为元旦福利发放给全体职工，每人一台。本公司共有职工2 000名。其中，1 900名为直接参加生产的职工，100名为总部管理人员。发放电磁炉总成本为400 000元，市场售价为621 238.94元，适用的增值税税率为13%。

有关会计处理如下。

步骤1　实际发放电磁炉时，根据产品出库单，编制会计分录如下。

借：应付职工薪酬——非货币性福利　　　　　　　　　702 000
　　贷：主营业务收入　　　　　　　　　　　　　　　621 238.94
　　　　应交税费——应交增值税（销项税额）　　　　　80 761.06

其中，应交增值税销项税额=621 238.94×13%=80 761.06（元）

以自产产品作为福利发放给职工，《中华人民共和国增值税暂行条例》和《中华人民共和国企业所得税法》均规定应视同销售处理。以自产产品作为福利发放给职工时，应按市场销售价格确认主营业务收入，按市场销售价格和适用增值税税率确认销项税额，同时按两者及相关费用合计确认应付职工薪酬，并结转相应成本，确认主营业务成本。

步骤2　月末，编制非货币福利分配表，分配非货币性福利。根据出库商品汇总表等结转用于非货币性福利产品的出库成本，编制会计分录如下。

① 分配非货币性福利

借：生产成本　　　　　　　　　　　　　　　　　　　666 900
　　管理费用　　　　　　　　　　　　　　　　　　　　35 100

贷：应付职工薪酬——非货币性福利　　　　　　　　　　　702 000
应记入"生产成本"科目的金额=702 000×1 900÷2 000=666 900（元）
应记入"管理费用"科目的金额=702 000×100÷2 000=35 100（元）
② 结转出库产品成本
借：主营业务成本　　　　　　　　　　　　　　　　　　　　400 000
　　贷：库存商品　　　　　　　　　　　　　　　　　　　　　400 000

（二）以外购商品作为福利发放给职工

以外购商品作为非货币性福利提供给职工的，应当按照该商品的价值和相关税费确定应计入成本费用和职工薪酬的金额。

例 7.19　外购商品作为福利发放给职工。

某公司会计人员收到增值税专用发票、结算凭证和发放明细表等原始单据。单据表明公司将外购大米和鸡蛋作为元旦福利发放给全体职工，外购大米、鸡蛋总价款为 33 900 元。公司员工构成情况与例 7.18 相同。

有关账务处理如下。
步骤 1　外购大米和鸡蛋发放时，编制会计分录如下。
借：应付职工薪酬——非货币性福利　　　　　　　　　　　　33 900
　　贷：银行存款等　　　　　　　　　　　　　　　　　　　　33 900
步骤 2　分配实际发放的大米和鸡蛋时，编制会计分录如下。
借：生产成本　　　　　　　　　　　　　　　　　　　　　　32 205
　　管理费用　　　　　　　　　　　　　　　　　　　　　　 1 695
　　贷：应付职工薪酬——非货币性福利　　　　　　　　　　　33 900
应确认的应付职工薪酬=33 900（元）
应记入"生产成本"科目的金额=33 900×1 900÷2 000=32 205（元）
应记入"管理费用"科目的金额=35 100×100÷2 000=1 695（元）

（三）将拥有的房屋等资产提供给职工使用，或者租赁住房等资产给职工无偿使用

企业将拥有的房屋等资产无偿提供给职工使用的，应当根据受益对象，将住房每期应计提的折旧计入相关成本或费用，同时确认应付职工薪酬。

租赁住房等资产给职工无偿使用的，应当根据受益对象，将住房每期应付的租金计入相关成本或费用，同时确认应付职工薪酬。

例 7.20　某公司自有资产和租用资产无偿提供给职工使用。

根据经理办公会议决议，某公司为管理人员租赁公寓 2 套，月租金为每套 2 400 元（对方出具增值税普通发票）；将自有房屋作为集体宿舍免费提供给企业职工使用，每月计提折旧为 5 000 元。

有关账务处理如下。

（1）租用住房给职工使用

步骤1　支付或计算房屋租金时，根据支付租金结算单据和计算表，编制会计分录如下。

借：应付职工薪酬——非货币性福利　　　　　　　　　　　　　4 800
　　贷：银行存款等　　　　　　　　　　　　　　　　　　　　　　　　4 800

步骤2　月末，分配职工薪酬时，编制会计分录如下。

借：管理费用　　　　　　　　　　　　　　　　　　　　　　　　4 800
　　贷：应付职工薪酬——非货币性福利　　　　　　　　　　　　　　　　4 800

（2）将公司自有住房给职工使用

步骤1　自有房屋计提折旧时，根据计提折旧明细表等，编制会计分录如下。

借：应付职工薪酬——非货币性福利　　　　　　　　　　　　　5 000
　　贷：累计折旧　　　　　　　　　　　　　　　　　　　　　　　　　5 000

步骤2　月末，分配职工薪酬时，根据职工薪酬分配表，编制会计分录如下。

借：生产成本　　　　　　　　　　　　　　　　　　　　　　　　5 000
　　贷：应付职工薪酬——非货币性福利　　　　　　　　　　　　　　　　5 000

六、核算因解除劳动关系而给予职工的补偿

因解除与职工尚未到期的劳动关系而给予职工的补偿：支付时应按实际支付的金额借记"应付职工薪酬"，贷记"银行存款"等科目；期末分配时，应按实际支付的补偿金额借记"管理费用"科目，贷记"应付职工薪酬"科目。

▍关键练习

1. 长江公司本月应付工资总额 500 000 元，工资费用分配汇总表中列示的产品生产人员工资为 300 000 元、车间管理人员工资为 70 000 元、行政管理人员工资为 60 000 元、销售人员工资为 70 000 元。

要求：编制长江公司分配工资的会计分录。

2. 长江公司企业在岗职工共计 1 000 人。其中，管理部门 20 人，生产车间 980 人。根据长江公司的政策，公司每月给每个职工 120 元伙食补助，在每月初将该款直接用转账支票转给公司下设的食堂。

要求：编制长江公司月初计算分配伙食补助款和将伙食补助款转给食堂时的有关会计分录。

3. 根据国家规定的标准计算，长江公司本月应缴纳的社会保险共计 60 000 元；应计入基本生产车间生产成本的金额为 40 000 元；应计入制造费用的金额为 18 800 元；应计入管理费用的金额为 1 200 元。个人应缴纳的社会保险共计 12 000 元。

要求：编制长江公司计算分配保险金、支付保险金的有关会计分录。

▍拓展阅读

应付职工薪酬、劳务费的区别

① 从适用法律角度来看，职工薪酬性支出是指按《中华人民共和国劳动法》第十六条的规定，用人单位与劳动者签订劳动合同后支付的报酬。劳务费即劳务报酬，一般是根据

《中华人民共和国民法典》的有关承揽合同、技术合同、居间合同等规定签订合同而取得的报酬。签订劳动合同的员工，享有《中华人民共和国劳动法》规定的权利和义务，与用工单位存在着雇用和被雇用的关系，用人单位除了支付报酬之外，还应履行缴纳社会保险的义务。劳务报酬则不存在这种关系，其劳动具有独立性、自由性，其行为受《中华人民共和国民法典》调整。

② 从管理方式上看，领取职工薪酬的员工都记载在企业的职工名册中，并且企业一般都对他们进行考勤，而对支付劳务报酬的人员一般不这样管理。

③ 从财务核算角度来看，职工薪酬报酬的支付一般通过"应付职工薪酬"科目核算，劳务报酬一般通过"生产成本""管理费用""销售费用"等科目核算。

④ 从税务管理角度看，职工薪酬的支付应使用职工薪酬表按实列支，并按规定代扣代缴工资、薪酬类个人所得税；纳税人支付劳务报酬则需要取得相应的劳务发票，并按规定代扣代缴劳务报酬类个人所得税。2种支出的计税方式完全不同。

任务四　核算应交税费

任务目标

主任务节点	子任务节点	期望的学习结果	达成情况自评
"应交税费"科目	核算内容	描述、辨别	
	明细账设置方法	说明、运用	
税种认识	各税种征税对象、税率、税额计算办法	说明、运用	
税费确认、计量	增值税一般计税原理	描述	
	购进和进口货物、劳务增值税税费核算	列举、说明、运用、举例	
	销售货物，提供劳务、服务增值税税费核算	列举、说明、运用、举例	
	兼营和混合销售行为核算要求	说明	
	增值税税费缴纳核算	说明、运用、举例	
	小规模纳税人税费核算	说明、运用、举例	
	销售、自产自用消费税核算	说明、运用、举例	
	其他税种核算	说明、运用、举例	

业务认知

税收是国家为了行使其职能而取得财政收入的一种方式，具有强制性、无偿性和固定性的特征。

税法是国家制定的用以调整国家和纳税人之间在征纳税方面的权利与义务关系的法律规范的总称。通俗地说，税法由以下要素构成：纳税义务人、征税对象和税目、计税依据或计税基础、税率、纳税环节、纳税期限和地点、税收优惠、罚则等。税法是纳税人纳税和国家征缴税款的依据，不按税法纳税和超越税法征税都是违法行为。

对于纳税义务人而言，当税法规定的征税对象发生，纳税义务人即产生按规定税率缴纳税款的现时义务，即形成企业负债，纳税义务人必须按税法规定的时限和地点缴纳税款以偿清税务负债。

根据税法，企业应缴纳的各种税费包括增值税、消费税、城市维护建设税、资源税、企业所得税、土地增值税、房产税、车船使用税、城镇土地使用税、教育费附加、印花税、耕地占用税等。

> **要点提示**
>
> 税法具体规定了各税种的纳税人、征税对象、计税依据、税目、税率、纳税期限、纳税地点等。

业务核算

一、会计科目和账簿设置

会计科目　"应交税费"科目核算小企业按照税法等规定应缴纳的各种税费，包括增值税、消费税、城市维护建设税、资源税、企业所得税、土地增值税、城镇土地使用税、房产税、车船税和教育费附加、矿产资源补偿费、排污费等。

小企业代扣代缴的个人所得税等也通过本科目核算。

账簿设置　本科目应当按照应交税费的税种设置明细账，进行明细核算。各税种的明细账详见税种的说明。

二、核算应交增值税

（一）增值税纳税人

增值税是指对我国境内销售或从境外购进货物、服务、无形资产，销售或租赁不动产，提供加工、修理修配劳务的增值额征收的一种流转税。增值税纳税人是在我国境内销售或从境外购进货物、服务、无形资产，销售或租赁不动产，提供加工、修理修配劳务的单位和个人。

增值税纳税人分为一般纳税人和小规模纳税人：应税行为的年应征增值税销售额（以下称应税销售额）超过财政部和国家税务总局规定标准的纳税人为一般纳税人；未超过规定标准的纳税人为小规模纳税人。

（二）增值税税率和征收率

增值税税率就是增值税税额占货物或应税劳务销售额的比率，是计算货物或应税劳务增值税税额的尺度。我国现行增值税属于比例税率，根据应税行为一共分为13%、9%、6%三档税率及5%、3%两档征收率。

（三）应纳税额计算的一般原理

1. 一般纳税人

一般纳税人采用一般计税办法计算应纳税额。

一般计税办法的应纳税额是指当期销项税额抵扣当期进项税额后的余额。应纳税额的计算公式为：

$$应纳税额 = 当期销项税额 - 当期进项税额$$

① 当期销项税额小于当期进项税额不足抵扣时，其不足部分可以结转至下期继续抵扣。

② 销项税额是指纳税人发生应税行为，按照销售额和增值税税率计算并收取的增值税税额。销项税额的计算公式为：

$$销项税额 = 销售额 \times 税率$$

③ 进项税额是指纳税人购进货物、加工修理修配劳务、服务、无形资产或不动产，支付或负担的增值税税额。

2. 小规模纳税人和其他采用简易计税办法的纳税人

小规模纳税人和其他采用简易计税办法的纳税人的应纳增值税税额按照简易计税办法计算征收。

简易计税方法的应纳税额是指按照销售额和增值税征收率计算的增值税额，不得抵扣进项税额。其应纳税额计算公式为：

$$应纳税额 = 销售额 \times 征收率$$

简易计税方法的销售额不包括其应纳税额。纳税人采用销售额和应纳税额合并定价方法的，按照下列公式计算销售额。

$$销售额 = 含税销售额 \div (1+征收率)$$

本书以生产型一般纳税人为主要范本，介绍增值税的核算。

（四）一般纳税企业的会计处理

1. 会计科目和账簿设置

会计科目　为了核算企业应交增值税的发生、抵扣、缴纳、退税及转出等情况，增值税一般纳税人应当在"应交税费"科目下设置"应交增值税""未交增值税""预交增值税"等明细科目。

账簿设置　增值税一般纳税人应在应交增值税明细账内设置"进项税额""销项税额抵减""已交税金""转出未交增值税""减免税款""出口抵减内销产品应纳税额""销项税额""出口退税""进项税额转出""转出多交增值税"等专栏。其中，"进项税额""已交税金"等为借方栏目，"销项税额""出口退税""进项税额转出"等为贷方栏目。应交增值税明细账应采用多栏账格式，发生的增值税事项应按栏目登记，格式如图7.11所示。

应交增值税明细账

单位：元

2020年		凭证		摘要	借方				贷方					借或贷	余额
月	日	字	号		进项税额	已交税金	转出未交增值税	…	合计	销项税额	出口退税	进项税额转出	转出多交增值税	…	合计		
12	2	记	3	购进	102070				102070								
	18	记	6	购农产品	13000				115070								
	20	记	22	非常损失								8500			8500		
	25	记	28	销售						153000					161500		
	27	记	33	产品投资						102000					263500		

说明：受篇幅限制金额分隔线略去。

图 7.11

2. 购进或进口货物、无形资产、不动产和接受应税劳务

下列进项税额准予从销项税额中抵扣。

① 从销售方取得的增值税专用发票（含税控机动车销售统一发票，下同）上注明的增值税税额。核算示例参见例 4.4、例 5.1、例 5.10、例 6.1 和例 7.1。

② 从海关取得的海关进口增值税专用缴款书上注明的增值税税额。

③ 购进农产品，除取得增值税专用发票或海关进口增值税专用缴款书外，按照农产品收购发票或销售发票上注明的农产品买价和适用扣除率计算的进项税额。其计算公式为：

$$进项税额 = 买价 \times 扣除率$$

式中，买价是指纳税人购进农产品在农产品收购发票或销售发票上注明的价款。核算示例参见例 4.6。

适用扣除率有 9% 和 10% 两种。购进农产品用于生产粮食等适用 9% 增值税税率产品的，适用扣除率为 9%；用于生产适用 13% 增值税税率产品的，适用扣除率为 10%。

④ 从境外单位或个人购进服务、无形资产或不动产，自税务机关或扣缴义务人处取得的解缴税款的完税凭证上注明的增值税税额。

纳税人取得的增值税扣税凭证不符合法律、行政法规或国家税务总局有关规定的，其进项税额不得从销项税额中抵扣。增值税扣税凭证是指增值税专用发票、海关进口增值税专用缴款书、农产品收购发票、农产品销售发票和完税凭证。

纳税人凭完税凭证抵扣进项税额的，应当具备书面合同、付款证明和境外单位的对账单或发票。资料不全的，其进项税额不得从销项税额中抵扣。

下列项目的进项税额不得从销项税额中抵扣。

① 用于简易计税方法的计税项目、免征增值税项目、集体福利或个人消费的购进货物、劳务、服务、无形资产和不动产。其中，涉及的固定资产、无形资产、不动产，仅指专用于上述项目的固定资产、无形资产（不包括其他权益性无形资产）、不动产。核算示例参见例 7.18 和例 7.19。

② 非正常损失的购进货物，以及相关劳务和交通运输服务。核算示例参见例 5.14 和例 5.15。

③ 非正常损失的在产品、产成品所耗用的购进货物（不包括固定资产）、劳务和交通运输服务。

④ 国务院规定的其他项目。

已抵扣进项税额的购进货物、劳务、服务，发生上述不得抵扣情形的，应当将该进项税额从当期进项税额中扣减。无法确定该进项税额的，按照当期实际成本计算应扣减的进项税额扣减。核算示例参见例7.15和例7.19。

纳税人适用一般计税方法计税的，因销售折让、中止或退回而退还给购买方的增值税税额，应当从当期的销项税额中扣减；因销售折让、中止或退回而收回的增值税税额，应当从当期的进项税额中扣减。

3. 销售货物、无形资产、不动产和提供应税劳务

销售额为纳税人发生应税销售行为收取的全部价款和价外费用，但是不包括收取的销项税额。

纳税人兼营销售货物、劳务、服务、无形资产或不动产，适用不同税率或征收率的，应当分别核算适用不同税率或征收率的销售额。未分别核算的，从高适用税率。

一项销售行为如果既涉及服务又涉及货物，就是混合销售。从事货物的生产、批发或零售的单位和个体工商户或者以从事货物的生产、批发或零售为主，并兼营销售服务的单位和个体工商户，发生的混合销售行为，按照销售货物缴纳增值税；其他单位和个体工商户的混合销售行为，按照销售服务缴纳增值税。

纳税人兼营免税、减税项目的，应当分别核算免税、减税项目的销售额。未分别核算的，不得免税、减税。

纳税人发生应税行为，开具增值税专用发票后，发生开票有误或销售折让、中止、退回等情形的，应当按照国家税务总局的规定开具红字增值税专用发票。未按照规定开具红字增值税专用发票的，不得扣减销项税额或销售额。

纳税人发生应税行为，将价款和折扣额在同一张发票上分别注明的，以折扣后的价款为销售额。未在同一张发票上分别注明的，以价款为销售额，不得扣减折扣额。

下列情形视同销售货物、服务、无形资产或不动产。

① 将货物交付他人代销。
② 销售代销货物。
③ 设有2个以上机构并实行统一核算的纳税人，将货物从一个机构移送至其他机构用于销售，但相关机构设在同一县（市）的除外。
④ 将自产、委托加工或购买的货物作为投资，提供给其他单位或个体经营者。
⑤ 将自产、委托加工或购买的货物分配给股东投资者。
⑥ 将自产、委托加工的货物用于集体福利或个人消费。
⑦ 将自产、委托加工或购买的货物无偿赠送他人。
⑧ 向其他单位或个人无偿提供服务，但用于公益事业或以社会公众为对象的除外。
⑨ 向其他单位或个人无偿转让无形资产或不动产，但用于公益事业或以社会公众为对象的除外。
⑩ 财政部和国家税务总局规定的其他情形。

核算示例参见例7.18。

4. 月末多交或未交增值税的结转

为了满足增值税的管理要求，企业应在"应交税费"科目下设置"未交增值税"明

细科目，核算企业月份终了从"应交税费——应交增值税"科目转入的当月未交或多交增值税。

每月末，当月有多交增值税的，应按多交的增值税税额，借记"应交税费——未交增值税"科目，贷记"应交税费——应交增值税（转出多交增值税）"科目；当月有未交增值税的，应按未交的增值税税额，借记"应交税费——应交增值税（转出未交增值税）"科目，贷记"应交税费——未交增值税"科目。

5. 缴纳增值税

在规定的纳税时间内，企业应编制增值税纳税申报表，向税务机关申报纳税。税款划转后，根据银行盖章退回的税收缴款书或缴款回单，按划缴的增值税税额，借记"应交税费——未交增值税"科目，贷记"银行存款"科目。

（六）小规模纳税人的会计处理

小规模纳税人（其他个人除外）均可自行选择开具增值税专用发票。应当按照不含税销售额和规定的增值税征收率计算缴纳增值税。

小规模纳税企业不享有进项税额的抵扣权，其购进货物或接受应税劳务支付的增值税税额直接计入有关货物或劳务的成本，不再计入进项税进行税额抵扣。

小规模纳税企业只需要在"应交税费"科目下设置"应交增值税"三栏明细账，不需要在"应交增值税"明细账中设置专栏。"应交税费——应交增值税"明细账，贷方登记应缴纳的增值税税额，借方登记已缴纳的增值税税额；期末贷方余额为尚未缴纳的增值税税额，借方余额为多缴纳的增值税税额。

例 7.21 核算小规模纳税人增值税。

2021 年 7 月 10 日，某小规模纳税人的会计人员收到外单位开来的增值税专用发票和本企业开出的转账支票存根联，系该小规模企业购入材料一批，价款为 62 123.89，增值税税额为 8 076.11 元。该批材料尚未入库，款项以银行存款支付。

作为小规模纳税人，购入货物进项税不能抵扣销项税，编制会计分录如下：

借：在途物资　　　　　　　　　　　　　　　　　　　　70 200
　　贷：银行存款　　　　　　　　　　　　　　　　　　70 200

同日，该小规模纳税人的会计人员收到本企业开出的增值税专用发票和银行存款进账通知单，系本企业销售产品一批。货款 9 000 元，增值税税额 2 700，价税款已经收存银行。小规模纳税人增值税征收率为 3%。

作为小规模纳税人，该企业应做如下会计处理。

编制会计分录如下：

借：银行存款　　　　　　　　　　　　　　　　　　　　92 700
　　贷：主营业务收入　　　　　　　　　　　　　　　　90 000
　　　　应交税费——应交增值税　　　　　　　　　　　 2 700

三、核算应交消费税

(一)纳税人和征税范围

根据《中华人民共和国消费税暂行条例》的规定,消费税是指在我国境内生产、委托加工和进口应税消费品的单位与个人,按其流转额缴纳的一种税。在中华人民共和国境内生产、委托加工和进口应税消费品的单位与个人为消费税的纳税人。应税消费品包括烟、酒、高档化妆品、贵重首饰及珠宝玉石、鞭炮焰火、成品油、小汽车、摩托车、高尔夫球及球具、高档手表、游艇、木制一次性筷子、实木地板、电池、涂料等。

(二)税率

消费税采取比例税率和定额税率2种方式,以适应不同应税消费品的实际情况,如表7.2所示。

表7.2 消费税税目税率表

税 目	税 率
一、烟	
1. 卷烟	
(1)甲类卷烟(生产或进口环节)	56%加0.003元/支
(2)乙类卷烟(生产或进口环节)	36%加0.003元/支
(3)批发环节	11%加0.005元/支
2. 雪茄烟	36%
3. 烟丝	30%
二、酒及酒精	
1. 白酒	20%加0.5元/500克(或500毫升)
2. 黄酒	240元/吨
3. 啤酒	
(1)甲类啤酒	250元/吨
(2)乙类啤酒	220元/吨
4. 其他酒	10%
三、高档化妆品(2016年10月1日起实行)	15%
四、贵重首饰及珠宝玉石	
1. 金银首饰、铂金首饰和钻石及钻石饰品	5%
2. 其他贵重首饰和珠宝玉石	10%
五、鞭炮、焰火	15%
六、成品油	
1. 汽油	1.52元/升
2. 柴油	1.2元/升
3. 航空煤油(暂缓征收)	1.2元/升
4. 石脑油	1.52元/升
5. 溶剂油	1.52元/升
6. 润滑油	1.52元/升
7. 燃料油	1.2元/升

(续表)

税　目	税　率
七、摩托车	
1. 气缸容量 250 毫升（不含）以下的小排量摩托车	免税
2. 气缸容量 250 毫升（含 250 毫升）	3%
3. 气缸容量 250 毫升以上的	10%
八、小汽车	
1. 乘用车	
（1）气缸容量在 1.0 升（含 1.0 升）以下的	1%
（2）气缸容量在 1.0 升以上至 1.5 升（含 1.5 升）的	3%
（3）气缸容量在 1.5 升以上至 2.0 升（含 2.0 升）的	5%
（4）气缸容量在 2.0 升以上至 2.5 升（含 2.5 升）的	9%
（5）气缸容量在 2.5 升以上至 3.0 升（含 3.0 升）的	12%
（6）气缸容量在 3.0 升以上至 4.0 升（含 4.0 升）的	25%
（7）气缸容量在 4.0 升以上的	40%
2. 中轻型商用客车	5%
九、高尔夫球及球具	10%
十、高档手表	20%
十一、游艇	10%
十二、木制一次性筷子	5%
十三、实木地板	5%
十四、电池	4%
十五、涂料	4%

（三）计税依据

1. 从价计征

在从价计征方式下，应纳税额等于销售额乘以比例税率。其中，销售额是纳税人销售应税消费品向购买方收取的全部价款和价外费用。应税消费品的销售额不包括向购货方收取的增值税税款。

2. 从量计征

在从量定额计算方法下，应纳税额等于应税消费品的销售数量乘以单位税额。

销售数量是指纳税人生产、加工和进口应税消费品的数量。其具体规定为：销售应税消费品的，为应税消费品的销售数量；自产自用的应税消费品的，为应税消费品的移送使用数量；委托加工应税消费品的，为纳税人收回的应税消费品数量；进口的应税消费品，为海关核定的应税消费品进口征税数量。

3. 从价从量复合计征

现行消费税的征税范围中，卷烟、白酒采用复合计征办法，应纳税额等于应税销售数量乘以定额税率加上应税销售额乘以比例税率。

(四)会计科目、账簿设置和登记

企业应交消费税,在"应交税费"科目下设置"应交消费税"明细科目核算。"应交消费税"科目账簿采用三栏式格式。

"应交消费税"科目的借方发生额反映实际缴纳的消费税和待扣的消费税,贷方发生额反映按规定应缴纳的消费税;期末贷方余额反映尚未缴纳的消费税,期末借方余额反映多缴或待扣的消费税。

(五)核算销售、自产自用消费品

应税消费品日常对外销售、自产自用的核算比照其他商品做销售、视同销售或生产领用处理。

月末,按税法规定计算应交消费税时,应编制应交消费税计算表,确认消费税税额。销售应税消费品和自产自用于生产非应税消费品应缴纳的消费税,借记"税金及附加"科目,自产自用于固定资产建设项目的,借记"在建工程"科目;按全部应缴纳的消费税,贷记"应交税费——应交消费税"科目。自产自用于继续生产应税消费品的不计算应交增值税。

申报缴纳消费税时,按实际划缴的数额,借记"应交税费——应交消费税"科目,贷记"银行存款"科目。

例 7.22 计算应纳消费税税额。

2021 年 7 月 31 日,编制应交消费税计算表,如图 7.12 所示。成品油采用从量定额方法征收,汽油单位税额为每升 1.52 元。

应交消费税计算表

2021 年 07 月 01 日至 07 月 31 日　　　　　　　　　　　　单位:元

项　　目	计税数量/升	单位税额	税　　额	备　　注
成品汽油	50 000	1.52	76 000	
合　　计	50 000	1.52	76 000	

会计主管:孙正峰　　　　　　　　　　　　制表:吴天

图 7.12

根据上述原始凭证,编制会计分录如下。

借:税金及附加　　　　　　　　　　　　　　　　　　　　76 000
　　贷:应交税费——应交消费税　　　　　　　　　　　　　　76 000

例 7.23 核算缴纳税款。

2021 年 8 月 5 日,收到银行盖章退回的税收缴款书,如图 7.13 所示。

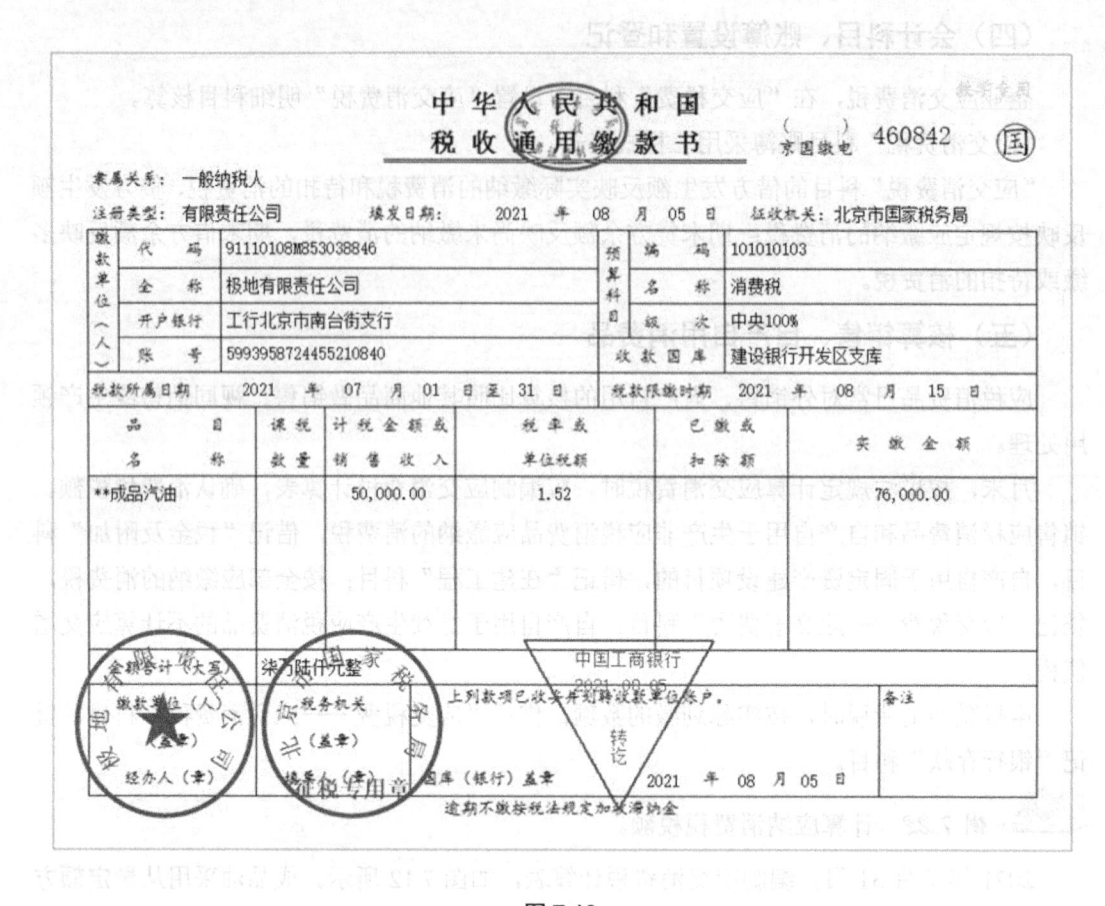

图 7.13

税收缴款书表明,公司当月的消费税已经由银行转账缴纳,应编制会计分录如下。

借:应交税费——应交消费税　　　　　　　　　　　　　76 000
　　贷:银行存款　　　　　　　　　　　　　　　　　　　　76 000

委托加工应税消费品应缴纳的消费税由受托单位代扣代缴。核算方法参见模块四的相关内容。

四、核算应交城市维护建设税

(一)纳税人和征税范围

城市维护建设税是对从事生产经营活动,缴纳增值税、消费税的单位和个人征收的一种税。其纳税人为缴纳增值税、消费税的单位和个人。

(二)税率

城市维护建设税的税率因纳税人所在地不同执行从1%到7%不等的税率。
① 纳税人所在地为市区的,税率为7%。
② 纳税人所在地为县城、镇的,税率为5%。

③ 纳税人所在地不在市区、县城、镇的，税率为1%。国家另有规定的除外。

（三）计税依据

城市维护建设税的计税依据是纳税人实际缴纳的增值税和消费税，如果免征或减征以上两税，则同时免征或减征城市维护建设税。

（四）应纳税额的计算和核算

城市维护建设税税额的计算公式为：

$$应交城市维护建设税税额=(实交增值税税额+实交消费税税额)\times 适用税率$$

企业计算、确认应交城市维护建设税时，按应交城市维护建设税税额借记"税金及附加"等科目，贷记"应交税费——应交城市维护建设税"科目。

例 7.24 计算、确认应交城市维护建设税。

2021年6月25日，收到应交城市维护建设税计算表。本期实际上应交增值税500 000元、消费税350 000元。该企业适用的城市维护建设税税率为7%。

做如下会计处理。

应交城市维护建设税=(500 000+350 000)×7%=59 500（元）

借：税金及附加	59 500
贷：应交税费——应交城市维护建设税	59 500

例 7.25 缴纳应交城市维护建设税。

2021年7月5日，收到银行盖章退回的税收缴款书，系用银行存款上缴城市维护建设税。编制会计分录如下。

借：应交税费——应交城市维护建设税	59 500
贷：银行存款	59 500

五、核算应交教育费附加和地方教育费附加

教育费附加和地方教育费附加是为了发展教育事业而征收的附加费用，其纳税人为缴纳增值税、消费税的单位和个人，计税依据是实际缴纳的增值税、消费税。当前教育费附加的征收比率为3%，地方教育费附加的征收比率为2%。应交教育费附加和地方教育费附加额的计算公式为：

$$应交教育费附加额=（实交增值税税额+实交消费税税额）\times 征收比率$$

企业确认、计算应交教育费附加和地方教育费附加时，按应交教育费附加额借记"税金及附加"等科目，贷记"应交税费——应交教育费附加"和"应交税费——应交地方教育费附加"科目。

例 7.26 计算、确认应交教育费附加和地方教育费附加。

2021年6月25日，编制应交教育费附加计算表，本期实际上应交增值税500 000元、

消费税 350 000 元。

进行如下会计处理。

应交教育费附加=（500 000+350 000）×3%=25 500（元）

应交地方教育费附加=（500 000+350 000）×2%=17 000（元）

借：税金及附加　　　　　　　　　　　　　　　　　　　　　42 500
　　贷：应交税费——应交教育费附加　　　　　　　　　　　　25 500
　　　　应交税费——应交地方教育费附加　　　　　　　　　　17 000

例 7.27　缴纳应交教育费附加。

2021 年 7 月 5 日，收到缴款书等相关原始凭证，系用银行存款上缴教育费附加。编制会计分录如下。

借：应交税费——应交教育费附加　　　　　　　　　　　　　25 500
　　应交税费——应交地方教育费附加　　　　　　　　　　　17 000
　　贷：银行存款　　　　　　　　　　　　　　　　　　　　42 500

六、核算资源税

（一）纳税义务人

在我国领土、领海、我国管辖的其他海域开发应税资源的单位和个人，为资源税的纳税人。

（二）税目、税率

资源税税目税率表如表 7.3 所示。

表 7.3　资源税税目及税率表（节选）

税	目	征税对象	税　率
能源矿产	原油	原矿	6%
	天然气、页岩气、天然气水合物	原矿	6%
	煤	原矿或选矿	2%～10%
	煤成（层）气	原矿	1%～2%
	铀、钍	原矿	4%
	油页岩、油砂、天然沥青、石煤	原矿或选矿	1%～4%
	地热	原矿	1%～20%或每立方米 1～30 元
金属矿产	黑色金属	铁、锰、铬、钒、钛	原矿或选矿	1%～9%
	有色金属	铜、铅、锌、锡、镍、锑、镁、钴、铋、汞	原矿或选矿	2%～10%
		铝土矿	原矿或选矿	2%～9%
		钨	选矿	6.5%
		钼	选矿	8%
		金、银	原矿或选矿	2%～6%

（三）核算应纳税额

资源税的应纳税额，按照从价定率或从量定额的办法，分别以应税产品的销售额乘以纳税人具体适用的比例税率或以应税产品的销售数量乘以纳税人具体适用的定额税率计算。

纳税人开采或生产不同税目应税产品的，应当分别核算不同税目应税产品的销售额或销售数量。未分别核算或不能准确提供不同税目应税产品的销售额或销售数量的，从高适用税率。

纳税人开采或生产应税产品自用的，应当依照本法规定缴纳资源税。但是，自用于连续生产应税产品的，不缴纳资源税。

期末计算、确认应交资源税时：按应缴纳的资源税应纳税额，借记"税金及附加"科目，贷记"应交税费——应交资源税"科目；按计算出的自产自用的应税产品应缴纳的资源税，借记"生产成本""制造费用"等科目，贷记"应交税费——应交资源税"科目。

例 7.28 计算应交资源税。

2021 年 6 月，某企业发生以下应税行为。
① 企业将自产的煤炭 2 000 吨对外销售，售价每吨 250 元。适用从价计征，税率 2%。
② 将自产的煤炭 2 000 吨用于其他非应税产品生产。

会计人员应做如下会计处理。

对外销售煤炭应交资源税=2 000×250×2%=10 000（元）
自产自用煤炭应交资源税=2 000×250×2%=10 000（元）

借：税金及附加	10 000	
生产成本——基本生产成本	10 000	
贷：应交税费——应交资源税		20 000

七、核算土地增值税

转让国有土地使用权、地上的建筑物及其附着物（简称转让房地产）并取得收入的单位和个人，为土地增值税的纳税义务人。

土地增值税实行四级超额累进税率，如表 7.4 所示。

表7.4 土地增值税税率表

级　数	计税依据	适用税率	速算扣除率
1	增值额未超过扣除项目金额50%的部分	30%	0
2	增值额超过扣除项目金额 50%，未超过扣除项目金额100%的部分	40%	5%
3	增值额超过扣除项目金额 100%，未超过扣除项目金额200%的部分	50%	15%
4	增值额超过扣除项目金额200%的部分	60%	35%

土地增值税按照转让房地产所取得的增值额和规定的税率计算征收。这里的增值额是指转让房地产所取得的收入减除规定扣除项目金额后的余额。企业转让房地产所取得的收入，包括货币收入、实物收入和其他收入。计算土地增值额的主要扣除项目有：取得土地使用权所支付的金额；开发土地的成本、费用；新建房屋及配套设施的成本、费用，或者旧房及建筑物的评估价格；与转让房地产有关的税金。

转让的国有土地使用权与其地上建筑物及其附着物一并在"固定资产"或"在建工程"科目核算的，转让时按应缴纳的土地增值税，借记"固定资产清理""在建工程"科目，贷记"应交税费——应交土地增值税"科目。土地使用权在"无形资产"科目核算的：按实际收到金额，借记"银行存款"科目；按应交土地增值税，贷记"应交税费——应交土地增值税"科目，同时冲销土地使用权的账面价值，贷记"无形资产"科目；按其差额，借记"营业外支出"科目或贷记"营业外收入"科目。

八、核算房产税、城镇土地使用税、车船税

（一）房产税

房产税是以房屋为征税对象，按房屋的计税余值或租金收入为计税依据，向产权所有人征收的一种财产税。

房产税依照房产原值一次减除10%至30%后的余值计算缴纳，具体减除幅度由省、自治区、直辖市人民政府规定。

没有房产原值作为依据的，由房产所在地税务机关参考同类房产核定。

房产出租的，以房产租金收入为房产税的计税依据。

房产税的税率，依照房产余值计算缴纳的情况下，税率为1.2%；依照房产租金收入计算缴纳的，税率为12%——对个人按市场价格出租的居民住房，用于居住的，可暂减按4%的税率征收房产税。

（二）城镇土地使用税

在城市、县城、建制镇、工矿区范围内使用土地的单位和个人，为城镇土地使用税（以下简称土地使用税）的纳税人，应当依照本条例的规定缴纳土地使用税。

土地使用税以纳税人实际占用的土地面积为计税依据，依照规定税额计算征收。

土地使用税每平方米年税额如下：

① 大城市1.5元至30元。
② 中等城市1.2元至24元。
③ 小城市0.9元至18元。
④ 县城、建制镇、工矿区0.6元至12元。

（三）车船税

在我国境内属于《中华人民共和国车船税法》所附车船税税目税额表规定的车辆、船舶（以下简称车船）的所有人或管理人为车船税的纳税人，应当缴纳车船税。车船税税目税额表如表7.5所示。

表7.5　车船税税目税额表

税 目		计税单位	年基准税额	备 注
乘用车	1.0升（含）以下的	每辆	60元至360元	核定载客人数9人（含）以下
	1.0升以上至1.6升（含）的		300元至540元	
	1.6升以上至2.0升（含）的		360元至660元	
	2.0升以上至2.5升（含）的		660元至1200元	
	2.5升以上至3.0升（含）的		1200元至2400元	
	3.0升以上至4.0升（含）的		2400元至3600元	
	4.0升以上的		3600元至5400元	
商用车	客车	每辆	480元至1440元	核定载客人数9人以上，包括电车
	货车	整备质量每吨	16元至120元	包括半挂牵引车、三轮汽车和低速载货汽车等
其他车辆	专用作业车	整备质量每吨	16元至120元	不包括拖拉机
	轮式专用机械车		16元至120元	
摩托车		每辆	36元至180元	
船舶	机动船舶	净吨位每吨	3元至6元	拖船、非机动驳船分别按照机动船舶税额的50%计算
	游艇	艇身长度每米	600元至2000元	

小企业应交的房产税、土地使用税、车船税，借记"税金及附加"科目，贷记"应交税费——应交房产税（或应交土地使用税、应交车船税）"等科目。

九、核算车辆购置税和印花税

（一）车辆购置税

在我国境内购置《中华人民共和国车辆购置税暂行条例》规定的车辆（以下简称应税车辆）的单位和个人为车辆购置税的纳税人，应当缴纳车辆购置税。购置，包括购买、进口、自产、受赠、获奖或以其他方式取得并自用应税车辆的行为。

车辆购置税的征收范围包括汽车、摩托车、电车、挂车、农用运输车。

车辆购置税实行从价定率的办法计算应纳税额。其应纳税额的计算公式为：

$$应纳税额=计税价格\times税率$$

车辆购置税的税率为10%。企业购置车辆缴纳的车辆购置税应计入车辆购置成本。

（二）印花税

印花税的纳税人是对书立、使用、领受《中华人民共和国印花税法》所列举的凭证并应依法履行纳税义务的单位和个人。《中华人民共和国印花税法》列举的凭证包括购销、加工承揽、建设工程承包、财产租赁、货物运输、仓储保管、借款、财产保险、技术合同或具有合同性质的凭证；产权转移书据；营业账簿；权利、许可证照，等等。纳税人根据应纳税凭证的性质，分别按比例税率或按件定额计算应纳税额。

印花税的纳税方法有自行贴花办法、汇贴或汇缴办法、委托代征办法。

1. 自行贴花办法

自行贴花办法是指纳税人在发生纳税义务时，应当根据应税凭证的性质和适用的税目税率，自行计算应纳税额，自行购买印花税票，自行一次贴足印花税票并加以注销或划销。这种办法，一般适用于应税凭证较少或贴花次数较少的纳税人。对已贴花的凭证，根据修改后所载金额增加的情况，其增加部分应当补贴印花税票；凡多贴印花税票者，不得申请退税或抵用。

2. 汇贴或汇缴办法

汇贴办法是指一份凭证应纳税额超过 500 元的，应当向当地税务机关申请填写缴款书或完税凭证，将其中一联粘贴在凭证上或由税务机关在凭证上加盖完税标记代替贴花；汇缴办法是指同一种类应税凭证，需要频繁贴花的，应当向当地税务机关申请按期汇总缴纳印花税。获准汇总缴纳印花税的纳税人，应持有税务机关发给的汇缴许可证，汇总缴纳的期限由当地税务机关确定，但最长期限不得超过 1 个月。汇贴或汇缴办法一般适用于应纳税额较大或贴花次数频繁的纳税人。

3. 委托代征办法

委托代征办法是指通过税务机关的委托，由发放或办理应纳税凭证的单位代为征收印花税税款。税务机关与代征单位签订代征委托书，并按代售金额 5%的比例支付代征手续费。

企业缴纳的印花税，不会发生应付未付税款的情况，不需要预计应纳税金额，同时也不存在与税务机关结算或清算的问题。因此，小企业缴纳的印花税不需要通过"应交税费"科目核算，可在购买印花税票时直接借记"税金及附加"科目，贷记"银行存款"科目。

十、应交个人所得税

在中国境内的居民个人从中国境内和境外取得的所得，依照本法规定缴纳个人所得税。非居民个人从中国境内取得的所得，依照《中华人民共和国个人所得税法》规定缴纳个人所得税。

下列各项个人所得，应缴纳个人所得税。

① 工资、薪金所得。
② 劳务报酬所得。
③ 稿酬所得。
④ 特许权使用费所得。
⑤ 经营所得。
⑥ 利息、股息、红利所得。
⑦ 财产租赁所得。
⑧ 财产转让所得。
⑨ 偶然所得。

居民个人取得前款第①项至第④项所得（以下称综合所得），按纳税年度合并计算个人所得税；非居民个人取得前款第①项至第④项所得，按月或按次分项计算个人所得税。纳税人取得前款第⑤项至第⑨项所得，依照《中华人民共和国个人所得税法》规定分别计算个人所得税。

个人所得税执行以下税率。

① 综合所得，适用3%至45%的超额累进税率。

② 经营所得，适用5%至35%的超额累进税率。

③ 利息、股息、红利所得、财产租赁所得、财产转让所得和偶然所得适用比例税率，税率为20%。

本书仅涉及工资薪酬所得个人所得税，具体核算参见本模块任务三的相关内容。

企业所得税的相关核算参见本书模块十，其他税费，如契税、耕地占用税等不做介绍。

关键练习

假设你是长江公司的一名会计人员，长江公司某月发生了下列经济业务。

（1）购入原材料一批，增值税专用发票上注明货款为60 000元、增值税税额为7 800元。货物尚未到达，货款和进项税税款已用银行存款支付。

（2）收购用作原材料的免税农产品一批，用于生产食用油。收购凭证表明收购价款为10 000元。货物验收入库，货款已用现金支付。

（3）赊销应交消费税产品6 000升，价款为200 000元，增值税税额为26 000元。该产品采用从价计征，税率为3%。

（4）委托外公司对一台生产设备进行日常修理，对方开来的增值税专用发票上注明修理费用为10 000元、增值税税额为1 300元。款项已用银行存款支付。

（5）仓库因保管不善丢失原材料一批，材料的实际成本为10 000元、增值税税额为1 300元。相关情况已提交有关领导，等待处理。

（6）销售非应交消费税产品一批，价款为50 000元，增值税税额为6 500元。款项尚未收到。

要求：编制上述业务核算的会计分录，在此基础上完成以下工作。

（1）自制应交增值税明细账，并根据上述业务登记应交增值税明细账。

（2）根据登记的应交增值税明细账，编制会计分录结转当月未交增值税。

（3）计算当月应交消费税，编制计算、确认应交消费税的会计分录。

（4）计算、确认当月应交城市维护建设税、教育费附加和地方教育费附加，编制相应的会计分录。

（5）编制缴纳上述税费的会计分录。

拓展阅读

最方便的纳税方式：三方协议电子缴税

这里所说的三方协议，全称是联网电子缴税三方协议书或财税库银横向联网电子缴税三方协议书，是纳税人、税务局和纳税人开户银行三方联合签订的通过中国税收征管系统和税库银行横向联网系统电子划转应纳税款的协议。

三方协议电子缴税形式提供了一种十分方便快捷的交税方式,纳税人仅需要在纳税申报系统(中国税收征管系统的一个组成部分)自助申报,即可完成税款划转。税款的划转方法分为 2 种:一种为纳税人自行划转,即由纳税人自行申报,并在纳税申报系统中发出指令,由开户银行划转税款至国库(中国人民银行);另外一种是在三方协议中约定,可以由税务机关根据税务局数据库的申报数据自动把应缴纳的税款经开户银行划转至中国人民银行。

三方协议的签署简化了纳税流程,为纳税人节约了大量时间。

任务五 核算其他应付项目

任务目标

主任务节点	子任务节点	期望的学习结果	达成情况自评
"应付利息""应付利润""其他应付款" 科目	核算内容	描述、辨别	
	明细账设置方法	说明、运用	
其他应付项目确认和计量	应付利息核算	说明	
	应付利润核算	说明、运用、示例	
	其他应付款核算	说明、运用、示例	

业务认知

应付利息是指企业按照合同约定应支付的利息,包括分期付息到期还本的长期借款、企业债券等应支付的利息。

应付利润是指企业经股东大会或类似机构审议批准的利润分配方案中确定分配给投资者的现金利润。

其他应付款是指企业除应付票据、应付账款、预收账款、应付职工薪酬、应付利息、应付股利、应交税费、长期应付款等以外的其他各项应付、暂收的款项,如出租固定资产或包装物收取的存入保证金等。

业务核算

一、应付利息

会计科目 "应付利息"科目核算企业按照合同约定应支付的利息。

账簿设置 本科目应当按照贷款人或债权人进行明细核算。科目期末贷方余额反映企业按照合同约定应支付但尚未支付的利息。

核算方法请参见本书模块八。

二、应付利润

会计科目 "应付利润"科目核算企业确定或宣告支付但尚未实际支付的现金利润。

账簿设置 本科目应按照投资者设置明细账，进行明细核算。

基本账务处理 该账簿贷方登记应支付的现金利润，借方登记实际支付的现金利润；期末贷方余额反映企业应付未付的现金利润。

根据经股东大会或类似机构审议批准的利润分配方案计算应支付的现金股利或利润时，借记"利润分配——应付利润"科目，贷记"应付股利"科目；实际支付现金股利或利润时，借记"应付股利"科目，贷记"银行存款"等科目。

例 7.29 分配股利。

2021 年 4 月 25 日，收到股东大会会议纪要，经全体股东大会批准，决定分配 2020 年度股利 1 000 000 元。

编制会计分录如下。

借：利润分配——应付现金股利或利润　　　　　　　1 000 000
　　贷：应付股利　　　　　　　　　　　　　　　　　　　1 000 000

具体股东分配略。

例 7.30 支付股利。

2021 年 6 月 25 日，收到中国工商银行转账支票存根若干，系用银行存款支付 2020 年度现金股利。

编制会计分录如下。

借：应付股利　　　　　　　　　　　　　　　　　　1 000 000
　　贷：银行存款　　　　　　　　　　　　　　　　　　　1 000 000

三、其他应付款

会计科目 "其他应付款"科目核算其他应付款的增减变动及其结存情况。

账簿设置 本科目按照其他应付款的项目和对方单位（或个人）设置明细账，进行明细核算。

基本账务处理 本账簿贷方登记发生的各种应付、暂收款项，借方登记偿还或转销的企业发生的其他各种应付、暂收款项；该科目期末贷方余额，反映企业应付未付的其他应付款项。

企业发生其他各种应付、暂收款项时，借记"管理费用""应交税费——应交增值税（进项税额）"等科目，贷记"其他应付款"科目；支付或退回其他各种应付、暂收款项时，借记"其他应付款"科目，贷记"银行存款"等科目；小企业无法支付的其他应付款，借记

"其他应付款"科目,贷记"营业外收入"科目。

例 7.31 核算其他应付款。

12月1日,收到租赁合同及相关手续,系总经理办公室以经营租赁方式从某小规模纳税人处租入大型制图机一台。每月租金500元,按季支付,租期为3个月。

步骤1 12月31日计提应付经营租入设备租金时,编制会计分录如下。

借:管理费用	500
贷:其他应付款——X小规模企业	500

次年1月31日计提应付经营租入设备租金的会计处理同上。

步骤2 次年2月底支付租金时,编制会计分录如下。

借:其他应付款——X小规模企业	1 000
管理费用	500
贷:银行存款	1 500

■ 关键练习

假定你是天同大宇公司的会计,2021年4月7日,收到股东会会议纪要,经全体股东批准,决定2020年度分配现金股利600 000元。天同大宇公司股东有同人公司、大发公司、共富公司3家,持股比例分别为55%、25%、20%。

2021年5月8日,公司以汇兑方式支付了现金股利。

要求:根据上述资料,编制会计分录。

■ 拓展阅读

股 利

股息、红利合称为股利。股份公司通常在年终结算后,将盈利的一部分作为股利按持股比例分配给股东。股利的主要发放形式有现金股利、股票股利、财产股利等。

现金股利也称派现,是股份公司以货币形式发放给股东的股利。股票股利也称送红股,是指股份公司以增发本公司股票的方式来代替现金向股东派息,通常按股票的比例分发给股东。股东得到的股票股利,实际上是向公司增加投资。新建或正在扩张中的公司,往往会借助于分派股票股利而少发现金股利。财产股利是股份公司以实物或有价证券的形式向股东发放的股利。

股利的发放一般是在股东大会通过利润分配方案之后进行的。股利的派发权属于股东大会或类似权力机构。

■ 模块法规依据

1.《小企业会计准则》及其附录(2011年10月18日财政部财会〔2011〕17号印发,自2013年1月1日起施行)

2.《中华人民共和国增值税暂行条例》(1993年12月13日中华人民共和国国务院令第

134号公布，2008年11月5日国务院第34次常务会议修订通过，根据2016年2月6日《国务院关于修改部分行政法规的决定》第一次修订，根据2017年11月19日《国务院关于废止〈中华人民共和国营业税暂行条例〉和修改〈中华人民共和国增值税暂行条例〉的决定》第二次修订）

3.《中华人民共和国增值税暂行条例实施细则》（经财政部部务会议和国家税务总局局务会议修订通过，自2009年1月1日起施行）

4.《中华人民共和国消费税暂行条例》（经2008年11月5日国务院第34次常务会议修订通过，自2009年1月1日起施行）

5.《中华人民共和国城市维护建设税暂行条例》（1985年2月8日由国务院发布，根据2011年1月8日《国务院关于废止和修改部分行政法规的决定》修订）

6.《征收教育费附加的暂行规定》《关于统一地方教育费附加政策有关问题的通知》等

7.《中华人民共和国资源税暂行条例实施细则》（经财政部部务会议和国家税务总局局务会议修订通过，自2011年11月1日起施行）

8.《中华人民共和国土地增值税暂行条例》（1993年12月13日中华人民共和国国务院令第138号发布，2011年1月8日中华人民共和国国务院令第588号修改）

10.《中华人民共和国房产税暂行条例》（1986年9月15日由国务院正式发布，从当年10月1日开始施行）

11.《中华人民共和国城镇土地使用税暂行条例》（2006年12月31日修订发布，2013年12月4日部分修订，同年12月7日起实施）

12.《中华人民共和国车辆购置税法》（2018年12月29日，第十三届全国人民代表大会常务委员会第七次会议通过，自2019年7月1日起施行）

13.《中华人民共和国车船税法》（中华人民共和国第十一届全国人民代表大会常务委员会第十九次会议于2011年2月25日通过，自2012年1月1日起施行）

14.《中华人民共和国印花税暂行条例》（1988年8月6日中华人民共和国国务院令第11号发布，根据2011年1月8日《国务院关于废止和修改部分行政法规的决定》修订）

15.《关于实施修订后的企业财务通则有关问题的通知》（财政部〔2007〕48号）

16.《关于企业职工教育经费提取与使用管理的意见》（财建〔2006〕317号）

17.《基层工会经费收支管理办法》（总工办发〔2017〕32号）

18.《中华人民共和国个人所得税法》（1980年9月10日第五届全国人民代表大会第三次会议通过，根据1993年10月31日第八届全国人民代表大会常务委员会第四次会议《关于修改〈中华人民共和国个人所得税法〉的决定》第一次修正，根据1999年8月30日第九届全国人民代表大会常务委员会第十一次会议《关于修改〈中华人民共和国个人所得税法〉的决定》第二次修正，根据2005年10月27日第十届全国人民代表大会常务委员会第十八次会议《关于修改〈中华人民共和国个人所得税法〉的决定》第三次修正，根据2007年6月29日第十届全国人民代表大会常务委员会第二十八次会议《关于修改〈中华人民共和国个人所得税法〉的决定》第四次修正，根据2007年12月29日第十届全国人民代表大会常务委员会第三十一次会议《关于修改〈中华人民共和国个人所得税法〉的决定》第五次修正，根据2011年6月30日第十一届全国人民代表大会常务委员会第二十一次会议《关于修改〈中华人民共和国个人所得税法〉的决定》第六次修正，根据2018年8月31日第

十三届全国人民代表大会常务委员会第五次会议《关于修改〈中华人民共和国个人所得税法〉的决定》第七次修正）

19.《关于全面推进生育保险和职工基本医疗保险合并实施的意见》（国办发〔2019〕10号）

20.《财政部 税务总局〈关于企业职工教育经费税前扣除政策的通知〉》（财税〔2018〕51号）

21.《财政部 国家税务总局〈关于进一步鼓励软件产业和集成电路产业发展企业所得税政策〉的通知》（财税〔2012〕27号）

22.《国务院〈关于印发个人所得税专项附加扣除暂行办法的通知〉》（国发〔2018〕41号，自2019年1月1日起施行）

23.《财政部 国家税务总局<关于住房公积金、医疗保险金、养老保险金征收个人所得税问题>的通知》（财税字〔1997〕144号）

24.《国家税务总局〈关于失业保险费（金）征免个人所得税问题的通知〉》（国税发〔2000〕83号）

25.《增值税会计处理规定》（财会〔2016〕22号）

26.《国家税务总局关于增值税专用发票管理等有关事项的公告》（国家税务总局2019年公告第33号）

27.《中华人民共和国资源税法》（2019年8月26日第十三届全国人民代表大会常务委员会第十二次会议通过）

28.《中华人民共和国契税法》（2020年8月11日第十三届全国人民代表大会常务委员会第二十一次会议通过，自2021年9月1日起施行）

模块八 核算银行借款

工作导入

企业在生产经营活动过程中，可能会因为某些因素导致投资者投入的资本金不能满足生产经营需要。这时就需要从银行或其他金融机构借入一定数额的款项。这种从银行或其他金融机构借入的款项被称为银行借款。

银行借款根据偿还期限长短，可以分为2种：短期借款和长期借款。两者区分的主要标志是以1年为界限，偿还期限在1年以内（含1年）的属于短期借款，偿还期限在1年以上的为长期借款。

银行借款的使用并不是无偿的，需要根据借贷双方的约定向银行或其他金融机构支付借款利息。借款利息的支付方式通常有分期支付利息、到期一次支付利息等。

任务一 核算短期借款

任务目标

主任务节点	子任务节点	期望的学习结果	达成情况自评
"短期借款""应付利息"科目	核算内容	描述、辨别	
	明细账设置方法	说明、运用	
短期借款核算	短期借款确认	说明、运用、举例	
	应付利息确认和计量	说明、运用、示例	

业务认知

短期借款是指企业从银行或其他金融机构等借入的期限在1年以下（含1年）的各种借款。

企业的短期借款，主要是为满足企业在生产经营过程中临时性、季节性的资金需求，保证生产经营活动的正常进行而从银行借入的资金。

企业从银行或其他金融机构借入资金，必须向银行或其他金融机构提出申请，填写借款申请书并提供相关资料。银行或其他金融机构接到企业的申请，要对企业的申请进行审查，以决定是否对企业提供贷款。银行或其他金融机构经审查同意贷款后，企业与银行或其他金融机构签订流动资金贷款合同。贷款合同生效，贷款银行要按合同的规定按期发放贷款并通知企业。企业应按借款合同的规定按时足额归还借款本息。一般情况下，贷款银行或其他金融机构会在短期借款到期之前1个星期向借款企业发出还本付息通知单。企业在接到还本付息通知单后，要及时筹备资金，按期还本付息。如果企业不能按期归还借款，则应在借款到期之前，向银行或其他金融机构申请贷款展期。但是否展期，由贷款银行或其他金融机构根据具体情况决定。

> **要点提示**
> 贷款展期是指贷款人在向贷款银行申请并获得批准的情况下，延期偿还贷款的行为。

业务核算

一、会计科目、账簿设置和基本账务处理

1."短期借款"科目

会计科目　"短期借款"科目核算短期借款的取得及偿还情况。

账簿设置　"短期借款"科目按借款种类、贷款人和币种进行明细核算。

基本账务处理　企业从银行或其他金融机构取得短期借款时，借记"银行存款"科目，贷记"短期借款"科目；企业短期借款到期偿还本金时，借记"短期借款"科目，贷记"银行存款"科目。

"短期借款"账簿余额在贷方，表示尚未偿还的短期借款。

2."应付利息"科目

会计科目　"应付利息"科目核算企业按照合同约定应支付的利息，包括短期借款、分期付息到期还本的长期借款、企业债券等应支付的利息。

账簿设置　科目应当按照贷款人设置明细账，进行明细核算。

基本账务处理　银行一般于每季度末收取短期借款利息，为此企业的短期借款利息一般采用月末预提的方式进行核算。短期借款利息属于筹资费用，应记入"财务费用"科目。企业应当在资产负债表日，按照计算确定的短期借款利息费用，借记"财务费用"科目，

贷记"应付利息"科目；实际支付利息时，根据已预提的利息，借记"应付利息"科目，根据应计利息总额减去已预提的利息的余额，借记"财务费用"科目，根据应付利息总额，贷记"银行存款"科目。

长期借款利息账务处理见本模块任务二。

> **要点提示**
>
> "短期借款"科目仅核算借款的本金，借款利息在"应付利息"科目中核算。

二、企业短期借款的核算

例 8.1 核算借入的短期借款。

2021 年 1 月 1 日，收到出纳员从银行取回的盖有银行转讫章的银行借款凭证，如图 8.1 所示。

图 8.1

应编制会计分录如下。

借：银行存款　　　　　　　　　　　　　　　　　　　36 000
　　贷：短期借款——工行北京市南台街支行　　　　　　　36 000

例 8.2 承例 8.1，计算借款利息。

2021 年 1 月 31 日，会计人员编制银行借款利息计算表，如图 8.2 所示。该笔借款的年利率为 7.2%。

银行借款利息计算表

2021 年 01 月 31 日

借款名称	借款金额	计息月份	借款利率	借款利息
生产周转贷款	36,000.00	1	7.2%	216.00
合计				216.00

会计主管：孙正峰　　　　制单：吴天　　　　复核：孙正峰

图 8.2

根据银行借款利息计算表，应编制会计分录如下。

借：财务费用　　　　　　　　　　　　　　　　　　216
　　贷：应付利息——工行北京市南台街支行　　　　　　216

2021 年 2 月的银行借款利息计算表和会计处理与此相同。

课堂讨论

2021 年 2 月的银行借款利息计算表该怎么填？

例 8.3　偿还借款本金及利息。

承例 8.2，2021 年 3 月 31 日，会计人员编制银行借款利息计算表并取得银行业务回单（见图 8.3）。

中国工商银行　　　　　　凭 证
业务回单（　　）

日期：2021 年 03 月 31 日　　回单编号：75015474347

付款人户名：极地有限责任公司　　付款人开户行：工行北京市南台街支行
付款人账号(卡号)：2365316502155704001（一般存款户）
收款人户名：极地有限责任公司　　收款人开户行：工行北京市南台街支行
收款人账号(卡号)：9122112226665581501（贷款账户）
金额：叁万陆仟陆佰肆拾捌元整　　　　　　小写：¥36,648.00 元
业务(产品)种类：贷款本息　　凭证种类：9720241115　　凭证号码：39522692746594092
摘要：扣还贷款本金36000元，利息648元　　用途：　　币种：人民币
交易机构：2467671856　　记账柜员：66996　　交易代码：51941　　渠道：
9122112226665581501（贷款账户）

本回单为第 1 次打印，注意重复　　打印日期：2021 年 03 月 31 日　打印柜员：9　　验证码：873052124828

图 8.3

步骤 1　偿还利息应编制会计分录如下。
借：应付利息——工行北京市南台街支行　　　　　　　　　432
　　财务费用　　　　　　　　　　　　　　　　　　　　　216
　　　贷：银行存款　　　　　　　　　　　　　　　　　　　　　648
步骤 2　偿还本金应编制会计分录如下。
借：短期借款——工行北京市南台街支行　　　　　　　　36 000
　　　贷：银行存款　　　　　　　　　　　　　　　　　　　　36 000

关键练习

某企业 2021 年 1 月 1 日从银行借入 120 000 元、期限 9 个月、年利率 8%的借款。该项借款利息分月预提，按季支付利息，到期归还本金。

要求：请分别编制借入款项、按月预提利息、按季支付利息和到期归还本金的会计分录。

拓展阅读

银行借款的种类

银行借款除按借款期限可以分为长期借款和短期借款外，还可以按以下方式分类。

1. 按借款的条件分类

按借款是否需要担保，银行借款可以分为信用借款、担保借款和票据贴现。

信用借款是指以借款人的信誉为依据而获得的借款，企业取得这种借款无须以财产做抵押；担保借款是指以一定的财产做抵押或以一定的保证人做担保为条件所取得的借款；票据贴现是指企业以持有的未到期的商业票据向银行贴付一定的利息而取得的借款。

2. 按提供贷款的机构分类

按提供贷款的机构，可将银行借款分为政策性银行贷款和商业银行贷款。

政策性银行贷款一般是指执行国家政策性贷款业务的银行向企业发放的贷款。例如，国家开发银行为满足企业承建国家重点建设项目资金需要提供的贷款，进出口信贷银行为大型设备的进出口提供的买方或卖方信贷。商业银行贷款是指由各商业银行向工商企业提供的贷款。这类贷款主要是为满足企业生产经营的资金需要。此外，企业还可从信托投资公司取得实物或货币形式的信托投资贷款、从财务公司取得各种贷款等。

任务二　核算长期借款

任务目标

主任务节点	子任务节点	期望的学习结果	达成情况自评
"长期借款"科目	核算内容	描述、辨别	
	明细账设置方法	说明、运用	
长期借款核算	长期借款确认	说明、运用、举例	
	应付利息确认规则	说明、运用、示例	

业务认知

长期借款是指企业从银行或其他金融机构借入的期限在1年以上（不含1年）的各种借款。它一般用于固定资产的购建工程、改扩建工程、大修理工程、对外投资，以及用于保持长期经营能力等方面。

企业从银行获得长期贷款的程序比流动资金贷款的程序复杂、严格，一般包括建立信贷关系、受理贷款申请、贷前调查、贷款审查、贷款签批、贷款发放、贷款检查、贷款偿还或展期等重要步骤。

企业首次向贷款银行申请贷款时，应先向银行申请建立信贷关系，填写建立信贷关系申请书并向银行提供相关资料。银行接到企业提交的建立信贷关系申请书及有关资料后，应及时安排专人对企业情况进行核实，对照银行贷款条件，判别其是否具备建立信贷关系的条件。经经办行初审同意，报经上级行审批，企业与银行的信贷关系建立，即可根据需要向银行提出贷款申请。企业书写申请贷款书面报告申请贷款，银行完成内部调查、审批程序后，如果同意贷款，就由经办行通知借款人签订借款合同，办理贷款手续。

业务核算

会计科目 "长期借款"科目核算长期借款的借入、归还等情况。

账簿设置 "长期借款"科目按照贷款银行和贷款种类设置明细账。

基本账务处理 "长期借款"科目的贷方登记长期借款本金增加额，借方登记本金减少额；贷方余额表示企业尚未偿还的长期借款。

企业借入各种长期借款时：按实际收到的款项，借记"银行存款"科目；按借款本金，贷记"长期借款"科目。

执行《小企业会计准则》企业的长期借款利息费用，应当在资产负债表日按照合同利率确定。计算确定的长期借款利息费用，应当按以下原则计入有关成本、费用：属于筹建期间的，计入管理费用；属于生产经营期间的，计入财务费用；如果长期借款用于购建固定资产，则在固定资产尚未竣工前所发生的应当资本化的利息支出数，计入在建工程成本。计提长期借款利息，借记"财务费用""管理费用""在建工程"等科目，贷记"应付利息"科目。

企业归还长期借款：按归还的长期借款本金，借记"长期借款"科目；按归还的利息，借记"应付利息"科目；按实际归还的款项，贷记"银行存款"科目。

例8.4 借入长期借款。

2020年1月1日，收到借款借据，如图8.4所示。根据借款合同，该项长期借款按年计付利息。

模块八 核算银行借款

中国工商银行 借款借据 第一联 借据回单

银行编号：10200010　借款日期：2020 年 01 月 01 日　№ 8540

| 借款单位名称 | 极地有限责任公司 | 放款账号 | 3759477419743166 | 利率 | 9% |
| 存款账号 | 2365316502155704001 |

借款金额（大写）　壹佰万元整　¥ 1 000 000 00

约定还款日期　2021 年 12 月 31 日
实际放款日期　2020 年 01 月 01 日
借款种类　抵押贷款　借款合同号码　27726950

借款直接用途：
1. 周转金　4.
2.　5.
3.　6.

还款记录：工行北京市南台街支行　2020.01.01 转讫

根据签订的借款合同和你单位申请借款用途，经审查同意发放上列金额贷款。

中国工商银行　批准人：　　（银行转账盖章）2020 年 01 月 01 日

开户银行：工行北京市南台街支行

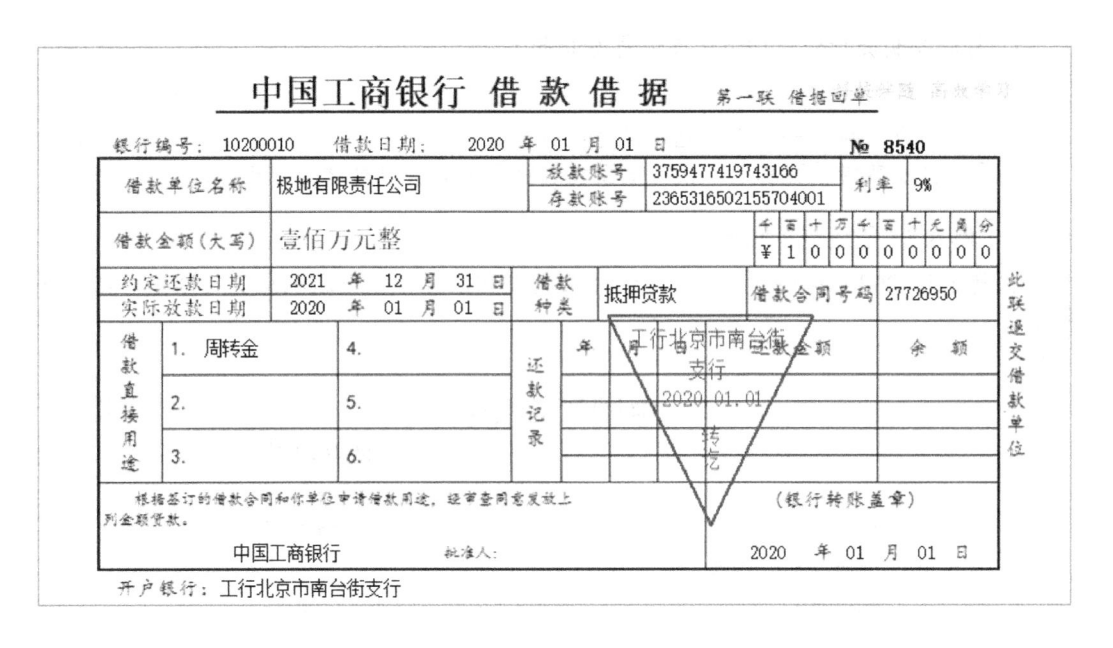

图 8.4

应编制会计分录如下。

借：银行存款　　　　　　　　　　　　　　　　　　1 000 000
　　贷：长期借款——工行北京市南台街支行　　　　　　1 000 000

例 8.5　计算长期借款利息。

承例 8.4，2020 年 12 月 31 日，编制银行借款利息计算表（见图 8.5），计提当月长期贷款利息。本企业按月计提借款利息。

银行借款利息计算表
2020 年 12 月 31 日

借款名称	借款金额	计息月份	借款利率	借款利息
长期借款（工行）	1,000,000.00	2020年12月	9%	7,500.00
合　计				7,500.00

会计主管：孙正峰　　　制单：吴天　　　复核：孙正峰

图 8.5

当年应计提利息 90 000 元，前 11 个月应计提 82 500 元，当月应计提利息 7 500 元。

12月应编制会计分录如下（其他月份同此）。

借：财务费用 7 500
　　贷：应付利息——工行北京市南台街支行 7 500

各月计提长期借款利息时，银行借款利息计算表和会计处理与此相同。

例 8.6 偿还借款利息。

承例 8.5，2020 年 12 月 31 日，会计人员收到银行扣缴贷款利息业务回单，如图 8.6 所示。

中国工商银行

业务回单（　　）

| 日期： | 2020 年 12 月 31 日 | 回单编号：33835574557 |

付款人户名：极地有限责任公司　　付款人开户行：工行北京市南台街支行
付款人账号(卡号)：2365316502155704001

收款人户名：极地有限责任公司　　收款人开户行：工行北京市南台街支行
收款人账号(卡号)：5140319707464714

金额：玖万元整　　　　　　　　　　　　　小写：　¥90,000.00　元

业务(产品)种类：贷款利息　　凭证种类：9164758938　　凭证号码：33067761070825610

摘要：计收2020年度极地有限公司**号贷款利息　　用途：　　　　币种：人民币

交易机构：2800188789　　记账柜员：76814　　交易代码：81091　　渠道：
5140319707464714

本回单为第 1 次打印，注意重复　打印日期：2020 年 12 月 31 日　打印柜员：7　验证码：184663508301

图 8.6

根据银行借款利息计算表，应编制会计分录如下。

借：应付利息——工行北京市南台街支行 90 000
　　贷：银行存款 90 000

2021年12月31日偿还利息时，银行借款利息计算表和会计处理与此相同。

例 8.7 偿还借款本金。

承例 8.6，2021 年 12 月 31 日，会计人员取得借款还款业务回单，如图 8.7 所示。根据还款凭证，应编制会计分录如下。

借：长期借款——工行北京市南台街支行 1 000 000
　　贷：银行存款 1 000 000

模块八 核算银行借款

中国工商银行 凭证
业务回单（　　）

日期： 2021 年 12 月 31 日　　回单编号： 76541419343

付款人户名： 极地有限责任公司　　付款人开户行： 工行北京市南台街支行
付款人账号(卡号)： 2365316502155704001（存款户）
收款人户名： 极地有限责任公司　　收款人开户行： 工行北京市南台街支行
收款人账号(卡号)： 5140319707464714（贷款户）
金额： 壹佰万元整　　　　　　　　　　　　　　　　小写： ￥1,000,000.00 元
业务(产品)种类： 贷款　　凭证种类： 0896169093　　凭证号码： 66773706866651490
摘要： 扣还贷款本金　　用途：　　　　　　　　　币种： 人民币
交易机构： 5081872268　 记账柜员： 92138　 交易代码： 87182　 渠道：
5140319707464714（贷款户）

本回单为第 1 次打印，注意重复　打印日期： 2021 年 12 月 31 日 打印柜员：2　验证码：145572265020

图8.7

■ 关键练习

某公司 2021 年 1 月 1 日借入期限为 3 年的生产经营用长期借款 5 000 000 元，款项已存入银行。借款年利率为 9.6%，每年年末付息，到期一次还本。

要求：根据上述业务编制借款借入、各月计息、年末付息、到期一次还本的会计分录。

■ 拓展阅读

公司债券

公司债券是指公司依照法定程序发行的，约定在一定期限还本付息的有价证券。公司债券是公司债务的表现形式。基于公司债券的发行，债券持有人和发行人之间形成以还本付息为内容的债权债务法律关系。因此，公司债券是公司向债券持有人出具的债务凭证。

对企业而言，发行债券是企业融资的重要手段。

■ 模块法规依据

1.《小企业会计准则》及其附录（2011 年 10 月 18 日财政部财会〔2011〕17 号印发，自 2013 年 1 月 1 日起施行）

2.《固定资产贷款管理暂行办法》（2009 年 7 月 23 日银监会令〔2009〕2 号印发，自发布之日起 3 个月后即同年 10 月 23 日施行）

3.《流动资金贷款管理暂行办法》（2009 年 7 月 23 日发布，并自发布之日起施行）

模块九 核算所有者权益

📱 所有者权益构成及各项形成过程

工作导入

所有者权益是指所有者在企业资产中享有的经济利益，其金额是全部资产减去全部负债后的余额。小企业所有者权益来源于所有者投入的资本、留存收益等。会计上通常将所有者权益划分实收资本（或股本）、资本公积、盈余公积和未分配利润4个部分。其中，盈余公积和未分配利润都来源于企业经营利润，是净利润去除分配给投资者外留存在企业的部分，称为留存收益。

① 实收资本。企业的实收资本是指投资者按照合同、协议约定或相关规定投入到小企业，构成小企业注册资本的部分。

- 小企业收到投资者以现金或非货币性资产投入的资本，应当按照其在本企业注册资本中所占的份额计入实收资本，超出的部分应当计入资本公积。
- 投资者根据有关规定对小企业进行增资或减资，小企业应当增加或减少实收资本。

所有者向企业投入的资本，在一般情况下无须偿还，可以长期周转使用。

② 资本公积。小企业资本公积是指收到的投资者出资额超过其在注册资本或股本中所占份额的部分。

小企业用资本公积转增资本，应当冲减资本公积。小企业的资本公积不得用于弥补亏损。

③ 盈余公积。盈余公积是指小企业按照法律规定在税后利润中提取的法定公积金和任意公积金。

小企业用盈余公积弥补亏损或转增资本，应当冲减盈余公积。小企业的盈余公积还可以用于扩大生产经营。

④ 未分配利润。未分配利润是指小企业实现的净利润，经过弥补亏损、提取法定公积金和任意公积金、向投资者分配利润后，留存在本企业的、历年结存的利润。

模块九　核算所有者权益

任务一　核算投资者投入资本

任务目标

主任务节点	子任务节点	期望的学习结果	达成情况自评
所有者权益构成	所有者权益构成	列举、识别	
	各项所有者权益内涵、用途	说明	
"实收资本""资本公积"科目	核算内容	描述、辨别	
	明细账设置方法	说明、运用	
接受投资核算	接受不同形式投资的计量	说明、运用	
	接受不同形式投资确认规则	说明、运用、示例	

业务认知

投资者向企业投入资本的出资方式可以分为以现金资产出资和以非现金资产出资 2 种。以非现金资产出资是指以货币资金资产以外的存货、固定资产、无形资产等资产出资。

对于有限责任公司，在初建公司时，各投资者按照合同、协议或公司章程，投入企业的资本都会形成企业的注册资本。

企业创建完成后，经过一段时间的生产和经营，形成一定的内部积累，企业的利润率一般会高于企业创建初期，运营风险也相应地降低。此时，如果进行企业重组或有新投资者加入，则新加入的投资者会享有企业以前的经营成果，所以企业的原有投资者会要求新投资者支付高于新投资者在注册资本中享受份额的资金来作为补偿。新投资者投入的高于其享有的注册资本份额的资金额，作为资本公积金。

业务核算

一、会计科目、账簿设置和基本账务处理

1. "实收资本"科目

会计科目　"实收资本"科目（股份有限责任公司为"股本"科目）核算企业接受投资者投入企业的注册资本。

企业收到投资额中超过投资者在注册资本或股本中所占份额的部分，作为资本溢价或股本溢价，在"资本公积"科目核算，不在本科目核算。

账簿设置　本科目按投资者设置明细账，进行明细核算。

基本账务处理

① 小企业收到投资者的出资，借记"银行存款""其他应收款""固定资产""无形资产"等科目，按照其在注册资本中所占的份额，贷记本科目；按照其差额，贷记"资本公

积"科目。

② 小企业根据有关规定增加注册资本,借记"银行存款""资本公积""盈余公积"等科目,贷记本科目。

③ 小企业根据有关规定减少注册资本,借记本科目、"资本公积"等科目,贷记"库存现金""银行存款"等科目。

2. "资本公积"科目

会计科目 "资本公积"科目核算企业收到投资者出资超出其在注册资本或股本中所占的份额的部分。

账簿设置 小企业按资本公积项目设置明细账,进行明细核算。

基本账务处理

小企业根据有关规定用资本公积转增资本,借记"资本公积"科目,贷记"实收资本"科目。其他核算参见实收资本核算。

有限责任公司接受投入资本的核算具有典型性,对除股份有限责任公司外的其他企业有参照意义。股份有限责任公司的核算本书不做单独介绍。

企业收到所有者投入企业的资本后,应根据有关原始凭证,分别按不同出资方式进行会计处理。

二、主要经济业务核算

(一)接受现金资产投资

《中华人民共和国公司法》规定,股东既可以用货币出资,也可以用实物、知识产权、土地使用权等可用货币估价并可以依法转让的非货币资产作价出资,但是法律、行政法规规定不得作为出资的财产除外。

例 9.1 核算接受现金投资。

极地公司是由甲、乙、丙 3 家公司出资设立的,注册资本为 2 000 000 元,甲、乙、丙公司持股比例分别为 60%、25%和 15%。其中,甲公司以现金出资 800 000 元,同时出资一套价值 400 000 元的设备;乙公司以价值 500 000 元(含增值税)的原材料出资;丙公司以一项评估价值 300 000 元(含增值税)的非专利技术出资。

公司创建时,收到出纳员转来的现金交款单、验资证明等,单据表明甲公司投入的资金 800 000 元已经存入银行。

应编制会计分录如下。

借:银行存款 800 000
　　贷:实收资本——甲公司 800 000

(二)接受非现金资产投资

小企业接受非现金资产投资时,应按评估价值确定非现金资产价值。以可以作为出资的非货币资产出资的,应当评估作价、核实财产,不得高估或低估作价;法律、行政法规对评估作价有规定的,按规定评估作价。

例9.2 核算接受固定资产投资。

承例9.1，根据投资协议，极地公司已经办妥接收甲公司出资设备的接收手续，取得设备增值税专用发票。经评估该设备价值353 982.30元，增值税税额46 017.70元。该设备不需要安装。

接受该设备时，根据验资报告书、增值税专用发票和相关固定资产交付使用清单，编制会计分录如下。

借：固定资产	353 982.30
应交税费——应交增值税（进项税额）	46 017.70
贷：实收资本——甲公司	400 000

例9.3 核算接受原材料投资。

收到乙公司投入的原材料及其增值税专用发票，该批材料评估价值442 477.88元。增值税专用发票表明该材料增值税税额为57 522.12元，材料已经办妥移交手续。

根据资产评估报告和增值税专用发票，编制会计分录如下。

借：原材料	442 477.88
应交税费——应交增值税（进项税额）	57 522.12
贷：实收资本——乙公司	500 000

例9.4 核算接受非专利技术投资。

承例9.1，公司已收到丙公司投资的非专利技术和增值税专用发票，办妥接收手续。根据投资协议，该非专利技术评估作价283 018.87元。假定该非专利技术符合国家注册资本管理的有关规定。

根据资产验资评估报告和相关资料移交验收证明，编制会计分录如下。

借：无形资产——非专利技术	283 018.87
应交税费——应交增值税（进项税额）	16 981.13
贷：实收资本——丙公司	300 000

（三）核算资本溢价

除股份公司以外的其他类型企业，在企业创立时，投资者认缴的出资额与其享有的注册资本金额一致，一般不会产生资本溢价。但在企业重组和新投资者加入时常常会出现资本溢价。

例9.5 核算资本溢价。

承例9.1，极地公司由甲、乙、丙3家公司投资设立后，经过几年的经营，企业稳步发展。现有投资者丁公司要加入该企业，经各方协商，甲、乙、丙、丁公司达成协议，丁出资2 900 000元，其中2 000 000元用于将注册资本增加至4 000 000元，增资后丁公司享有极地公司50%的股权。

收到丁公司款项存入银行的进账单时，编制会计分录如下。

```
借：银行存款                    2 900 000
    贷：实收资本——丁公司              2 000 000
        资本公积                        900 000
```

（四）核算资本公积转增注册资本

小企业按有关规定，经股东大会决议将资本公积转增资本的，应按资本公积转增资本的数额，借记"资本公积"科目，贷记"实收资本"科目。

■ 关键练习

乐施公司由甲、乙2家公司出资设立，总注册资本1 200 000元。其中，甲公司占50%的股权，以现金600 000元人民币出资；乙公司占另外50%的股权，以评估价值530 973.45元的设备投资。已收到资金存款证明和增值税专用发票，发票注明设备适用税率为13%，增值税税额69 026.55元。设备已收到。

经过5年的生产运作，企业所有者权益大幅增加。这时，有丙公司愿意加入该企业，并表示愿意出资1 000 000元，将乐施公司的注册资本增加到1 800 000元，享有与甲、乙2位股东同等的实收资本份额。经协商，甲、乙公司同意丙公司的投资请求并签订投资协议，丙公司的1 000 000元出资额已经存入银行。

要求： 根据上述资料编制乐施公司设立时和接受丙公司投资时的会计分录。

■ 拓展阅读

我国企业的组织形式

根据我国法律，我国企业的组织形式有个人独资企业、合伙企业、有限责任公司和股份有限责任公司。

① 个人独资企业是指由一个自然人投资，财产为投资人个人所有，投资人以其个人财产为企业的债务承担无限责任的经营实体。

② 合伙企业是指由2人或2人以上按协议投资组建的经济组织。公司财产归合伙人所有，并由合伙人共同经营、共负盈亏。合伙人以全部财产承担民事责任，合伙企业的合伙人应承担无限连带责任，即一旦发生债务，债权人就可以向任何一个合伙人请求清偿全部债务。

③ 有限责任公司是指由2至50个股东共同出资组成，股东仅就自己的出资额对公司的债务承担有限责任的公司。我国还存在一人有限责任公司和国有独资公司，股东个人和国家仅对一人有限责任公司和国有独资公司的债务承担有限责任。

④ 股份有限责任公司是指由一定人数出资设立，全部资本划分为等额股份，并通过发行股票来筹集资本的公司企业。它与有限责任公司的区别是：股份有限责任公司资本总额平分为金额相等的股份，并通过公开发行向社会筹集资金；有限责任公司不对外公开募集股份，不发行股票。

任务二　核算利润分配和留存收益

任务目标

主任务节点	子任务节点	期望的学习结果	达成情况自评
利润分配	利润分配项目和顺序	列举、排序	
	盈余公积提取和补亏的量化规定	说明	
"利润分配"科目	核算内容	描述、辨别	
	明细账设置方法	说明、运用	
利润分配核算	结转当年利润、提取盈余公积、分配现金股利核算	说明、运用、示例	
	结转已分配利润核算	说明、运用、示例	
盈余公积补亏核算		说明、运用	
转增资本核算		说明、运用	

业务认知

企业每年生产经营获得的利润，应根据有关法规要求和经营管理需要进行利润分配。根据法律规定，如果企业当年获得的利润总额为正数（盈利），则必须按照以下顺序分配。

步骤1　弥补以前年度亏损。我国税法规定，企业纳税年度发生的亏损，准予向以后年度结转，用以后年度的所得弥补，但结转年限最长不得超过5年。

要特别强调的是，本处所说的亏损是指企业依照《中华人民共和国企业所得税法》和其实施条例的规定，年度的收入总额减除不征税收入、免税收入和各项扣除后小于0的数额，不完全等同于会计上的利润总额。

步骤2　缴纳所得税。经上项弥补亏损后，仍有余额的，公司应依《中华人民共和国企业所得税法》规定缴纳企业所得税。

步骤3　弥补在税前利润弥补亏损之后仍存在的亏损。

步骤4　提取法定公积金。

《中华人民共和国公司法》规定，公司分配当年税后利润时，应当提取利润的10%列入公司法定公积金。公司法定公积金累计额为公司注册资本的50%以上的，可以不再提取。

步骤5　提取任意公积金。

公司从税后利润中提取法定公积金后，经股东会或股东大会决议，还可以从税后利润中提取任意公积金。

步骤6　向股东分配利润。

进行利润分配时应注意以下事项。

① 如果企业当年获得的利润总额为负数（亏损），则不能进行利润分配。

② 企业当年利润总额按利润分配顺序步骤1弥补符合条件的以前年度亏损后，余额小于等于0的，利润分配停止；步骤1补亏后余额大于0的，依法缴纳企业所得税。

③ 企业缴纳企业所得税后的利润余额为当年净利润。如果当年净利润不足以弥补步骤3所称亏损的，则利润分配停止；如果弥补后净利润仍有余额，则应当提取法定公积金。

企业根据经营需要，确定提取任意公积金和向股东分配利润的比例。

业务核算

一、会计科目、账簿设置和基本账务处理

会计科目 "利润分配"科目核算企业利润的分配（或亏损的弥补）和历年分配（或弥补）后的未分配利润（或未弥补的亏损）。

账簿设置 本科目分别按"提取法定盈余公积""提取任意盈余公积""应付利润""盈余公积补亏""未分配利润"等设置明细账，进行明细核算。

基本账务处理 年度终了，企业应将全年实现的净利润或净亏损额，从"本年利润"科目转入"利润分配——未分配利润"科目，并将"利润分配"科目所属其他明细（"提取法定盈余公积""提取任意盈余公积""应付现金股利或利润"等）科目余额转入"利润分配——未分配利润"科目。结转后，"未分配利润"明细科目如果为贷方余额，则反映企业历年积存未分配利润；如果出现借方余额，则反映企业历年积存的未弥补亏损。

二、核算利润分配

例9.6 核算利润分配及结转已分配利润。

极地公司本年利润分配相关情况如下。

① "利润分配——未分配利润"明细账显示，年初未分配利润的贷方余额为1 000 000元。
② 本年利润账簿显示，缴纳企业所得税后本年利润的贷方余额为4 000 000元。
③ 公司按当年净利润的10%提取法定公积金。
④ 根据公司情况，股东会决定宣告发放现金股利600 000元。

会计人员应根据相关账簿、决议和编制的表格做如下会计处理。

（1）将本年实现的净利润结转至未分配利润

应编制会计分录如下。

借：本年利润　　　　　　　　　　　　　　　　　　　4 000 000
　　贷：利润分配——未分配利润　　　　　　　　　　　　4 000 000

（2）提取法定盈余公积

法定盈余公积提取基数＝当年净利润-弥补在税前利润弥补亏损之后仍存在的亏损
　　　　　　　　　　＝4 000 000-0＝4 000 000（元）

当年提取的法定盈余公积＝法定盈余公积提取基数×10%＝4 000 000×10%＝400 000（元）

应编制会计分录如下。

借：利润分配——提取法定盈余公积   400 000
  贷：盈余公积——法定盈余公积   400 000
（3）计提应付现金股利
应编制会计分录如下。
借：利润分配——应付利润   600 000
  贷：应付股利   600 000
（4）结转全年已分配的利润
应编制会计分录如下。
借：利润分配——未分配利润   1 000 000
  贷：利润分配——提取法定盈余公积   400 000
    利润分配——应付现金股利   600 000

三、核算盈余公积弥补亏损和转增资本

企业提取的盈余公积经批准可用于转增资本和弥补企业亏损。

① 盈余公积转增资本。经批准盈余公积用于转增资本的，应按股东原有持股比例，分别转增各股东资本。以法定盈余公积转增资本后，留存的法定盈余公积数额不能少于注册资本的25%。用盈余公积转增资本时，借记"盈余公积——法定盈余公积"或"盈余公积——任意盈余公积"科目，贷记"实收资本"科目。

② 盈余公积弥补企业亏损。用盈余公积弥补企业亏损的，借记"盈余公积——法定盈余公积"或"盈余公积——任意盈余公积"科目，贷记"利润分配——盈余公积补亏"科目。

■ 关键练习

承例9.6，如果极地公司当年实现利润总额4 000 000元，则按《中华人民共和国企业所得税法》规定计算的当期应缴企业所得税为750 000元。其他情况与例9.6相同。

要求：根据相关法规做出相应的会计处理。

■ 拓展阅读

所有者权益的特征及与债权人权益的比较

所有者权益与债权人权益相比较，一般具有以下4个基本特征。

① 所有者权益在企业经营期内可供企业长期、持续地使用，企业不必向投资人返还资本金，而负债则需要按期返还给债权人，成为企业的负担。

② 企业所有者凭其对企业投入的资本，享受分配税后利润的权利。所有者权益是企业分配税后净利润的主要依据，而债权人除按规定取得股息外，无权分配企业的利润。

③ 企业所有者有权行使企业的经营管理权，或者授权管理人员行使经营管理权；但债权人并没有经营管理权。

④ 企业的所有者对企业的债务和亏损负有无限责任或有限责任；而债权人对企业的其他债务不存在关系，一般也不承担企业的亏损。

模块法规依据

1. 《小企业会计准则》及其附录（2011年10月18日财政部财会〔2011〕17号印发，自2013年1月1日起施行）

2. 《中华人民共和国公司法》（根据2018年10月26日第十三届全国人民代表大会常务委员会第六次会议《关于修改〈中华人民共和国公司法〉的决定》第四次修正）

3. 《中华人民共和国企业所得税法》（根据2018年12月29日第十三届全国人民代表大会常务委员会第七次会议《关于修改〈中华人民共和国电力法〉等四部法律的决定》第二次修正）

模块十 核算收入、费用和利润

工作导入

企业存在的最终目的就是获取利润。企业利润主要来源于企业收入和费用的差额。

以下公式便于理解本模块内容之间的关系：

利润=收入-费用+投资收益+营业外收入-营业外支出

任务一 核算企业的收入

任务目标

主任务节点	子任务节点	期望的学习结果	达成情况自评
了解收入	收入的概念和特征	说明、区分（与利得）	
	收入的分类	列举、辨别	
"主营业务收入""主营业务成本""其他业务收入""其他业务成本"科目	核算内容	描述、辨别	
	明细账设置方法	说明、运用	
收入核算	收入确认时间要求	说明、运用	
	销售收入、销售成本确认	说明、运用、示例	
	销售折让和销货退回确认	说明、运用、示例	
	劳务收入（同一会计期间完成和跨会计期间完成）确认规则	说明、运用、示例	

业务认知

一、收入的概念和特征

收入是指企业在日常活动中形成的、会导致所有者权益增加的、与所有者投入资本无关的经济利益的总流入,包括销售商品收入和提供劳务收入。

收入具有以下特征。

(一)收入是企业在日常活动中形成的经济利益的总流入

企业的日常活动是指企业为完成其经营目标而从事的经常性活动及与之相关的活动。例如,工业企业供、产、销及与之相关的管理活动;商业企业的购销及与之相关的管理活动;提供劳务和销售服务的公司提供劳务或服务的活动;房地产开发企业建造、销售房屋的活动,等等。不同类型的企业的日常经营活动有所不同。日常经营活动是企业生产经营的主体,是企业赖以生存和发展的主要手段。

与日常经营活动对应的是企业的非日常经营活动。例如,工业企业、商业企业、提供劳务和销售服务的企业销售无形资产、固定资产、对外投资;房地产开发企业生产和出售商品,等等。

企业日常活动取得的经济利益流入,是企业经济利益流入的主体,应当作为收入管理;非日常经营活动产生的经济利益流入则需要另外作为利得管理。

(二)收入会导致企业所有者权益增加

企业取得的收入能增加资产,如销售商品会引起银行存款、应收账款的增加,或者能减少负债,如以商品或劳务抵偿债务,或者二者兼而有之。根据会计的基本等式"资产=负债+所有者权益"可以推导出,企业取得收入应当能增加所有者权益。

(三)收入与所有者投入资本无关

企业的所有者向企业投资主要是为了谋求享有企业资产的剩余权益,所以由所有者投资形成的经济利益的流入不构成收入,而应确认为企业所有者权益的组成部分。

二、收入的分类

(一)按取得的业务类型划分

收入从其取得的业务类型角度看,可以分为商品销售收入、提供劳务收入、让渡资产使用权收入。

1. **商品销售收入**

商品销售收入是指通过销售商品实现的收入。这里所说的商品包括企业为销售而生产的产品、为转售而购进的商品,以及为销售而建造的不动产等。企业销售其他存货,如原材料、包装物等也属于销售商品。

2. 提供劳务收入

小企业提供劳务的收入，是指小企业从事建筑安装、修理修配、交通运输、仓储租赁、邮电通信、咨询经纪、文化体育、科学研究、技术服务、教育培训、餐饮住宿、中介代理、卫生保健、社区服务、旅游、娱乐、加工及其他劳务服务活动取得的收入。

3. 让渡资产使用权收入

让渡资产使用权收入是指企业通过让渡资产使用权实现的收入。让渡资产使用权收入包括利息收入和使用费收入：利息收入主要是指金融企业对外贷款取得的利息收入等；使用费收入主要是指企业转让资产的使用权取得的收入，包括转让无形资产使用权取得的收入、对外出租固定资产收取的租金收入、进行债权投资收到的利息、进行股权投资取得的现金股利等。

（二）按企业经营业务的主次划分

收入按企业经营业务的主次分类，可以分为主营业务收入和其他业务收入。

1. 主营业务收入

主营业务收入是指企业为完成其经营目标从事的经常性活动实现的收入。主营业务收入是企业营业收入的主要部分，对企业的经济效益会产生重大影响。

2. 其他业务收入

其他业务收入是指企业为完成其经营目标所从事的与经常性活动相关的活动实现的收入。其他业务收入是企业的次要交易实现的收入，这部分收入一般占企业总收入的比重较小。

业务核算

一、会计科目和账簿设置

1. "主营业务收入"科目

会计科目 "主营业务收入"科目核算企业确认的销售商品、提供劳务等主营业务的收入。

账簿设置 本科目应当按照主营业务的种类设置明细账，进行明细核算。

2. "主营业务成本"科目

会计科目 "主营业务成本"科目核算企业确认销售商品、提供劳务等主营业务收入时应结转的成本。

账簿设置 本科目应当按照主营业务的种类进行明细核算。

3. "其他业务收入"科目

会计科目 "其他业务收入"科目核算企业除主营业务活动以外的其他经营活动实现的收入，包括出租固定资产、出租无形资产、销售材料等实现的收入。

账簿设置 本科目按其他业务的种类设置明细账，进行明细分类核算。

4. "其他业务成本"科目

会计科目 "其他业务成本"科目用于核算除主营业务成本以外的其他经营活动所发生的成本，包括销售材料的成本、出租固定资产的折旧费、出租无形资产的摊销额等。

账簿设置 本科目按其他业务的种类设置明细账,进行明细分类核算。

二、核算销售商品收入

核算销售商品收入涉及的主要内容包括核算商品(产品、材料、包装物等)销售、核算销售折让和销售退回、核算商业折扣和现金折扣,以及销售商品成本结转等内容。

(一)核算商品销售

通常,小企业应当在发出商品且收到货款或取得收款权利时,确认销售商品收入。具体区分以下情况确认收入。

① 销售商品采用托收承付方式的,在办妥托收手续时确认收入。
② 销售商品采取预收款方式的,在发出商品时确认收入。
③ 销售商品采用分期收款方式的,在合同约定的收款日期确认收入。
④ 销售商品需要安装和检验的,在购买方接收商品及安装和检验完毕时确认收入。安装程序比较简单的,可在发出商品时确认收入。
⑤ 销售商品采用支付手续费方式委托代销的,在收到代销清单时确认收入。
⑥ 销售商品以旧换新的,销售的商品作为商品销售处理,回收的商品作为购进商品处理。
⑦ 采取产品分成方式取得的收入,在分得产品之日按照产品的市场价格或评估价值确定销售商品收入。

小企业应当按照从购买方已收或者应收的合同或协议价款,确定销售商品收入。

小企业销售商品或提供劳务实现的收入,应当按照实际收到或应收的金额,借记"银行存款""应收账款"等科目;按照税法规定应缴纳的增值税税额,贷记"应交税费——应交增值税(销项税额)"科目,按照确认的销售商品收入,贷记"主营业务收入"或"其他业务收入"科目。

普通销售示例见例 3.1;预收款方式销售示例参见例 7.3、例 7.4。

例 10.1 核算销售材料。

12月9日,收到增值税专用发票、出库单据和相关结算单据,系公司将一批不需用的甲材料销售给明朗公司。售价为 10 000 元,增值税税额为 1 300 元,款项已由银行收妥。

应编制会计分录如下。

借:银行存款　　　　　　　　　　　　　　　　　　　11 300
　　贷:其他业务收入　　　　　　　　　　　　　　　　10 000
　　　　应交税费——应交增值税(销项税额)　　　　　 1 300

(二)结转已销商品成本

月末,小企业可根据本月销售各种商品或提供各种劳务的实际成本,计算应结转成本,借记"主营业务成本""其他业务成本"科目,贷记"库存商品""原材料""工程施工"等科目。

模块十 核算收入、费用和利润

例 10.2 月末结转已销商品成本。

12 月月末，根据编制的产品出库汇总表和材料出库汇总表，本月销售甲商品出库总实际成本 72 000 元，销售 A 材料总实际成本 6 000 元。

应编制会计分录如下。

借：主营业务成本	72 000
贷：库存商品——甲产品	72 000
借：其他业务成本	6 000
贷：原材料——A 材料	6 000

（三）核算销售折让、销售退回，以及商业折扣和现金折扣

1. 销售折让的处理

销售折让是因售出商品的质量、规格不符合合同要求等原因而在售价上给予购买方价格上的减让。企业将商品销售给买方后，买方如果发现商品在质量、规格等方面不符合销售协议的要求，可能要求卖方在价格上给予一定的折让。

↑销售折让的发票
及对应账务处理

销售折让核算的基本思路是：如果销售折让发生在确认销售收入之前，则应按扣除销售折让后的金额确认销售收入；如果销售折让发生在确认销售收入以后，则应在发生时冲减当期商品销售收入；如果按规定允许扣减增值税税额的，则还应冲减已确认的增值税销项税额。

例 10.3 核算销售折让。

11 月 5 日，收到本公司开出的增值税专用发票和销售出库单，系公司向罗莱公司销售产品一批。价款为 200 000 元，增值税税额为 26 000 元。公司已做会计处理。

12 月 10 日，罗莱公司电函本公司，指出收到产品后发现产品质量不合格，要求在价格上给予 5% 的折让。经查证，罗莱公司所述情况属实，公司同意给予折让。增值税专用发票罗莱公司已到税务局认证并抵扣税款。

12 月 15 日，公司收到罗莱公司转来的税务部门出具的开具红字增值税专用发票通知书。本公司依据通知书开具了冲减折让金额的红字专用发票，将发票联和抵扣联发给罗莱公司。

各阶段的会计处理如下。

11 月 5 日，会计人员根据增值税发票等单据，确认销售收入，编制会计分录如下。

借：应收账款——罗莱公司	226 000
贷：主营业务收入	200 000
应交税费——应交增值税（销项税额）	26 000

12月15日，根据红字增值税专用发票记账联，编制会计分录如下。

借：应收账款——罗莱公司	11 300
贷：主营业务收入	10 000
应交税费——应交增值税（销项税额）	1 300

实际收到款项时，编制会计分录如下。

借：银行存款　　　　　　　　　　　　　　　　　　　　　214 700
　　贷：应收账款——罗莱公司　　　　　　　　　　　　　　　　214 700

2. 核算销售退回

　　企业销售商品除可能发生销售折让外，还可能发生销售退回。发生销售退回（不论属于本年度还是属于以前年度的销售）时，均应冲减当期销售收入。发生销售退回时，应：按照应冲减销售商品收入的金额，借记"主营业务收入""其他业务收入"科目；按照实际支付或应退还的金额，贷记"银行存款""应收账款"等科目。涉及增值税销项税额的，还应进行相应的会计处理。结转销售退回商品的成本，可以将销售退回商品的数量直接从本月的销售数量中减去，得出本月销售的净数量，然后计算当月应结转的主营业务成本。也可以先单独计算本月销售退回商品的成本，借记"库存商品"等科目，贷记"主营业务成本"科目，然后再按正常销售数量结转销售成本。

3. 核算商业折扣和现金折扣

　　商业折扣和现金折扣的核算请参见模块三例3.3、例3.4及相关内容。

三、核算提供劳务收入

　　从劳务完成的时间长短角度看，企业对外提供劳务，有的劳务开始和结束时间在同一个会计期间，有的劳务则开始和结束时间不在一个会计期间。这2种情况的会计处理不同，会计人员应根据劳务完成的时间跨度来确定会计处理方法。

（一）在同一会计期间内开始并完成的劳务

　　对于在同一会计期间开始并完成的劳务（包括仅一次就可完成的劳务），应在提供劳务交易完成时确认收入，确认的金额为已收或应收的合同或协议价款。

　　企业应根据提供劳务在企业经营中的重要程度来确定收入的类型：如果提供劳务是企业的主营业务，则提供劳务收入应作为主营业务收入处理，结转的相关成本应作为主营业务成本处理；如果提供劳务是企业除主营业务外的其他业务，则取得的收入和成本分别作为其他业务收入及其他业务成本处理。

　　为归集提供劳务过程中发生的成本，企业应设置"劳务成本"科目，该科目属于成本费用类。企业对外提供劳务发生的支出一般先通过"劳务成本"科目归集，待确认为当期费用时，再由"劳务成本"科目转入"主营业务成本"或"其他业务成本"科目。

　　对于一次性完成的劳务，企业应在提供劳务完成时确认收入及相关费用；对于持续一段时间但在同一会计期间完成的劳务，企业应在为提供劳务发生相关支出时确认劳务成本，劳务完成时结转相关劳务成本，确认相关劳务收入和费用。

例10.4　核算同一期间内开始并完成的劳务收入。

　　公司承接的一项安装工程于2021年5月5日开工，开工当天发生场地清理支出3 000元；5月10日，领用库存材料，成本3 500元；5月30日，分配该安装工程人员工资1 500元；6月5日，该安装工程通过竣工验收。公司开出增值税专用发票，工程价款为19 000元，增值税税款为1 710元，款项尚未收到。提供劳务是本公司的主营业务。

处理步骤如下。

2021年5月5日，编制会计分录如下。

借：劳务成本——某安装工程　　　　　　　　　　　3 000
　　贷：银行存款　　　　　　　　　　　　　　　　　　　3 000

5月10日，编制会计分录如下。

借：劳务成本——某安装工程　　　　　　　　　　　3 500
　　贷：原材料　　　　　　　　　　　　　　　　　　　　3 500

5月30日，编制会计分录如下。

借：劳务成本——某安装工程　　　　　　　　　　　1 500
　　贷：应付职工薪酬——工资　　　　　　　　　　　　　1 500

6月5日，安装工程完工，根据增值税专用发票，编制会计分录如下。

借：应收账款　　　　　　　　　　　　　　　　　　20 710
　　贷：主营业务收入　　　　　　　　　　　　　　　　　19 000
　　　　应交税费——应交增值税（销项税额）　　　　　　 1 710

月末，结转劳务成本，编制会计分录如下。

借：主营业务成本　　　　　　　　　　　　　　　　 8 000
　　贷：劳务成本——某安装工程　　　　　　　　　　　　 8 000

（二）劳务的开始和完成分属不同的会计期间

劳务的开始和完成分属不同的会计年度的，应当按照完工进度确认提供劳务收入。在年度资产负债表日，按照提供劳务收入总额乘以完工进度扣除以前会计年度累计已确认提供劳务收入后的金额，确认本年度的提供劳务收入。同时，按照估计的提供劳务成本总额乘以完工进度扣除以前会计年度累计已确认营业成本后的金额，结转本年度营业成本。

其计算公式为：

本期确认的收入＝劳务总收入×本期期末止劳务的完工进度－以前期间已确认的收入
本期确认的费用＝劳务总成本×本期期末止劳务的完工进度－以前期间已确认的成本

上述公式中劳务总收入通常按照与接受劳务方约定的合同或协议价款确定。企业应根据所提供劳务的特点，选择确定完工进度的方法。

小企业与其他企业签订的合同或协议同时包含销售商品和提供劳务时，销售商品部分和提供劳务部分能够区分且能够单独计量的，应当将销售商品的部分作为销售商品处理，将提供劳务的部分作为提供劳务处理；销售商品部分和提供劳务部分不能够区分的，或者虽能区分但不能够单独计量的，应当作为销售商品处理。

■ 关键练习

极地公司为增值税一般纳税人，3月份发生下列经济业务。

（1）1日，公司技术部承接外单位一项设备修理劳务，领用材料价值40 000元。该项维修劳务预计今年内完工。

（2）2日，向乙公司销售B产品100吨，价款为100 000元，增值税税额为13 000元，款项尚未收到。为了及时收回货款，公司的付款条件是"3/10，1/20，n/30"，现金折扣按价款计算。

（3）5日，公司采用委托收款的方式向丙公司销售C产品70件，售价为350 000元，增值税税额为45 500元。产品已发出，用银行存款代丙公司垫付运输费1 000元，已向银行办妥托收手续。

（4）8日，收到乙公司支付2日购买商品款。该款项已扣除乙公司应享有的现金折扣，款项存入银行。

（5）15日，丙公司在验收C产品时，发现该批商品存在质量问题，丙公司要求折让。公司与其协商后，同意给予10%的销售折让。收到丙公司退回增值税专用发票，作废后重新以折让后的价格开具发票。

（6）28日，公司将一批积压的材料销售出去。售价为4 000元，增值税税额为520元，款项尚未收回。

（7）本月实际销售B产品100吨，单位成本650元；C产品70件，单位成本2 000元。所售材料的成本为3 000元，结转已销售产品、材料的成本。

要求：根据以上业务描述编制会计分录。

▎拓展阅读

产品分成

产品分成，即多家企业在合作进行生产经营的过程中，合作各方对合作生产出的产品按照约定进行分配，并以此作为生产经营收入。

产品分成以实物代替货币作为收入，实物产品的价格又随着市场供求关系而波动，因此只有在分得产品的时刻确认收入的实现，才能够体现生产经营的真实所得。

任务二　核算企业的费用

任务目标

主任务节点	子任务节点	期望的学习结果	达成情况自评
了解费用	费用的概念和特征	说明、区分（与损失）	
	费用的分类	列举、辨别	
"销售费用""管理费用""财务费用"科目	核算内容	描述、辨别	
	明细账设置方法	说明、运用	
销售费用、管理费用、财务费用核算	销售费用确认	说明、运用、示例	
	管理费用确认	说明、运用、示例	
	财务费用确认	说明、运用、示例	

模块十 核算收入、费用和利润

业务认知

一、费用的概念和特征

费用是指企业在日常活动中发生的，会导致所有者权益减少的，与向所有者分配利润无关的经济利益的总流出。费用具有以下特征。

（一）费用是企业在日常活动中发生的经济利益的总流出

只有为完成经营目标所从事的经常性活动及与之相关的其他活动发生的经济利益的总流出才构成企业的费用。在企业中发生的那些不属于经常性的活动及与之相关的其他活动形成的支出，是企业的损失而不是费用，如因违约支付的罚款、自然灾害等原因造成的损失等。

（二）费用会导致企业所有者权益的减少

费用的发生既可能表现为资产减少，也可能表现为负债的增加，最终会导致所有者权益的减少。

（三）费用与向所有者分配利润无关

企业向所有者分配利润或股利属于企业利润分配的内容，不构成企业的费用。

二、费用的组成

企业的费用主要包括主营业务成本、其他业务成本、税金及附加、销售费用、管理费用和财务费用等。

（一）主营业务成本

主营业务成本是指企业销售商品、提供劳务等经常性活动所发生的成本。企业一般在确认销售商品、提供劳务等主营业务收入时，或者月末时确认已销售商品、已提供劳务的主营业务成本。

主营业务成本的核算参见模块四的介绍。

（二）其他业务成本

其他业务成本是指企业除主营业务活动以外的其他经营活动所发生的成本。

其他业务成本的核算参见本模块任务一的介绍。

（三）税金及附加

税金及附加是指小企业开展日常生产经营活动应负担的消费税、城市维护建设税、资源税、土地增值税、城镇土地使用税、房产税、车船税、印花税和教育费附加、矿产资源补偿费、排污费等。

税金及附加的核算参见模块七任务四的相关内容。

（四）销售费用

销售费用是指企业在销售商品和材料、提供劳务过程中发生的费用，包括企业在销售商品、提供劳务的过程中发生的运输费、包装费、装卸费、保险费、展览费、广告费、商品维修费，以及企业发生的专设销售机构的职工薪酬、业务费、折旧费、固定资产修理费等。

从事批发、零售的小企业在购买商品过程中发生的费用，如运输费、装卸费、包装费、保险费、运输途中的合理损耗和入库前的整理挑选费，也属于销售费用。

（五）管理费用

管理费用是指企业为了组织和管理生产经营活动发生的各项费用。它包括小企业在筹建期间发生的开办费、行政管理部门发生的费用（包括固定资产折旧费、修理费、办公费、水电费、差旅费、管理人员的职工薪酬等）、业务招待费、研究费用、技术转让费、相关长期待摊费用摊销、财产保险费、聘请中介机构费、咨询费（含顾问费）、诉讼费等。

（六）财务费用

财务费用是指企业为筹集生产经营所需资金等发生的筹资费用，包括利息支出（减利息收入）、汇兑损失及银行相关的手续费、企业发生或收到的现金折扣等。

业务核算

一、销售费用的核算

会计科目　销售费用。

账簿设置　"销售费用"科目按费用项目进行明细核算。

基本账务处理　小企业在销售商品或提供劳务的过程中发生的销售人员的职工薪酬、商品维修费、运输费、装卸费、包装费、保险费、广告费、业务宣传费、展览费等费用，借记"销售费用"科目，贷记"库存现金""银行存款"等科目。

从事批发业、零售业的小企业在购买商品的过程中发生的运输费、装卸费、包装费、保险费、运输途中的合理损耗和入库前的挑选整理费等，借记"销售费用"科目，贷记"库存现金""银行存款""应付账款"等科目。

期末，"销售费用"科目余额转入"本年利润"科目，结转后该科目应无余额。

例 10.5　核算广告费用。

2021年7月5日，收到出纳员转来附有支票存根的增值税专用发票一张。单据表明，公司为扩大销售，支付本市电视台广告费用 600 000 元，增值税税额为 36 000 元。

应编制会计分录如下。

```
借：销售费用                                          600 000
    应交税费——应交增值税（进项税额）                    36 000
  贷：银行存款                                         636 000
```

模块十 核算收入、费用和利润

例 10.6 支付销售运输费用。

7 月 21 日，收到企业运输部门交来的增值税专用发票。发票表明公司为运输一批产品支付运输费用总计 2 000 元。

应编制会计分录如下。

借：销售费用	1 834.86	
应交税费——应交增值税（进项税额）	165.14	
贷：银行存款		2 000

销售费用的核算可参见模块七任务三的相关内容。

二、管理费用的核算

会计科目　管理费用。

商品流通企业管理费用不多的，可不设置本科目，本科目的核算内容可并入"销售费用"科目核算。

账簿设置　"管理费用"科目按费用项目设置明细科目，进行明细核算。

基本账务处理　"管理费用"科目，借方登记企业所发生的各项管理费用，贷方登记期末结转入"本年利润"科目的管理费用；结转后该科目应无余额。

① 小企业在筹建期间发生的开办费（包括相关人员的职工薪酬、办公费、培训费、差旅费、印刷费、注册登记费及不计入固定资产成本的借款费用等费用），在实际发生时借记"管理费用"科目，贷记"银行存款"等科目。

② 行政管理部门人员的职工薪酬，借记"管理费用"科目，贷记"应付职工薪酬"科目。

③ 行政管理部门计提的固定资产折旧费和发生的修理费，借记"管理费用"科目，贷记"累计折旧""银行存款"等科目。

④ 行政管理部门发生的办公费、水电费、差旅费，借记"管理费用"科目，贷记"银行存款"等科目。

⑤ 小企业发生的业务招待费、相关长期待摊费用摊销、技术转让费、财产保险费、聘请中介机构费、咨询费（含顾问费）、诉讼费等，借记"管理费用"科目，贷记"银行存款""长期待摊费用"等科目。

⑥ 小企业自行研究无形资产发生的研究费用，借记"管理费用"科目，贷记"研发支出——费用化支出"科目。

例 10.7　核算企业筹建期间的费用。

某公司筹建期间发生差旅费 60 000 元、职工工资 40 000 元、律师费 10 000 元、验资费 20 000 元。以上款项均已用银行存款支付，律师费、验资费均取得增值税普通发票。

应编制会计分录如下。

借：管理费用	130 000	
贷：银行存款		130 000

例 10.8 核算咨询费。

收到附有转账支票存根的增值税专用发票。发票表明公司就一项产品的设计方案向有关技术咨询机构咨询，发生咨询费 10 000 元、增值税税额 600 元。

应编制会计分录如下。

借：管理费用	10 000
应交税费——应交增值税（进项税额）	600
贷：银行存款	10 600

例 10.9 核算管理部门固定资产修理费用。

7 月，收到增值税普通发票和支票存根，系公司管理部门日常修理费用 41 000 元。

应编制会计分录如下。

借：管理费用	41 000
贷：银行存款	41 000

三、财务费用核算

会计科目　财务费用。

为购建固定资产或生产产品发生的应予资本化的借款费用，在"在建工程""制造费用"等科目核算，不在本科目核算。

账簿设置　本科目按费用项目设置明细科目，进行明细核算。

基本账务处理　"财务费用"科目，借方登记企业所发生的各项财务费用，贷方登记期末结转入"本年利润"科目的财务费用；结转后该科目应无余额。

银行借款利息的核算参见模块八。

例 10.10 核算存款利息。

公司于 2021 年 7 月末，收到银行存款利息结算单。本月银行存款利息 400 元，已经转入企业银行存款账户。企业银行存款利息应冲减财务费用。

应编制会计分录如下。

借：银行存款	400
贷：财务费用	400

例 10.11 核算银行手续费用。

7 月，根据收到的银行收费凭证显示，公司用银行存款支付手续费 100 元。

应编制会计分录如下。

借：财务费用	100
贷：银行存款	100

■ 关键练习

某有限责任公司 2021 年 7 月发生下列有关费用支出的经济业务。

（1）1日，收到增值税专用发票和支票存根，系支付产品广告费 10 000 元，增值税税额为 600 元。

（2）5日，收到增值税普通发票和支票存根，系支付本企业销售产品的运输费价税款 11 000 元。

（3）18日，收到增值税专用发票和汇兑凭证回单，系公司行政管理部门支付技术咨询费 2 200 元，增值税税额为 132 元。

（4）10日，收到餐饮费发票。公司用现金支付业务招待费 2 000 元。

（5）26日，接到银行通知，本月银行存款利息 865.12 元已经转入本企业银行存款账户。

要求：根据所发生的经济业务编制会计分录。

拓展阅读

费用与生产成本、制造费用

费用是指企业在日常活动中发生的，会导致所有者权益减少的，与向所有者分配利润无关的经济利益的总流出。按照费用的定义，费用会导致所有者权益减少。虽然发生生产成本和制造费用会减少企业的一些资产，但这些资产会转化成企业的另一些资产，如在产品、半成品，最终转化为企业的产成品。在生产过程中发生的生产成本和制造费用不会引起所有者权益减少，只有当生产完成的产成品对外销售发出时，才会减少所有者权益。因此，企业的生产成本和制造费用不是费用。在编制资产负债表时，企业的生产成本（包括结转入生产成本的制造费用）应作为企业存货项目反映，不能作为费用项目反映。

任务三　核算企业的利润

任务目标

主任务节点	子任务节点	期望的学习结果	达成情况自评
利润构成及其层次	营业利润及其内容	说明、计算	
	利润总额及其内容	说明、计算	
	净利润及其内容	说明、计算	
"营业外收入""营业外支出""所得税费用""本年利润"科目	核算内容	描述、辨别	
	明细账设置方法	说明、运用	
利润核算	营业外收支确认	说明、运用、举例	
	所得税征税对象及经营所得内容	说明、列举	
	将利润总额调整为应纳税所得额的一般方法	说明、简单计算	
	所得税费用确认规则	说明、运用、示例	
本年利润核算	全部损益类科目结转	说明、运用、示例	

业务认知

利润是指企业在一定会计期间的经营成果。

在计算企业利润时,为考核经营成果,加强经济管理,通常按收入与费用配比的方式计算各种利润。营业利润的计算公式为:

营业利润=营业收入-营业成本-税金及附加-销售费用-管理费用-
财务费用+投资收益(-投资损失)

式中,营业收入是指会计期间所确认的收入总额,包括主营业务收入和其他业务收入;营业成本是指会计期间所确认的实际成本总额,包括主营业务成本和其他业务成本;投资收益是指企业对外投资所获得的利润、股利和利息等投资收入减去投资损失后的净额。

进一步看,企业的利润总额是在营业利润的基础上加减营业外收支计算得出的。其计算公式为:

利润总额=营业利润+营业外收入-营业外支出

小企业的营业外收入包括非流动资产处置净收益、政府补助、捐赠收益、盘盈收益、汇兑收益、出租包装物和商品的租金收入、逾期未退包装物押金收益、确实无法偿付的应付款项、已做坏账损失处理后又收回的应收款项、违约金收益等。

小企业的营业外支出包括存货的盘亏、毁损、报废损失,非流动资产处置净损失,坏账损失,无法收回的长期债券投资损失,无法收回的长期股权投资损失,自然灾害等不可抗力因素造成的损失,以及税收滞纳金、罚金、罚款、被没收财物的损失、捐赠支出、赞助支出等。

最后,利润总额扣减所得税费用后的结果就是净利润。

净利润=利润总额-所得税费用

其中,小企业的所得税费用是指根据《中华人民共和国企业所得税法》规定计算的当期应纳税额。

业务核算

一、营业外收入的核算

会计科目 营业外收入。

账簿设置 本科目应当按照"营业外收入"科目的项目设置明细账,进行明细核算。

基本账务处理 "营业外收入"科目,贷方登记企业确认的各项营业外收入,借方登记期末结转入"本年利润"科目的营业外收入。

例10.12 核算收到违约金。

本公司同光明工厂签订订货合同,合同约定光明工厂向本公司提供价值500 000元的丝绸,货到后付款。合同的违约责任条款规定,如一方违约,违约方需要按货款的5%支付违约金。光明工厂因其他原因无法交货,因此向本公司支付违约金,本公司收到该款项转入银行的结算单据。

收到的违约金=500 000×5%=25 000（元）

应编制会计分录如下。

借：银行存款　　　　　　　　　　　　　　　　　　　　　25 000
　　贷：营业外收入——违约金收益　　　　　　　　　　　　　　25 000

例 10.13　核算无法支付的应付账款。

公司欠大华工厂一笔货款共计 100 000 元。公司日前收到确切消息，大华工厂已倒闭，该笔款项确实无法支付，按规定的程序办理转销。

应编制会计分录如下。

借：应付账款——大华工厂　　　　　　　　　　　　　　　100 000
　　贷：营业外收入——无法偿付的应付款项　　　　　　　　　100 000

例 10.14　核算接受捐赠。

公司收到华侨捐赠的轿车一辆，按公允价值 150 000 元入账。

应编制会计分录如下。

借：固定资产　　　　　　　　　　　　　　　　　　　　　150 000
　　贷：营业外收入——捐赠收益　　　　　　　　　　　　　　150 000

二、营业外支出的核算

会计科目　营业外支出。

账簿设置　"营业外支出"科目应当按照支出项目设置明细科目，进行明细核算。

基本账务处理　"营业外支出"科目，借方登记企业确认的各项营业外支出，贷方登记期末结转入"本年利润"科目的营业外支出。

例 10.15　核算税收滞纳金。

收到税务机关开出的税收处罚通知书，系公司未按纳税期限纳税，税务机关处罚税款滞纳金 70 000 元。罚款已通过银行转账支付。

编制会计分录如下。

借：营业外支出——税收滞纳金　　　　　　　　　　　　　　70 000
　　贷：银行存款　　　　　　　　　　　　　　　　　　　　　70 000

三、所得税费用的核算

会计科目　"所得税费用"科目核算企业根据《中华人民共和国企业所得税法》确认的应从当期利润总额中扣除的所得税费用。

账簿设置　本科目应当按照一级科目进行明细核算。

企业所得税是指国家对我国境内的企业和其他取得收入的组织以其生产经营所得为课税对象所征收的一种所得税。生产经营所得（以下称为"应纳税所得额"）包括销售货物所得、提供劳务所得、转让财产所得、股息红利所得、利息所得、租金所得、特许权使用费所得、接受捐赠所得和其他所得。

企业应按当期应纳税所得额和适用税率计算和确定当期应纳所得税额。其计算公式为：

$$当期应纳所得税额=当期应纳税所得额×适用税率$$

应纳税所得额具体是指企业取得的税法规定的收入减除税法规定允许扣除项目的结果。

由于《中华人民共和国企业所得税法》规定的收入和允许扣除项目与会计所称的收入、利得及费用和损失在口径及范围上并不完全一致，因此企业所得税应纳税所得额与会计上的利润总额存在差异。

小企业应当在利润总额的基础上，按照《中华人民共和国企业所得税法》规定进行纳税调整，计算出当期应纳税所得额，按照应纳税所得额和适用税率计算和确定当期应纳所得税额。

将利润总额调整为应纳税所得额的计算公式为：

$$当期应纳税所得额=当期利润总额+纳税调整增加项目-纳税调整减少项目$$

纳税调整增加项目是指会计上作为费用或损失计入本年利润，但按税法规定在计算应纳税所得额时不允许扣除或不得全额扣除的项目，如税收滞纳金、罚款、赞助支出、业务招待费等，以及企业会计核算上不作为收入核算而税法要求作为收入的项目，如将产品用作职工福利等。

纳税调整减少项目是指会计上作为收入或利得计入本年利润，但按税法规定属于不征税或免征税收入项目，如政府补助和国债利息收入，以及按税法规定允许税前弥补亏损的利润额等。

例 10.16 计算结转当期所得税费用。

2020年12月公司实现利润2 000 000元，本月投资收益中有国债的利息收入为100 000元；本月营业外支出中有税收滞纳金70 000元、赞助支出90 000元，无其他纳税调整项目。所得税税率为25%。会计人员编制企业所得税费用计算表作为核算依据。

比较税法相关规定和会计实务处理。在这笔业务中，公司有2类纳税调整因素：一是计入营业外支出但按税法规定不允许扣除的税款滞纳金和赞助支出；二是按税法规定免税的国债利息收入。

纳税调整增加项目=70 000+90 000=160 000（元）
纳税调整减少项目=100 000（元）
当期应纳税所得额=2 000 000+160 000-100 000=2 060 000（元）
当期应纳所得税额=2 060 000×25%=515 000（元）

核算当月应缴纳的所得税，编制会计分录如下。

借：所得税费用　　　　　　　　　　　　　　　　　　　　515 000
　　贷：应交税费——应交所得税　　　　　　　　　　　　　　515 000

缴纳所得税时，编制会计分录如下。

借：应交税费——应交所得税　　　　　　　　　　　　　　515 000
　　贷：银行存款　　　　　　　　　　　　　　　　　　　　515 000

四、本年利润的会计处理

会计科目 "本年利润"科目核算企业当年实现的净利润（或发生的净亏损）。

账簿设置 本账簿通常采用多栏式账簿，便于反映各利润构成项目的情况。

基本账务处理 会计期末，企业应结算实现的利润或发生的亏损，将损益类科目余额转入"本年利润"科目；年末，将"本年利润"科目余额转入"利润分配——未分配利润"科目。

例 10.17 结转损益和本年利润。

12月31日，公司结账前各损益类科目余额如图10.1所示。

损益类科目（结账前）余额表
2020年12月31日   单位：元

科目名称	结账前余额	科目名称	结账前余额
主营业务收入	10 000 000（贷方）	税金及附加	800 000（借方）
其他业务收入	3 000 000（贷方）	销售费用	900 000（借方）
投资收益	400 000（贷方）	管理费用	1 500 000（借方）
营业外收入	200 000（贷方）	财务费用	500 000（借方）
主营业务成本	5 500 000（借方）	营业外支出	400 000（借方）
其他业务成本	2 000 000（借方）		

图 10.1

根据上述资料，结转各损益类科目。

（1）结转各项收益时，编制会计分录如下。

借：主营业务收入　　　　　　　　　　　　　　　　　10 000 000
　　其他业务收入　　　　　　　　　　　　　　　　　 3 000 000
　　投资收益　　　　　　　　　　　　　　　　　　　　 400 000
　　营业外收入　　　　　　　　　　　　　　　　　　　 200 000
　　　贷：本年利润　　　　　　　　　　　　　　　　 13 600 000

（2）结转各项成本费用时，编制会计分录如下。

借：本年利润　　　　　　　　　　　　　　　　　　　11 600 000
　　　贷：主营业务成本　　　　　　　　　　　　　　　5 500 000
　　　　　税金及附加　　　　　　　　　　　　　　　　　800 000
　　　　　其他业务成本　　　　　　　　　　　　　　　2 000 000
　　　　　销售费用　　　　　　　　　　　　　　　　　　900 000
　　　　　管理费用　　　　　　　　　　　　　　　　　1 500 000
　　　　　财务费用　　　　　　　　　　　　　　　　　　500 000
　　　　　营业外支出　　　　　　　　　　　　　　　　　400 000

（3）承例10.16，将所得税费用结转至本年利润。

借：本年利润　　　　　　　　　　　　　　　　　　　　 515 000

贷：所得税费用　　　　　　　　　　　　　　　　　　　　　　　515 000

截至年终，公司实现的净利润总额为 1 485 000 元，年底结转本年利润，应编制会计分录如下：

借：本年利润　　　　　　　　　　　　　　　　　　　　　　　1 485 000
　　贷：利润分配——未分配利润　　　　　　　　　　　　　　　　　1 485 000

■ 关键练习

1. 某公司今年 8 月份发生下列经济业务。

（1）用银行存款支付向灾区的公益性捐赠款项 30 000 元。

（2）结转出售给外单位设备的处置净收益 5 000 元。

（3）用银行存款支付违约罚款 8 000 元。

（4）经批准，将固定资产清查中发现的盘亏设备损失转入营业外支出。该设备原值 8 000 元，已提折旧 7 000 元。

（5）公司将拥有的一项非专利技术出售，取得价款 600 000 元，增值税税额为 36 000 元。该非专利技术的账面余额为 800 000 元，累计摊销 200 000 元。

（6）公司收到捐赠者捐赠的机器设备一台，其评估价值是 7 000 元（含增值税，捐赠者为一般纳税人）。

要求：根据上述经济业务编制会计分录。

2. 某公司 12 月 31 日有关损益类账户的余额如图 10.2 所示。

损益类账户余额表

单位：元

账户名称	结账前余额	账户名称	结账前余额
主营业务收入	2 500 000（贷方）	税金及附加	100 000（借方）
其他业务收入	200 000（贷方）	销售费用	70 000（借方）
投资收益	60 000（贷方）	管理费用	150 000（借方）
营业外收入	50 000（贷方）	财务费用	50 000（借方）
主营业务成本	900 000（借方）	营业外支出	40 000（借方）
其他业务成本	100 000（借方）		

图 10.2

该公司所得税税率为 25%。

要求：结转损益类账户余额；计算并结转所得税费用（年末无纳税调整项目）；结转本年利润。

■ 拓展阅读

会计期末结转本年利润的方法

会计期末结转本年利润的方法有账结法和表结法 2 种。

① 账结法。在账结法下，每个会计期间的期末将损益类科目净发生额结转到"本年利

润"科目中,损益类科目月末不留余额。资产负债表上"本年利润"项目填列的是该科目实际余额。

② 表结法。在表结法下,1月至11月期间,各损益类科目的余额在账务处理上暂不结转至"本年利润"科目,而是在损益表中按收入、支出结出净利润,然后将净利润在负债表中的"未分配利润"行中列示。到12月份年终结算时,再将各损益类科目的余额结转至"本年利润"科目,结转后各损益类科目的余额为0。在电算化条件下,表结法很少使用。

■ **模块法规依据**

1.《小企业会计准则》及其附录(2011年10月18日财政部财会〔2011〕17号印发,自2013年1月1日起施行)

2.《中华人民共和国企业所得税法》及其实施条例(根据2018年12月29日第十三届全国人民代表大会常务委员会第七次会议《关于修改〈中华人民共和国电力法〉等四部法律的决定》第二次修正)

3.《中华人民共和国发票管理办法实施细则》(2011年1月27日国家税务总局第一次局务会议审议通过,自2011年2月1日起施行)

4.《中华人民共和国企业所得税法实施条例》(国务院197次常务会议通过,2008年1月1日起施行)

模块十一 财务报表

工作导入

对经济业务的核算,已经将企业的资产负债变化、取得经营成果等情况系统地反映在了企业的各项分类账簿中。然而,会计账簿归集的信息是零星的、分散的,为了集中地向会计信息的使用者提供企业相关的财务信息,必须将分散在账簿中的资料进行归类、整理,编制企业财务报表。

财务报表是对企业财务状况、经营成果和现金流量的结构性概述,是反映企业某一特定日期财务状况和某一会计期间经营成果、现金流量的书面文件。

企业编制财务报表的目标,是向财务报表使用者提供与企业财务状况、经营成果和现金流量等有关的会计信息,以有助于财务报表使用者做出经济决策。财务报表的使用者一般包括企业管理者、投资人、债权人、国家财政部门、税务机关,以及企业职工、社会公众等。

财务报表包括会计报表及其附注和其他应当在财务报表中披露的相关信息与资料。

小企业的财务报表至少应当包括4个组成部分:资产负债表;利润表;现金流量表;附注。

① 资产负债表是反映企业在某一特定日期财务状况的报表,反映企业在某一特定日期所拥有的资产、所承担的负债及股东(投资者)拥有的净资产情况。

② 利润表是反映企业在一定会计期间经营成果的报表,反映企业的经营业绩及获利能力。

③ 现金流量表反映企业在一定会计期间现金及现金等价物流入和流出的情况。现金流量表包括经营活动产生的现金流量、投资活动产生的现金流量和筹资活动产生的现金流量3个组成部分。

④ 附注是指对在资产负债表、利润表和现金流量表等报表中列示项目的文字描述或详细资料,以及对未能在这些报表中列示项目的说明等。

财务报表可以按以下标准分类。

按编报期间的不同,财务报表可分为中期财务报表和年度财务报表。

① 中期财务报表是短于一个完整会计年度的财务报表,包括月报、季报和半年报。

② 年度财务报表又称年度决算报告。

《小企业会计准则》规定,小企业应当根据实际发生的交易和事项,按照本准则的规定进行确认和计量,在此基础上按月或按季编制财务报表。

按编报主体的不同,财务报表可分为个别财务报表和合并财务报表。

① 个别财务报表是指由企业自身编制的,仅反映企业个体财务状况、经营成果和现金流量的报表。

② 合并财务报表是指由母公司编制的,反映母公司和所属子公司组成的企业集团整体财务状况、经营成果和现金流量的报表。

小企业的财务报表是小企业自身编制的,仅反映企业自身财务状况、经营成果和现金流量。小企业财务报表的编报期如表 11.1 所示。

表 11.1 小企业财务报表的编报期

编　号	报表名称	编报期
会小企 01 表	资产负债表	月报、年报
会小企 02 表	利润表	月报、年报
会小企 03 表	现金流量表	月报、年报

小企业应当按以下要求编制财务报表。

小企业应当根据实际发生的交易和事项,填制、取得和审核原始凭证,按照《小企业会计准则》的规定进行确认和计量,编制记账凭证、登记账簿,在此基础上根据核对无误的账簿,按月或按季编制财务报表。

财务报表应做到内容完整、数字真实、计算准确、报送及时,不得漏报或任意取舍。

企业对外提供的财务会计报告应当依次编定页数,加具封面,装订成册,加盖公章。封面应当注明企业名称、企业统一代码、组织形式、地址、报表所属年度或月份、报出日期,并由企业负责人和主管会计工作的负责人、会计机构负责人(会计主管人员)签名并盖章——设置总会计师的企业,还应当由总会计师签名并盖章。

任务一　编制资产负债表

任务目标

主任务节点	子任务节点	期望的学习结果	达成情况自评
小企业财务报表	财务报表构成及其分类	说明、列举	
	财务报表编制要求	说明	
	各种财务报表定义	说明	

(续表)

主任务节点	子任务节点	期望的学习结果	达成情况自评
资产负债表结构	资产负债表基本结构	描述、绘制	
	资产负债表项目及其排列	描述、绘制	
	资产负债表主要作用	说明	
资产负债表编制方法	年初余额填列方法	说明、填列	
	期末余额填列方法	逐项说明、计算	

业务认知

资产负债表是反映企业某一特定日期财务状况的报表。

我国资产负债表采用账户式结构，报表项目按资产、负债和所有者权益（或股东权益）分类列报。其中，资产、负债类项目按其流动性排列，将资产和负债分为流动资产和非流动资产、流动负债和非流动负债进行列报。其基本结构如表 11.2 所示。编制资产负债表的理论依据是"资产=负债+所有者权益"会计基本等式，左方资产总计等于右方负债和所有者权益总计。资产负债表的作用主要有以下几点。

① 可以提供某一日期资产的总额及其结构，表明企业拥有或控制的资源及其分布情况。

② 可以提供某一日期的负债总额及其结构，表明企业未来需要用多少资产或劳务清偿债务及清偿时间。

③ 可以反映所有者所拥有的权益，据此判断资本保值、增值的情况及对负债的保障程度。

表 11.2　资产负债表的基本结构

年　　月　　日

资　产	负债和所有者权益（或股东权益）
流动资产： ××× ××× … 非流动资产： ××× ××× …	负债 　流动负债： 　　××× 　　××× 　　… 　非流动负债： 　　××× 　　××× 　　… 　　　　负债合计 所有者权益（或股东权益）： 　××× 　… 　　　　所有者权益合计
资产总计	负债和所有者权益（或股东权益）总计

模块十一 财务报表

业务认知

一、资产负债表编制说明

小企业资产负债表的格式如图 11.1 所示。资产负债表提供"年初余额"和"期末余额" 2 栏，便于报表使用者掌握和分析企业财务状况的变化及发展趋势。

资产负债表

编制单位：极地有限责任公司　　　　20×0 年 12 月 31 日　　　　会小企 01 表　　单位：元

资　产	行次	期末余额	年初余额	负债和所有者权益	行次	期末余额	年初余额
流动资产：				流动负债：			
货币资金	1	1 006 300	（略）	短期借款	31	300 000	（略）
短期投资	2	15 000		应付票据	32	200 000	
应收票据	3	246 000		应付账款	33	953 800	
应收账款	4	299 100		预收账款	34		
预付账款	5	100 000		应付职工薪酬	35	110 000	
应收股利	6			应交税费	36	36 600	
应收利息	7			应付利息	37	1 000	
其他应收款	8	5 000		应付利润	38		
存货	9	2 580 000		其他应付款	39	50 000	
其中：原材料	10	51 800		其他流动负债	40	1 000 000	
在产品	11			流动负债合计	41	2 651 400	
库存商品	12	2 222 800		非流动负债：			
周转材料	13	28 800		长期借款	42	600 000	
其他流动资产	14			长期应付款	43		
流动资产合计	15	4 251 400		递延收益	44		
非流动资产：				其他非流动负债	45		
长期债券投资	16			非流动负债合计	46		
长期股权投资	17	250 000		负债合计	47	3 251 400	
固定资产原价	18	1 900 000					
减：累计折旧	19	100 000					
固定资产账面价值	20	1 800 000					
在建工程	21	1 500 000					
工程物资	22						

图 11.1

固定资产清理	23				
生产性生物资产	24		所有者权益（或股东权益）		
无形资产	25	600 000	实收资本（或股本）	48	5 000 000
开发支出	26		资本公积	49	
长期待摊费用	27		盈余公积	50	100 000
其他非流动资产	28		未分配利润	51	50 000
非流动资产合计	29	4 150 000	所有者权益（或股东权益）合计	52	5 150 000
资产总计	30	8 401 400	负债和所有者权益（或股东权益）总计	53	8 401 400

说明：长期借款共计 1 600 000 元，其中 1 000 000 元一年内到期。

图 11.1（续）

（一）"年初余额"的填列方法

"年初余额"栏内各项目的数字应根据上年年末资产负债表"期末余额"栏内所列数字填列。

（二）"期末余额"的填列方法

"期末余额"栏一般应根据相关账簿期末余额情况填列。各项目的内容和填列方法如下。

1. 根据总账科目余额直接填列的项目

"短期投资""应收票据""应收股利""应收利息""其他应收款""长期股权投资""固定资产原价""累计折旧""在建工程""工程物资""短期借款""应付票据""应付职工薪酬""应付利息""应付利润""其他应付款""实收资本""资本公积""盈余公积"等项目，应根据上述各科目的期末余额直接填列。

另外，"开发支出"项目根据"研发支出"科目期末余额填列；"固定资产清理"项目根据"固定资产清理"科目期末余额填列，"固定资产清理"科目期末如果为贷方余额，则以"-"号填列；"应交税费"项目应根据"应交税费"总账科目填列，该科目期末如果为借方余额，则以"-"号填列；"固定资产账面价值"项目，应根据"固定资产"项目金额减去"累计折旧"项目金额后的差额填列。

2. 根据相关科目余额分析计算填列的项目

① "货币资金"项目：应根据"库存现金""银行存款""其他货币资金"科目期末余额的合计数填列。

② "应收账款"项目：应根据"应收账款"科目的期末余额分析填列。如果"应收账款"科目期末为贷方余额，则应当在"预收账款"项目列示。

③ "预收账款"项目：应根据"预收账款"科目的期末贷方余额填列。如果"预收账款"科目期末为借方余额，则应当在"应收账款"项目列示。属于超过 1 年以上的预收账款的贷方余额应当在"其他非流动负债"项目列示。

在实际工作中,"应收账款""预收账款"项目及后面介绍的"应付账款""预付账款"项目应根据明细账余额计算填列,方法见例11.1。

例 11.1 填制小企业资产负债表"应收账款""预收账款"项目金额。

20×1年3月31日,甲公司"应收账款"总账科目期末借方余额为65 000元,其明细账中A公司明细账借方余额85 000元,B公司明细账贷方余额20 000元;"预收账款"总账科目贷方余额为30 000元,其明细账中C公司明细账借方余额15 000元,D公司明细账贷方余额45 000元。试计算资产负债表中"应收账款"和"预收账款"项目的填列金额。

"应收账款"项目不能按总账科目直接填列65 000元,"预收账款"项目也不能按总账科目直接填列30 000元。其正确的填列方法应为:

"应收账款"项目的金额=85 000+15 000=100 000(元)

"预收账款"项目的金额=45 000+20 000=65 000(元)

④ "预付账款"项目:应根据"预付账款"科目的期末借方余额填列。如果"预付账款"科目期末为贷方余额,则应当在"应付账款"项目列示。属于超过1年以上的预付账款的借方余额应当在"其他非流动资产"项目列示。

⑤ "应付账款"项目:应根据"应付账款"科目的期末余额填列。如果"应付账款"科目期末为借方余额,则应当在"预付账款"项目列示。"预付账款""应付账款"项目的填列方法与"应收账款"和"预收账款"类似,不再赘述。

⑥ "存货"项目:应根据"在途物资""原材料""周转材料""委托加工物资""生产成本""库存商品"等科目期末余额分析计算填列。

⑦ "其他流动资产"项目:反映小企业除上述流动资产项目以外的其他流动资产(含1年内到期的非流动资产),根据有关科目明细账的期末余额分析填列。

⑧ "长期债券投资"项目:应根据"长期债券投资"科目的期末余额分析填列。1年内到期的长期债券投资在"其他流动资产"项目中反映,不应包括在本项目数字中。

⑨ "无形资产"项目:应根据"无形资产"科目的期末余额减去"累计摊销"科目的期末余额后的金额填列。

⑩ "长期待摊费用"项目:应根据"长期待摊费用"科目的期末余额分析填列。1年内摊销完毕的长期待摊费用在"其他流动资产"项目中反映,不应包括在本项目数字中。

⑪ "其他非流动资产"项目:反映小企业除表中所列非流动资产以外的其他非流动资产,应根据有关科目的期末余额分析填列。

⑫ "长期借款"项目:应根据"长期借款"科目的期末余额分析填列。1年内到期的长期借款应在"其他流动负债"项目中反映,不反映在本项目数字中。

⑬ "长期应付款"项目:应根据"长期应付款"科目的期末余额分析填列。1年内到期的长期应付款应在"其他流动负债"项目中反映,不反映在本项目数字中。

⑭ "递延收益"项目:反映小企业收到的,应在以后期间计入损益的政府补助。本项目应根据"递延收益"科目的期末余额分析填列。

⑮"其他非流动负债"项目：反映小企业除表中所列非流动负债项目以外的其他非流动负债。本项目应根据有关科目的期末余额分析填列。

⑯"未分配利润"项目：应根据"利润分配"科目的期末余额填列。未弥补的亏损，在本项目内以"-"填列。编制各中期报告时，本项目应根据"本年利润"和"利润分配——未分配利润"科目余额计算填列。

例11.2 计算资产负债表"未分配利润"项目金额。

乙公司20×1年5月30日，"利润分配——未分配利润"科目期末借方余额为50 000元。假设"本年利润"科目期末余额分别为：①贷方150 000元；②贷方10 000元；③借方20 000元。试计算"未分配利润"项目应填列的金额。

①"本年利润"科目为贷方余额150 000元，则"未分配利润"项目的金额=150 000+(-50 000)=100 000（元）。

②"本年利润"科目为贷方余额10 000元，则"未分配利润"项目的金额=10 000+(-50 000)=-40 000（元）。以"-"填列。

③"本年利润"科目为借方余额20 000元，则"未分配利润"项目的金额=(-20 000)+(-50 000)=-70 000（元）。以"-"填列。

二、资产负债表编制示例

例11.3 编制资产负债表。

极地公司20×1年12月31日的总账科目余额资料如图11.2所示。

极地公司总账科目期末余额表
20×1年12月31日　　　　　　　　　　　　　　　　　　　单位：元

科　目	借方余额	科　目	贷方余额
库存现金	2 000	短期借款	50 000
银行存款	405 831	应付票据	100 000
其他货币资金	7 300	应付账款	953 800
短期投资		其他应付款	50 000
应收票据	66 000	应付职工薪酬	152 000
应收账款	599 100	应交税费	226 731
预付账款	100 000	应付利息	
其他应收款	5 000	应付利润	30 000
在途物资	275 000	长期借款	1 160 000

图11.2

原材料	49 250	实收资本	5 000 000
生产成本		资本公积	
周转材料	38 050	盈余公积	121 750
库存商品	2 122 400	利润分配（未分配利润）	215 750
长期股权投资	250 000		
固定资产	3 101 000		
累计折旧	200 000（贷方）		
工程物资	300 000		
在建工程	399 100		
无形资产	600 000		
累计摊销	60 000（贷方）		
合　计	8 060 031		8 060 031

说明：① 表中负数代表贷方余额。
　　　② 期初、期末余额中，应收账款、预付账款各明细账均为借方余额；应付账款、预收账款各明细账均为贷方余额；年末"本年利润"科目无余额；无其他需要分析填列事项。

图 11.2（续）

极地公司根据以上资料编制 20×1 年 12 月 31 日的资产负债表，如图 11.3 所示（期初数据承图 11.1）。

资产负债表

编制单位：极地有限责任公司　　　　20×1年12月31日

会小企01表
单位：元

资　产	行次	期末余额	年初余额	负债和所有者权益	行次	期末余额	年初余额
流动资产：				流动负债：			
货币资金	1	415 131	1 006 300	短期借款	31	50 000	300 000
短期投资	2		15 000	应付票据	32	100 000	200 000
应收票据	3	66 000	246 000	应付账款	33	953 800	953 800
应收账款	4	599 100	299 100	预收账款	34		
预付账款	5	100 000	100 000	应付职工薪酬	35	152 000	110 000
应收股利	6			应交税费	36	226 731	36 600
应收利息	7			应付利息	37		1 000
其他应收款	8	5 000	5 000	应付利润	38	30 000	
存货	9	2 484 700	2 580 000	其他应付款	39	50 000	50 000
其中：原材料	10	49 250	51 800	其他流动负债	40		100 0000
在产品	11			流动负债合计	41	1 562 531	2 651 400

图 11.3

库存商品	12	2 122 400	2 222 800	非流动负债:			
周转材料	13	38 050	28 800	长期借款	42	1 160 000	600 000
其他流动资产	14			长期应付款	43		
流动资产合计	15	3 669 931	4 251 400	递延收益	44		
非流动资产:				其他非流动负债	45		
长期债券投资	16			非流动负债合计	46	1 160 000	600 000
长期股权投资	17	250 000	250 000	负债合计	47	2 722 531	3 251 400
固定资产原价	18	3 101 000	1 900 000				
减: 累计折旧	19	200 000	100 000				
固定资产账面价值	20	2 901 000	1 800 000				
在建工程	21	399 100	1 500 000				
工程物资	22	300 000					
固定资产清理	23						
生产性生物资产	24			所有者权益(或股东权益):			
无形资产	25	540 000	600 000	实收资本(或股本)	48	5 000 000	5 000 000
开发支出	26			资本公积	49		
长期待摊费用	27			盈余公积	50	121 750	100 000
其他非流动资产	28			未分配利润	51	215 750	50 000
非流动资产合计	29	4 390 100	4 150 000	所有者权益 (或股东权益)合计	52	5 337 500	5 150 000
资产总计	30	8 060 031	8 401 400	负债和所有者权益 (或股东权益)总计	53	8 060 031	8 401 400

说明: 资产负债表"年初余额"项目数据根据上年报表"期末余额"栏填列; "期末余额"栏项目数据部分根据科目余额直接填列。需要分析计算的项目的计算过程如下。

① "货币资金" 期末余额=2 000+405 831+7 300=415 131 (元)。

② "应收账款" 期末余额=599 100 (元)。

③ "存货" 期末余额=275 000+49 250+38 050+2 122 400=2 484 700 (元)。

④ "无形资产" 期末余额=600 000-60 000=540 000 (元)。

⑤ "未分配利润" 期末余额=215 750 (元)。

图 11.3 (续)

关键练习

图 11.4 所示为光宇公司 6 月末部分科目余额表。

光宇公司总账科目余额表（部分）
20×1年6月30日
单位：元

科目	年初余额	期末余额	科目	年初余额	期末余额
库存现金	9 000	15 000	固定资产	680 000	1 200 000
银行存款	200 000	500 000	累计折旧	（贷）36 000	（贷）90 000
其他货币资金	52 000	45 000	无形资产	170 000	350 000
在途物资	25 000	90 000	累计摊销	（贷）28 000	（贷）52 000
原材料	80 000	110 000	预收账款	13 000	20 000
委托加工材料	74 000	64 000	应付职工薪酬	21 000	45 000
生产成本	90 000	150 000	盈余公积	40 000	180 000
库存商品	320 000	500 000	本年利润		432 000
			利润分配	（借）90 000	（借）90 000
合　计	1 846 000	3 459 000	合　计	1 846 000	3 459 000

说明："预收账款"科目下设3个明细账，期末"预收账款——甲"明细账为贷方余额21 000元；"预收账款——乙"明细账为借方余额2 000元；"预收账款——丙"明细账为贷方余额1 000元。"应收账款"科目期末无余额。无其他需要分析填列事项。

图 11.4

要求：根据此表确定资产负债表中"货币资金""存货""固定资产净值""无形资产""应收账款""预收账款""应付职工薪酬""未分配利润"项目的"年初余额"栏和"期末余额"栏数字。

拓展阅读

《企业会计准则》下的资产负债表样例如图11.5所示。

资产负债表
年　月　日
会企01表
编制单位：
单位：元

资　　产	年末余额	年初余额	负债和所有者权益（或股东权益）	年末余额	年初余额
流动资产：			流动负债：		
货币资金			短期借款		
交易性金融资产			交易性金融负债		
衍生金融资产			衍生金融负债		
应收票据			应付票据		
应收账款			应付账款		
应收款项融资			预收款项		
预付款项			合同负债		
其他应收款			应付职工薪酬		

图 11.5

资产	年末余额	年初余额	负债和所有者权益（或股东权益）	年末会额	年初余额
存货			应交税费		
合同资产			其他应付款		
持有待售资产			持有待售负债		
一年内到期的非流动资产			一年内到期的非流动负债		
其他流动资产			其他流动负债		
流动资产合计			流动负债合计		
非流动资产：			非流动负债：		
债权投资			长期借款		
其他债权投资			应付债券		
长期应收款			其中：优先股		
长期股权投资			永续债		
投资性房地产			租赁负债		
其他权益工具投资			长期应付款		
其他非流动金融资产			预计负债		
固定资产			递延收益		
在建工程			递延所得税负债		
生产性生物资产			其他非流动负债		
油气资产			非流动负债合计		
无形资产			负债合计		
开发支出			所有者权益（或股东权益）		
商誉			实收资本（或股本）		
长期待摊费用			其他权益工具		
递延所得税资产			其中：优先股		
其他非流动资产			永续债		
非流动资产合计			资本公积		
			减：库存股		
			其他综合收益		
			专项储备		
			盈余公积		
			未分配利润		
			所有者权益（或股东权益）合计		
资产总计			负债和所有者权益（或股东权益）总计		

图 11.5（续）

任务二　编制利润表

任务目标

主任务节点	子任务节点	期望的学习结果	达成情况自评
利润表结构	利润表基本结构	描述、绘制	
	利润表项目及其排列	描述、绘制	
	利润表主要作用	说明	
利润表编制方法	本年累计金额填列方法	说明、填列	
	本月金额（或上年金额）填列方法	逐项说明、计算	

业务认知

利润表是指反映企业在一定会计期间经营成果的会计报表。小企业应按月、季和年编制利润表。

我国企业利润表采用多步式结构，对当期的损益项目按性质加以归类，分步计算经营利润、利润总额和净利润。

利润表反映的主要内容包括以下3个方面。

① 营业利润。营业收入减去营业成本、税金及附加、销售费用、管理费用、财务费用，加上投资收益，即为营业利润。

② 利润总额。营业利润加上营业外收入，减去营业外支出，即为利润总额。

③ 净利润。利润总额减去所得税费用，即为净利润。

通过编制利润表，可以反映企业在一定会计期间收入、费用、利润（或亏损）的数额和利润的构成情况，帮助报表使用者全面了解企业的经营成果，分析企业的获利能力及盈利增长趋势，从而为其经济决策提供依据。小企业利润表的格式如图11.6所示。

利润表

会小企02表

编制单位：　　　　　　　　　　年　月　　　　　　　　　　单位：元

项　目	行次	本年累计金额	本月金额
一、营业收入	1		
减：营业成本	2		
税金及附加	3		
其中：消费税	4		

图11.6

	营业税	5		
	城市维护建设税	6		
	资源税	7		
	土地增值税	8		
	城镇土地使用税、房产税、车船税、印花税	9		
	教育费附加、矿产资源补偿费、排污费	10		
销售费用		11		
其中：商品维修费		12		
	广告费和业务宣传费	13		
管理费用		14		
其中：开办费		15		
	业务招待费	16		
	研究费用	17		
财务费用		18		
其中：利息费用（收入以"-"填列）		19		
加：投资收益（损失以"-"填列）		20		
二、营业利润（亏损以"-"填列）		21		
加：营业外收入		22		
其中：政府补助		23		
减：营业外支出		24		
其中：坏账损失		25		
	无法收回的长期债券投资损失	26		
	无法收回的长期股权投资损失	27		
	自然灾害等不可抗力因素造成的损失	28		
	税收滞纳金	29		
三、利润总额（亏损总额以"-"填列）		30		
减：所得税费用		31		
四、净利润（净亏损以"-"填列）		32		

图 11.6（续）

业务认知

一、利润表编制说明

中期利润表设"本年累计金额"和"本月金额"2栏："本年累计金额"栏反映各项目自年初起至报告期末止的累计实际发生额；"本月金额"栏反映各项目的本月实际发生额。

在编制年度财务报表时，应将"本月金额"栏改为"上年金额"栏，填列上年全年实际发生额。

小企业利润表各项目的内容及其填列方法如下。

① "营业收入"项目：反映小企业销售商品和提供劳务所实现的收入总额。本项目应根据"主营业务收入"科目和"其他业务收入"科目的发生额合计填列。

② "营业成本"项目：反映小企业所销售商品的成本和所提供劳务的成本。本项目应根据"主营业务成本"科目和"其他业务成本"科目的发生额合计填列。

③ "税金及附加"项目：反映小企业开展日常生产活动应负担的消费税、城市维护建设税、资源税、土地增值税、城镇土地使用税、房产税、车船税、印花税和教育费附加、矿产资源补偿费、排污费等。本项目应根据"税金及附加"科目的发生额填列。

④ "销售费用"项目：反映小企业销售商品或提供劳务过程中发生的费用。本项目应根据"销售费用"科目的发生额填列。

⑤ "管理费用"项目：反映小企业为组织和管理生产经营发生的费用。本项目应根据"管理费用"科目的发生额填列。

⑥ "财务费用"项目：反映小企业为筹集生产经营所需资金发生的筹资费用。本项目应根据"财务费用"科目的发生额填列。

⑦ "投资收益"项目：反映小企业股权投资取得的现金股利（或利润）、债券投资取得的利息收入和处置股权投资及债券投资取得的处置价款扣除成本或账面余额、相关税费后的净额。本项目应根据"投资收益"科目的发生额填列。如果为投资损失，则以"-"填列。

⑧ "营业利润"项目：反映小企业当期开展日常生产经营活动实现的利润。本项目应根据营业收入扣除营业成本、税金及附加、销售费用、管理费用和财务费用，加上投资收益后的金额填列。如果为亏损，则以"-"填列。

⑨ "营业外收入"项目：反映小企业实现的各项营业外收入金额，包括非流动资产处置净收益、政府补助、捐赠收益、盘盈收益、汇兑收益、出租包装物和商品的租金收入、逾期未退包装物押金收益、确实无法偿付的应付款项、已做坏账损失处理后又收回的应收款项、违约金收益等。本项目应根据"营业外收入"科目的发生额填列。

⑩ "营业外支出"项目：反映小企业发生的各项营业外支出金额，包括存货的盘亏、毁损、报废损失，非流动资产处置净损失，坏账损失，无法收回的长期债券投资损失，无法收回的长期股权投资损失，自然灾害等不可抗力因素造成的损失，税收滞纳金，罚金，罚款，被没收财物的损失，捐赠支出，赞助支出等。本项目应根据"营业外支出"科目的发生额填列。

⑪ "利润总额"项目：反映小企业当期实现的利润总额。本项目应根据营业利润加上营业外收入减去营业外支出后的金额填列。如果为亏损总额，则以"-"填列。

⑫ "所得税费用"项目：反映小企业根据《中华人民共和国企业所得税法》确定的应从当期利润总额中扣除的所得税费用。本项目应根据"所得税费用"科目的发生额填列。

⑬ "净利润"项目：反映小企业当期实现的净利润。本项目应根据利润总额扣除所得税费用后的金额填列。如果为净亏损，则以"-"填列。

二、利润表编制示例

例 11.4 编制利润表。

极地公司 20×1 年有关损益类科目的发生额资料如图 11.7 所示。

损益类科目发生额
20×1年
单位：元

科　目	借方发生额	贷方发生额
主营业务收入		1 210 000
其他业务收入		40 000
主营业务成本	715 000	
其他业务成本	35 000	
税金及附加	2 000	
销售费用	38 750	
管理费用	169 250	
财务费用	41 500	
投资收益		31 500
营业外收入		50 000
营业外支出	19 700	
所得税费用	92 800	

图 11.7

其中各相关明细账项目具体由图 11.8 所示的内容构成。

相关明细账项目
单位：元

项　目	本年发生额
消费税	
营业税	
城市维护建设税	1 400
资源税	
土地增值税	
城镇土地使用税、房产税、车船税、印花税	
教育费附加、矿产资源补偿费、排污费	600
合　计	2 000

图 11.8

在销售费用中，广告和业务宣传费为 30 900 元（未付款），其他费用为支付的产品展览费 7 850 元。

在管理费用中，职工薪酬为 17 100 元、无形资产摊销为 60 000 元、折旧费为 20 000 元，余下为已支付的业务招待费 67 150 元、办公费 5 000 元。

在财务费用中计提的利息费用为 11 500 元,支付的银行承兑汇票贴现利息为 30 000 元。

营业外收入为处置固定资产净收益 50 000 元（所处置固定资产原价为 400 000 元、已提累计折旧 150 000 元、收到处置现金收入 300 000 元）。

营业外支出为报废固定资产净损失 19 700 元（所报废固定资产原价 200 000 元、已提累计折旧 180 000 元、现款支付清理费用 500 元、收到残值变现收入 800 元）。

投资收益包括收到的股息收入款 30 000 元、收回短期投资取得的收益 1 500 元。

编制出的利润表如图 11.9 所示。

利润表

会小企 02 表

编制单位：极地有限责任公司　　　20×1 年　　　　　　　　单位：元

项　　目	行次	本年累计金额	上年金额
一、营业收入	1	1 250 000	（略）
减：营业成本	2	750 000	
税金及附加	3	2 000	
其中：消费税	4		
营业税	5		
城市维护建设税	6	1 400	
资源税	7		
土地增值税	8		
城镇土地使用税、房产税、车船税、印花税	9		
教育费附加、矿产资源补偿费、排污费	10	600	
销售费用	11	38 750	
其中：商品维修费	12		
广告费和业务宣传费	13	30 900	
管理费用	14	169 250	
其中：开办费	15		
业务招待费	16	67 150	
研究费用	17		
财务费用	18	41 500	
其中：利息费用（收入以"-"填列）	19	41 500	
加：投资收益（损失以"-"填列）	20	31 500	
二、营业利润（亏损以"-"填列）	21	280 000	
加：营业外收入	22	50 000	
其中：政府补助	23		
减：营业外支出	24	19 700	
其中：坏账损失	25		

图 11.9

无法收回的长期债券投资损失	26	
无法收回的长期股权投资损失	27	
自然灾害等不可抗力因素造成的损失	28	
税收滞纳金	29	
三、利润总额（亏损总额以"-"填列）	30	310 300
减：所得税费用	31	92 800
四、净利润（净亏损以"-"填列）	32	217 500

说明："本年金额"栏各项目数字应当根据上年"本年累计金额"填列。

"本年累计金额"各项目分析计算如下。

（1）"营业收入"项目：1 210 000+40 000=1 250 000（元）
（2）"营业成本"项目：715 000+35 000=750 000（元）
（3）"营业利润"项目：1 250 000-750 000 -2 000 -38 750-169 250-41 500+31 500 =280 000（元）
（4）"利润总额"项目：280 000 +50 000-19 700=310 300（元）
（5）"净利润"项目：310 300-92 800=217 500（元）

图 11.9（续）

关键练习

成圆公司 20×1 年 5 月有关损益类科目的发生额如图 11.10 所示。

成圆公司损益类科目发生额表

20×1 年 05 月　　　　　　　　　　　　　　　　　　　　　　单位：元

科目名称	贷方发生额	科目名称	借方发生额
主营业务收入	970 000	主营业务成本	800 000
其他业务收入	80 000	其他业务成本	60 000
投资收益	34 000	税金及附加	38 000
营业外收入	90 000	销售费用	50 000
		管理费用	65 000
		财务费用	7 000
		营业外支出	40 000
		所得税费用	28 500

图 11.10

要求：分析计算成圆公司 20×1 年 5 月利润表中"营业利润"、"利润总额"和"净利润"项目"本月金额"栏的数字，并填制利润表。

拓展阅读

《企业会计准则》下的利润表样例如图 11.11 所示。

利润表

编制单位：××公司　　　20×1年05月

会企02表
单位：元

项　　目	本 期 金 额	上期金额（略）
一、营业收入	1 050 000	
减：营业成本	860 000	
税金及附加	38 000	
销售费用	50 000	
管理费用	65 000	
财务费用	7 000	
资产减值损失	0	
加：其他收益	0	
投资收益	34 000	
其中：对联营企业和合营企业投资收益	0	
公允价值变动收益（损失以"-"填列）	0	
二、营业利润（亏损以"-"填列）	64 000	
加：营业外收入	90 000	
减：营业外支出	40 000	
其中：非流动资产处置损失	28 000	
三、利润总额（亏损以"-"填列）	114 000	
减：所得税费用	28 500	
四、净利润（净亏损以"-"填列）	85 500	
五、其他综合收益的税后净额	0	
六、综合收益总额	0	
七、每股收益	（略）	
（一）基本每股收益		
（二）稀释每股收益		

图 11.11

任务三　编制现金流量表

任务目标

主任务节点	子任务节点	期望的学习结果	达成情况自评
现金流量表结构	现金流量表基本结构	描述、绘制	
	现金流量表项目及其排列	描述、绘制	
	现金流量表主要作用	说明	
现金流量表编制方法	本年累计金额填列方法	说明、填列	
	本月金额（或上年金额）填列方法	逐项说明、计算	

业务认知

现金流量表是反映小企业在一定会计期间现金流入和流出情况的报表。

现金流量表应当区分经营活动、投资活动和筹资活动列报现金流量。现金流量应当分别按照现金流入和现金流出总额列报。这里所称的现金，是指小企业的库存现金及可以随时用于支付的存款和其他货币资金（下同，不再说明）。

① 经营活动是指小企业投资活动和筹资活动以外的所有交易与事项。

② 投资活动是指小企业固定资产、无形资产、其他非流动资产的购建和短期投资、长期债券投资、长期股权投资及其处置活动。

③ 筹资活动是指导致小企业资本及债务规模和构成发生变化的活动。

通过现金流量表，可以为报表使用者提供企业一定会计期间内现金流入和流出的信息，便于报表使用者了解和评价企业获取现金的能力，据以预测企业的现金流量。

业务认知

一、现金流量表编制说明

小企业经济业务通常种类不多，宜采用直接分析填列法编制现金流量表，即以利润表中的营业收入为起算点，结合资产负债表和有关会计科目明细账记录，分析、计算出现金流量表各项目的金额，并据以编制现金流量表。

具体编制方法如下。

（一）栏目设置和填制方式

现金流量表"本年累计金额"栏反映各项目自年初起至报告期末止的累计实际发生额，应当按照上月份现金流量表"本年累计金额"加上本月份现金流量表的"本月金额"后的数额填列。

现金流量表"本月金额"栏反映各项目的本月实际发生额，在编制年度财务报表时，应将"本月金额"栏改为"上年金额"栏，填列上年全年实际发生额。

（二）报表项目填制方法

1. 经营活动产生的现金流量

① "销售产成品、商品、提供劳务收到的现金"项目：反映小企业本期销售产成品、商品、提供劳务收到的现金。本项目可以根据"库存现金""银行存款""主营业务收入"等科目的本期发生额分析填列。一般情况下可以参照以下公式计算填列。

销售产成品、商品、提供劳务收到的现金=营业收入+（应收票据期初数-应收票据期末数）+（应收账款期初数-应收账款期末数）+（预收账款期末数-预收账款期初数）-当期发生的坏账-支付的应收票据贴现利息

② "收到其他与经营活动有关的现金"项目：反映小企业本期收到的其他与经营活动有关的现金。这些现金收入主要在"应交税费——应交增值税（销项税额）""营业外收入"

"其他应付款"等科目反映。本项目可以结合"库存现金"和"银行存款"等科目的本期发生额分析填列。

其具体内容包括：收到的增值税销项税额；收到的各种税费返还和政府补贴的其他现金；经营租赁的现金收入；个人赔偿和保险理赔的现金收入；收到捐赠、赞助取得的现金；收取押金、保证金、违约金等现金收入；收到退回的增值税和企业所得税等税金。

③ "购买原材料、商品、接受劳务支付的现金"项目：反映小企业本期购买原材料、商品、接受劳务支付的现金。本项目可以根据"库存现金""银行存款""其他货币资金""原材料""库存商品"等科目的本期发生额分析填列。一般情况下可以参照以下公式计算填列。

购买原材料、商品、接受劳务支付的现金=营业成本-（存货期初余额-存货期末余额）+（应付账款期初数-应付账款期末数）+（应付票据期初数-应付票据期末数）+（预付账款期末数-预付账款期初数）-当期列入生产成本、制造费用的工资及福利费-当期列入生产成本、制造费用的折旧费和摊销的大修理费

④ "支付的职工薪酬"项目：反映小企业本期向职工支付的薪酬。本项目可以根据"库存现金""银行存款""应付职工薪酬"科目的本期发生额填列。

⑤ "支付的税费"项目：反映小企业本期支付的税费，既包括支付的增值税、消费税、城市维护建设税、企业所得税、资源税、土地增值税、城镇土地使用税、房产税、车船税和教育费附加、印花税、矿产资源补偿费、排污费等，也包括支付的税收滞纳金、代扣代缴的个人所得税。本项目可以根据"库存现金""银行存款""应交税费"等科目的本期发生额填列。

需要特别注意的是，本期退回的增值税、所得税等税费不是该项目的构成内容，而是"收到其他与经营活动有关的现金"项目的构成内容。

⑥ "支付其他与经营活动有关的现金"项目：反映小企业本期支付的其他与经营活动有关的现金。本项目可以根据"库存现金""银行存款""销售费用""管理费用""营业外支出"等科目的本期发生额分析填列。

该项目的金额主要由十部分构成：支付的商品维修费；在销售商品过程中支付的运输费、装卸费、包装费、保险费；支付的广告费和业务宣传费、展览费；支付的开办费；支付的行政管理部门发生的费用；支付的业务招待费、研究费用、技术转让费、财产保险费、聘请中介机构费、咨询费、诉讼费；支付的罚金、罚款；经营租赁支付的现金；对外捐赠的现金；对外赞助的现金。需要说明的是，小企业（批发业、零售业）在购买商品过程中支付的运输费、装卸费、包装费、保险费等，也是该项目的构成内容。

2. 投资活动产生的现金流量

① "收回短期投资、长期债券投资和长期股权投资收到的现金"项目：反映小企业出售、转让或到期收回短期投资、长期股权投资而收到的现金，以及收回长期债券投资本金而收到的现金，不包括长期债券投资收回的利息。本项目可以根据"库存现金""银行存款""短期投资""长期股权投资""长期债券投资"等科目的本期发生额分析填列。

② "取得投资收益收到的现金"项目，反映小企业因权益性投资和债权性投资取得的现金股利或利润和利息收入。本项目可以根据"库存现金""银行存款""投资收益"等科目的本期发生额分析填列。

③ "处置固定资产、无形资产和其他非流动资产收回的现金净额"项目：反映小企业处置固定资产、无形资产和其他非流动资产取得的现金，减去为处置这些资产而支付的有关费用和税金等后的净额。本项目可以根据"库存现金""银行存款""固定资产清理""无形资产""生产性生物资产"等科目的本期发生额分析填列。

④ "短期投资、长期债券投资和长期股权投资支付的现金"项目：反映小企业进行权益性投资和债权性投资支付的现金，包括企业取得短期股票投资、短期债券投资、短期基金投资、长期债券投资、长期股权投资支付的现金。本项目可以根据"库存现金""银行存款""短期投资""长期债券投资""长期股权投资"等科目的本期发生额分析填列。

⑤ "购建固定资产、无形资产和其他非流动资产支付的现金"项目，反映小企业购建固定资产、无形资产和其他非流动资产支付的现金，包括购买机器设备、无形资产、生产性生物资产支付的现金，建造工程支付的现金等现金支出，不包括为购建固定资产、无形资产和其他非流动资产而发生的借款费用资本化部分和支付给在建工程及无形资产开发项目人员的薪酬。为购建固定资产、无形资产和其他非流动资产而发生的借款费用资本化部分，在"偿还借款利息支付的现金"项目反映；支付给在建工程和无形资产开发项目人员的薪酬，在"支付的职工薪酬"项目反映。本项目可以根据"库存现金""银行存款""固定资产""在建工程""无形资产""研发支出""生产性生物资产""应付职工薪酬"等科目的本期发生额分析填列。

3. 筹资活动产生的现金流量

① "取得借款收到的现金"项目：反映小企业举借各种短期、长期借款收到的现金。本项目可以根据"库存现金""银行存款""短期借款""长期借款"等科目的本期发生额分析填列。

② "吸收投资者投资收到的现金"项目：反映小企业收到的投资者作为资本投入的现金。本项目可以根据"库存现金""银行存款""实收资本""资本公积"等科目的本期发生额分析填列。

③ "偿还借款本金支付的现金"项目：反映小企业以现金偿还各种短期、长期借款的本金。本项目可以根据"库存现金""银行存款""短期借款""长期借款"等科目的本期发生额分析填列。

④ "偿还借款利息支付的现金"项目：反映小企业以现金偿还各种短期、长期借款的利息。本项目可以根据"库存现金""银行存款""应付利息"等科目的本期发生额分析填列。

⑤ "分配利润支付的现金"项目：反映小企业向投资者实际支付的利润。本项目可以根据"库存现金""银行存款""应付利润"等科目的本期发生额分析填列。

二、现金流量表编制示例

例 11.5 编制现金流量表。

承例 11.3、例 11.4 的资料，极地公司 20×1 年度相关账簿有关内容如下：

（1）"财务费用"明细账显示，当期计提利息费用 11 500 元，支付的银行承兑汇票贴现利息 30 000 元。

（2）"应交税费——应交增值税"明细科目显示当期进项税额 42 466 元、销项税额 212 500 元。

(3)"生产成本"和"制造费用"明细科目显示，当期生产成本和制造费用的职工薪酬 324 900 元、折旧费 80 000 元。

(4)"应付职工薪酬"明细科目期初余额 110 000 元，本期应付职工薪酬包括管理人员薪酬 17 100 元、生产及生产管理人员薪酬 324 900 元、在建工程人员薪酬 200 000 元，期末余额 152 000 元。实际支付薪酬 500 000 元。

(5)"未交增值税""应交城建税""应交教育费附加"等明细科目显示，本期支付应交增值税 100 000 元、城市维护建设税 1 400 元、教育费附加 600 元。

(6)"应交税费——应交所得税"明细科目显示：该科目期初余额为 0；本期应交所得税 92 800 元，已支付所得税 72 703 元；期末余额为 20 097 元。

(7)"销售费用"明细科目显示，当期发生广告和业务宣传费 30 900 元（未付款），支付的产品展览费 7 850 元。

(8)"管理费用"明细科目显示，当期计入管理费用的职工薪酬 17 100 元、无形资产摊销 60 000 元、折旧费 20 000 元，支付的业务招待费 5 000 元、办公费 67 150 元。

(9)"投资收益"明细科目显示，当期投资收益包括收到的股息收入款 30 000 元、收回短期投资取得的收益 1 500 元。

(10)"短期投资"明细科目显示，期初余额 15 000 元，出售取得现金 16 500 元。

(11)"营业外收入""营业外支出""固定资产清理""银行存款"等明细科目显示：处置设备一台，收到处置现金收入 300 000 元；报废设备一台，现款支付清理费用 500 元，收到残值变现收入 800 元。

(12)"固定资产"明细科目显示，当期现款购进一台设备，价款 101 000 元。

(13)"工程物资"明细科目显示，当期用现款购进工程物资，价款 300 000 元。

(14)"长期借款"明细科目显示，当期还款 1 000 000 元，借入 560 000 元。

(15)"短期借款"明细科目显示，当期还款 250 000 元。

(16)"应付利息"明细科目显示，当期期初余额 1 000 元（短期借款利息），本期计提短期借款利息 11 500 元，本期支付利息 12 500 元。

编制出的现金流量表如图 11.13 所示。

现金流量表

编制单位：极地有限责任公司　　　20×1 年 12 月 31 日

会小企 03 表
单位：元

项　　目	本年累计金额	上年金额
一、经营活动产生的现金流量		（略）
销售产成品、商品、提供劳务收到的现金	1 100 000	
收到其他与经营活动有关的现金	212 500	
购买原材料、商品、接受劳务支付的现金	349 800	
支付的职工薪酬	500 000	
支付的税费	217 169	
支付其他与经营活动有关的现金	80 000	
经营活动产生的现金流量净额	165 531	

图 11.13

二、投资活动产生的现金流量	
收回短期投资、长期债券投资和长期股权投资收到的现金	16 500
取得投资收益收到的现金	30 000
处置固定资产、无形资产和其他非流动资产收回的现金净额	300 300
短期投资、长期债券投资和长期股权投资支付的现金	
购建固定资产、无形资产和其他非流动资产支付的现金	401 000
投资活动产生的现金流量净额	-54 200
三、筹资活动产生的现金流量	
取得借款收到的现金	560 000
吸收投资者投资收到的现金	
偿还借款本金支付的现金	1 250 000
偿还借款利息支付的现金	12 500
分配利润支付的现金	
筹资活动产生的现金流量净额	-702 500
四、现金及现金等价物净增加额	-591 169
五、期初现金余额	1 006 300
六、期末现金余额	415 131

图 11.13（续）

"上年金额"栏各项目数字应当根据上期"本年累计金额"栏数字填列。本期"本年累计金额"分析、计算填列过程如下：

（1）销售产成品、商品、提供劳务收到的现金

销售产成品、商品、提供劳务收到的现金＝营业收入＋（应收票据期初数－
 应收票据期末数）＋（应收账款期初数－应收账款期末数）＋（预收账款期末数－
 预收账款期初数）－当期发生的坏账－支付的应收票据贴现利息
＝1 250 000＋(246 000－66 000)＋(299 100－599 100)＋(0－0)－0－30 000
＝1 100 000（元）

（2）收到其他与经营活动有关的现金

收到其他与经营活动有关的现金＝212 500（元）（收到的增值税销项税额，除此以外无其他有关项目收到的现金）

（3）购买原材料、商品、接受劳务支付的现金

购买原材料、商品、接受劳务支付的现金＝营业成本－（存货期初余额－
 存货期末余额）＋（应付账款期初数－应付账款期末数）＋（应付票据期初数－应付
 票据期末数）＋（预付账款期末数－预付账款期初数）－当期列入生产成本、制造
 费用的工资及福利费－当期列入生产成本、制造费用的折旧费和摊销的大修理费
＝750 000－(2 580 000－2 484 700)＋(953 800－953 800)＋(200 000－100 000)＋
 (100 000－100 000)－324 900－80 000＝349 800（元）

（4）支付的职工薪酬

支付的职工薪酬根据"应付职工薪酬"各明细项目分析计算填列。根据"应付职工薪酬"明细科目记载分析计算，本期实付应付职工薪酬 500 000 元。

（5）支付的税费

根据"应交税费——应交企业所得税""应交税费——应交增值税""应交税费——未交增值税"及应交税费的其他明细科目记载：当期支付的税费=92 800-(20 097-0)+42 466+100 000+2 000=217 169（元）

（6）支付其他与经营活动有关的现金

支付其他与经营活动有关的现金=67 150（业务招待费）+5 000（办公费）+7 850（产品展览费）=80 000（元）

经营活动产生的现金流量净额=1 100 000+212 500-349 800-500 000-217 169-80 000
=165 531（元）

（7）收回短期投资、长期债券投资和长期股权投资收到的现金

收回短期投资、长期债券投资和长期股权投资收到的现金=16 500元（出售短期投资收到本金和投资收益）

（8）取得投资收益收到的现金

取得投资收益收到的现金=30 000元（投资收益明细账）

（9）处置固定资产、无形资产和其他非流动资产收回的现金净额

处置固定资产、无形资产和其他非流动资产收回的现金净额=300 000+(800-500)=300 300（元）。

（10）短期投资、长期债券投资和长期股权投资支付的现金

本期无短期投资、长期债券投资和长期股权投资支付的现金。

（11）购建固定资产、无形资产和其他非流动资产支付的现金

购建固定资产、无形资产和其他非流动资产支付的现金=101 000（现金购进固定资产）+300 000（现金购进工程物资）=401 000（元）

投资活动产生的现金流量净额=16 500+30 000+300 300-401 000=-54 200（元）

（12）取得借款收到的现金

取得借款收到的现金=560 000元

（13）吸收投资者投资收到的现金

本期无吸收投资者投资收到的现金。

（14）偿还借款本金支付的现金

偿还借款本金支付的现金=1 000 000+250 000=1 250 000（元）

（15）偿还借款利息支付的现金

偿还借款利息支付的现金=12 500元（应付利息明细账）

筹资活动产生的现金流量净额=560 000-1 250 000-12 500=-702 500（元）

现金及现金等价物净增加额=165 531+(-54 200)+(-702 500)=-591 169（元）

现金流量表编制正确与否可用以下公式检验，如果公式两端相等，则说明编制正确。

资产负债表"货币资金"项目期末余额=现金流量表期末现金余额
=现金流量表期初现金余额+现金及现金等价物净增加额
=1 006 300+(-591 169)
=415 131（元）

关键练习

成圆公司 20×1 年 5 月有关科目的发生额和期末余额分别如图 11.14 和图 11.15 所示。

成圆公司损益类科目发生额表
20×1 年 05 月   单位：元

科目名称	贷方发生额	科目名称	借方发生额
主营业务收入	970 000	主营业务成本	800 000
其他业务收入	80 000	其他业务成本	60 000
		财务费用	6 000

图 11.14

成圆公司相关科目余额表
20×1 年 05 月   单位：元

科目	期初余额	期末余额	科目	期初余额	期末余额
应收票据	883 600	456 000	应付票据	85 400	128 000
应收账款	102 560	263 200	应付账款	603 250	453 800
预付账款	46 520	26 250	预收账款	532 000	551 000
在途物资	120 000	80 000			
原材料	420 000	570 000			
库存商品	598 000	457 000			

图 11.15

相关明细账和有关记录的情况如下。
（1）当期银行承兑汇票贴现支付利息 4 500 元。
（2）当期收回某应收账款时发生坏账 20 000 元。
（3）生产成本和制造费用中职工薪酬 60 800 元、折旧费 15 000 元。

要求：根据上述资料分析、计算现金流量表"销售产成品、商品和提供劳务收到的现金""购买原材料、商品、接受劳务支付的现金" 2 个项目的金额。

拓展阅读

《企业会计准则》与《小企业会计准则》现金流量表的比较

一、编制基础不同

《企业会计准则》中的现金流量表（以下称一般企业现金流量表）的编制基础是现金及现金等价物，而小企业现金流量表的编制基础是现金。现金等价物是指企业持有的期限短、流动性强、易于转换为已知金额现金、价值变动风险很小的投资。现金等价物虽然不是现金，但其支付能力与现金差别不大，可等同为现金，如在证券市场上流通的 3 个月内到期的短期债券投资。小企业一般日常业务不会涉及现金等价物，因此编制基础是现金，不包括现金等价物。

二、主表构成项目不同

一般企业现金流量表包括主表和附表（即补充资料）两部分，主表项目共有38行次；小企业现金流量表只包括主表，不包括附表，主表项目共有25行次。可见，小企业现金流量表主表比一般企业现金流量表主表简单，项目缺少13行次。具体可参见一般企业现金流量表格式和小企业现金流量表格式。

三、部分项目名称有所区别

小企业现金流量表中的一些项目名称比一般企业现金流量表中的更为详细，这样既有利于小企业会计人员做出判断，也符合小企业的经营特点。

四、项目反映内容差别较大

相比于一般企业现金流量表，小企业现金流量表中有些项目不仅名称改变，而且反映内容也不同。例如：在一般企业现金流量表中，收到的增值税销项税额列入"销售商品、提供劳务收到的现金"项目中；小企业现金流量表"销售产成品、商品、提供劳务收到的现金"项目不包括收到的增值税销项税额，而是将其列入"收到其他与经营活动有关的现金"项目中。

总体来说，一般企业现金流量表的项目设置比较全面，更符合实际情况，但编制起来较为烦琐；小企业现金流量表项目设置比一般企业现金流量表简化，编制起来相对容易。

任务四　编写会计报表附注

任务目标

主任务节点	子任务节点	期望的学习结果	达成情况自评
会计报表附注定义	会计报表附注定义	描述、绘制	
	会计报表附注的内容	描述、绘制	
	会计报表附注的主要作用	说明	
会计报表附注编制方法	会计报表附注文章结构	说明	
	会计报表附注各部分写作方法	说明、编写	

业务认知

会计报表附注是指对在资产负债表、利润表和现金流量表等报表中列示项目的文字描述或明细资料，以及对未能在这些报表中列示项目的说明等。

会计报表附注有以下作用。

① 会计报表附注拓展了会计报表反映信息的内容，反映内容包括了会计要素外的具有相关性的其他信息。

② 会计报表附注增强了会计信息的可理解性，提高了会计信息的可比性。文字等描述方式使会计信息更加清晰，易于理解。通过说明采用的会计政策，可以提示不同企业的会

计信息差异产生的原因,使会计信息更具可比性,从而便于进行对比分析。

编制报表

一、会计报表附注说明

附注是会计报表的重要组成部分。小企业应当按照《小企业会计准则》的规定披露附注信息。

小企业会计报表附注应当按照下列顺序披露。

① 遵循小企业会计准则的声明。
② 短期投资、应收账款、存货、固定资产项目的说明。
③ 应付职工薪酬、应交税费项目的说明。
④ 利润分配的说明。
⑤ 用于对外担保的资产名称、账面余额及形成的原因;未决诉讼、未决仲裁及对外提供担保所涉及的金额。
⑥ 发生严重亏损的,应当披露持续经营的计划、未来经营的方案。
⑦ 对已在资产负债表和利润表中列示项目与《中华人民共和国企业所得税法》规定存在差异的纳税调整过程。
⑧ 其他需要说明的事项。

二、小企业会计报表附注编写示例

例 11.6 编制极地有限责任公司会计报表附注。

极地有限责任公司 20×1 年度会计报表附注

一、公司基本情况

成方有限责任公司系 2013 年 12 月 1 日由张 XX、李 XX 共同投资设立,在原北京市丰台区工商行政管理局登记注册,领取 XXXXXXX 号企业法人营业执照,注册资本为人民币 500 万元;法定代表人张 XX;注册地址:XXXXXX;所处行业为汽车零部件生产加工。

公司经营范围:汽车零部件生产、加工、研发和销售。

公司主营业务:汽车零部件生产、加工和销售。

本公司 20×1 年年度会计报表经企业负责人张 XX 批准,于 20×2 年 1 月 25 日报出。

二、遵循企业会计准则的声明

本公司编制的会计报表执行《小企业会计准则》的要求,真实、完整地反映了本公司财务状况、经营成果等财务信息。

三、"短期投资""应收账款""存货""固定资产"项目的说明

(一)"短期投资"项目

短期投资在取得时以初始投资成本计价。

在短期投资持有期间，被投资单位宣告分派的现金股利或利息在实际收到时，计入投资收益；处置时，出售价款扣除其账面余额和相关税费后的净额计入投资收益。

短期投资核算账户年末不进行调整，不计提减值准备。

本期期末无短期投资余额，详见图11.16。

"短期投资"项目期末情况说明表

20×1年12月31日　　　　　　　　　　　　　　　　　　　单位：元

资产类别	期末账面余额	期末市价	期末账面余额与市价的差额
1．股票	（本表无数据）		
2．债券			
3．基金			
4．其他			
合　计			

图11.16

（二）"应收账款"项目

本公司采用直接转销法核算坏账损失。应收账款具体情况如图11.17所示。

"应收账款"项目期末情况说明表

20×1年12月31日　　　　　　　　　　　　　　　　　　　单位：元

账　龄	期末数		期初数	
	金　额	比　例	金　额	比　例
1年以内	511 100	85%	299 100	100%
1～2年	88 000	15%		
2～3年				
3年以上				
合　计	599 100	100%	299 100	100%

图11.17

（三）"存货"项目

本公司存货分为原材料、产成品、在产品、半成品、商品、周转材料、委托加工物资等。存货盘存制度采用永续盘存法。

存货按照成本进行初始计量；存货日常核算采用实际成本核算；发出按加权平均法计价；在存货核算中设置周转材料总分类账户。

周转材料采用一次转销法进行会计处理，在领用时按其成本计入生产成本或当期损益；金额较大的周转材料采用分次摊销法处理；出租或出借周转材料，不结转成本，进行备查登记。已售存货按其成本结转为营业成本。

盘盈存货实现的收益计入营业外收入，盘亏发生的损失除理赔金额外，计入营业外支出。年末存货按历史成本计量,不需要调整。

存货构成及变化情况如图11.18所示。

"存货"项目情况说明表

20×1年12月31日　　　　　　　　　　　　　　　　　　　　　单位:元

项　目	期末数	期初数
原材料	49 250	5 1800
周转材料	38 050	28 800
生产成本(在产品)		
库存商品	2 122 400	2 222 800
在途物资	275 000	276 600
其他存货		
合　计	2 484 700	2 580 000

图 11.18

(四)"固定资产"项目

1. 固定资产标准

本企业固定资产确认标准为:为生成产品、提供劳务、出租或经营管理而持有的使用期限超过1年的房屋、建筑、机器、运输工具,以及其他与生产、经营有关的设备、器具、工具等。

2. 固定资产计价

按实际成本计价。

3. 固定资产分类和折旧方法

固定资产分类为:房屋及建筑物、机器设备、运输设备、电子设备、办公设备、其他设备。

除电子设备以外的固定资产采用年限法分类计提折旧。电子设备采用双倍余额递减法计提折旧。

固定资产构成及变化情况如图11.19所示。

"固定资产"项目情况说明表

20×1年12月31日　　　　　　　　　　　　　　　　　　　　　单位:元

固定资产类别	原　价	累计折旧	期末账面净值
房屋建筑物	1 072 000	56 000	1 016 000
机器设备	1 456 000	101 900	1 354 100
运输设备	121 000	12 100	108 900
办公设备	320 000	3 200	316 800
电子设备	132 000	26 800	105 200
合　计	3 101 000	200 000	2 901 000

图 11.19

四、"应付职工薪酬""应交税费""企业所得税"项目的说明

1. "应付职工薪酬"项目

应付职工薪酬构成及变化情况如图 11.20 所示。

应付职工薪酬项目情况说明表

20×1 年 12 月 31 日　　　　　　　　　　　　　　　　　单位：元

项　目	期末数	期初数
工资	91 017.96	（略）
职工福利	12 742.51	
社会保险费	28 215.57	
住房公积金	10 922.16	
工会经费	1 820.36	
职工教育经费	7 281.44	
非货币性福利		
辞退福利		
合　计	152 000	

图 11.20

2. "应交税费"项目

"应交税费"项目构成及变化情况如图 11.21 所示。

"应交税费"项目情况说明表

20×1 年 12 月 31 日　　　　　　　　　　　　　　　　　单位：元

项　目	适用税率	期末数	期初数
增值税	0.13	206 634	36 600
企业所得税	0.25	20 097	0
城市维护建设税	0.07		
教育费附加	0.03		
地方教育费附加	0.02		
合　计	—	226 731	36 600

图 11.21

3. "企业所得税"项目

① 本公司所得税的会计核算采用应付税款法。
② 本公司所得税分季预缴，年终汇算清缴。

五、利润分配的说明

本期利润分配如图 11.22 所示。

利润分配表

20×1年　　　　　　　　　　　　　　　　　　　　　　　单位：元

项　目	本年数	上年数
一、净利润	217 500	（略）
加：年初未分配利润	50 000	
其他转入		
二、可供分配的利润	267 500	
减：提取法定盈余公积	21 750	
提取任意盈余公积		
提取职工奖励及福利基金		
提取储备基金		
提取企业发展基金		
利润归还投资		
三、可供投资者分配的利润	245 750	
减：应付利润	30 000	
四、未分配利润	215 750	

图 11.22

六、用于对外担保的资产名称、账面余额及形成的原因；未决诉讼、未决仲裁及对外提供担保所涉及的金额

本公司本期无此类事项。

七、发生严重亏损的，应当披露持续经营的计划、未来经营的方案

本公司本期未发生亏损。

八、对已在资产负债表和利润表中列示项目与《中华人民共和国企业所得税法》规定存在差异的纳税调整过程

本公司本期资产负债表中资产和负债项目与《中华人民共和国企业所得税法》的计税基础不存在差异。

利润表中仅管理费用中列支的业务招待费与《中华人民共和国企业所得税法》扣除标准存在差异，具体调整过程如下。

《中华人民共和国企业所得税法》规定按营业收入的5‰与实际发生额的60%孰低扣除业务招待费。以此为标准，企业允许扣除的业务招待费为6 250元。企业实际发生并扣除业务招待费67 150元，应在当期利润基础上调增应纳税所得额。其计算如下。

应纳税所得额＝利润总额＋调整增加项目金额
　　　　　　＝310 300＋(67 150－6 250)
　　　　　　＝310 300＋60 900
　　　　　　＝371 200（元）

企业应纳所得税额＝应纳税所得额×25%
　　　　　　　　＝371 200×25%
　　　　　　　　＝92 800（元）

九、其他需要在附注中说明的事项

本公司无应其他应披露未披露的重大事项。

关键练习

成才公司 20×1 年度实现净利润 850 500 元。公司年初未分配利润明细账贷方余额为 221 000 元;利润分配各明细账显示当年提取法定盈余公积 85 050 元,任意盈余公积 170 100 元,向股东分配现金股利 255 150 元。

要求:根据上述资料编制利润分配表(见图 11.23)。

利润分配表
20×1 年度   单位:元

项　目	本年数	上年数
一、净利润		(略)
加:年初未分配利润		
其他转入		
二、可供分配的利润		
减:提取法定盈余公积		
提取任意盈余公积		
提取职工奖励及福利基金		
提取储备基金		
提取企业发展基金		
利润归还投资		
三、可供投资者分配的利润		
减:应付利润		
四、未分配利润		

图 11.23

拓展阅读

《企业会计准则》中会计报表附注披露内容和顺序

执行《企业会计准则》的企业会计报表附注一般应当按照下列顺序披露。

1. 企业的基本情况

① 企业注册地、组织形式和总部地址。
② 企业的业务性质和主要经营活动。
③ 母公司及集团最终母公司的名称。
④ 财务报告的批准报出者和财务报告批准报出日,或者以签字人及其签字日期为准。
⑤ 营业期限有限的企业,还应当披露有关其营业期限的信息。

2. 会计报表的编制基础
3. 遵循《企业会计准则》的声明

企业应当声明编制的会计报表符合《企业会计准则》的要求，真实、完整地反映了企业的财务状况、经营成果和现金流量等有关信息。

4. 重要会计政策和会计估计

重要会计政策的说明，包括会计报表项目的计量基础和在运用会计政策过程中所做的重要判断等。重要会计估计的说明，包括可能导致下一个会计期间内资产、负债账面价值重大调整的会计估计的确定依据等。

企业应当披露采用的重要会计政策和会计估计，并结合企业的具体实际披露其重要会计政策的确定依据和会计报表项目的计量基础，及其会计估计所采用的关键假设和不确定因素。

5. 会计政策和会计估计变更及差错更正的说明

企业应当按照《企业会计准则第28号——会计政策、会计估计变更和差错更正》的规定，披露会计政策和会计估计变更及差错更正的情况。

6. 会计报表重要项目的说明

企业应当按照资产负债表、利润表、现金流量表、所有者权益变动表及其项目列示的顺序，对会计报表重要项目的说明采用文字和数字描述相结合的方式进行披露。会计报表重要项目的明细金额合计，应当与会计报表项目金额相衔接。

企业应当在会计报表附注中披露费用按照性质分类的利润表补充资料。可将费用分为耗用的原材料、职工薪酬费用、折旧费用、摊销费用等。

7. 或有和承诺事项、资产负债表日后非调整事项、关联方关系及其交易等需要说明的事项

8. 有助于会计报表使用者评价企业管理资本的目标、政策及程序的信息

模块法规依据

1. 《小企业会计准则》及其附录（2011年10月18日财政部财会〔2011〕17号印发，自2013年1月1日起施行）

2. 《中华人民共和国企业所得税法》及其实施条例（根据2018年12月29日第十三届全国人民代表大会常务委员会第七次会议《关于修改〈中华人民共和国电力法〉等四部法律的决定》第二次修正）

3. 《财政部关于修订印发2019年度一般企业财务报表格式的通知》（财会〔2019〕6号）